继续
教育

继续(网络)教育系列规划教材

荣获全国高校现代远程教育协作组评比“网络教育教材建设金奖”

知识产权法

JIXU JIAOYU

ZHISHI
CHANQUAN FA

许廉菲 王芳 石璐 主编

西南财经大学出版社
Southwestern University of Finance & Economics Press
中国·成都

图书在版编目(CIP)数据

知识产权法/许廉菲,王芳,石璐主编.—成都:西南财经大学出版社,2017.8

ISBN 978-7-5504-3070-9

Ⅰ.①知… Ⅱ.①许…②王…③石… Ⅲ.①知识产权法—中国—教材 Ⅳ.①D923.4

中国版本图书馆 CIP 数据核字(2017)第 146208 号

知识产权法

许廉菲 王芳 石璐 主编

责任编辑:王艳

封面设计:穆志坚

责任印制:封俊川

出版发行	西南财经大学出版社(四川省成都市光华村街 55 号)
网 址	http://www.bookcj.com
电子邮件	bookcj@foxmail.com
邮政编码	610074
电 话	028-87353785 87352368
照 排	四川胜翔数码印务设计有限公司
印 刷	郫县犀浦印刷厂
成品尺寸	185mm×260mm
印 张	12
字 数	265 千字
版 次	2017 年 8 月第 1 版
印 次	2017 年 8 月第 1 次印刷
印 数	1—2000 册
书 号	ISBN 978-7-5504-3070-9
定 价	28.00 元

继续（网络）教育系列规划教材
编审委员会

总 序

随着全民终身学习型社会的逐渐建立和完善，业余继续（网络）学历教育学生对教材质量的要求越来越高。为了进一步提高继续（网络）教育的人才培养质量，帮助学生更好地学习，依据西南财经大学继续（网络）教育人才培养目标、成人学习的特点及规律，西南财经大学继续（网络）教育学院和西南财经大学出版社共同规划，依托学校各专业学院的骨干教师资源，致力于开发适合继续（网络）学历教育学生的高质量优秀系列规划教材。

西南财经大学继续（网络）教育学院和西南财经大学出版社按照继续（网络）教育人才培养方案，编写了专科及专升本公共基础课、专业基础课、专业主干课和部分选修课教材，以完善继续（网络）教育教材体系。

本系列教材的读者主要是在职人员，他们具有一定的社会实践经验和理论知识，个性化学习诉求突出，学习针对性强，学习目的明确。因此，本系列教材的编写突出了基础性、职业性、实践性及综合性。教材体系和内容结构具有新颖、实用、简明、易懂等特点，对重点、难点问题的阐述深入浅出、形象直观，对定理和概念的论述简明扼要。

为了编好本套系列规划教材，在学校领导、出版社和各学院的大力支持下，成立了由学校副校长、博士生导师杨丹教授任主任，博士生导师冯建教授以及继续（网络）教育学院陈顺刚院长和唐旭辉研究员任副主任，其他部分学院领导参加的编审委员会。在编审委员会的组织下，经过广泛深入的调查研究，制定了我校继续（网络）教育教材建设规划，明确了建设目标。

在编审委员会的协调下，各学院组织了具有丰富继续（网络）教育教学经验并有教授或副教授职称的教师担任主编，由各书主编组织成立教材编写团队，确定教材编写大纲、实施计划及人员分工等，经编审委员会审核每门教材的编写大纲后再进行教材的编写。自2009年启动以来，经几年的打造，现已出版了八十余种教材。该系列教材出版后，社会反响较好，获得了教育部网络教育教材建设评比金奖。

下一步根据教学需要，我们还将做两件事：一是结合转变教学与学习范式，按照理念先进、特色鲜明、立体化建设、模块新颖的要求，引进先进的教材编写模块来修订、完善已出版的教材；二是补充部分新教材。

希望经多方努力，力争将此系列教材打造成适应教学范式转变的高水平教材。在此，我们对各学院领导的大力支持、各位作者的辛勤劳动以及西南财经大学出版社的鼎力相助表示衷心的感谢！在今后教材的使用过程中，我们将听取各方面的意见，不断修订、完善教材，使之发挥更大的作用。

西南财经大学继续（网络）教育学院

2014年12月

前 言

党的十八大提出实施“创新驱动发展战略”，大力实施知识产权战略，深化知识产权领域改革，努力提高知识产权保护效果，加快知识产权强国建设。当前，知识产权强国建设进入关键阶段，加快知识产权人才培养是重要环节。本教材作为高等学校远程教育法学专业基础教材，既考虑到知识点覆盖的全面性，对基本知识、基本原理进行了阐述，也照顾到对学科前沿问题的适当介绍及对学生深入学习兴趣的启发。本教材从体系上涵盖了知识产权各领域，具体分为总论、著作权制度、专利权制度、商标权制度、其他知识产权制度等十三章。通过系统学习，学习者能较好掌握我国现行的知识产权法基本理论、基本制度、基本原则，能培育学习者运用知识产权法理论知识解决实际问题的能力，以更好地保护公民和法人知识产权的合法权益。

全书由许廉菲、王芳、石璐担任主编，具体编写分工如下：王芳（第一章、第三章、第六章），石璐（第二章、第十二章、第十三章）、邓忠波（第九章、第十章、第十一章）；许廉菲（第四章、第七章）；杨杨（第五章）；晏华、成立（第八章）。全书由许廉菲统稿。

在写作过程中，本书借鉴了国内外相关教材、专著和文献资料，在此谨向各位作者深表谢意。由于时间仓促和编者水平所限，书中错缪之处在所难免，敬请广大读者批评指正。

编 者

2017 年 7 月

目录

目录

1　知识产权法概述

1.1　知识产权的概念、特征与属性

1.1.1　知识产权的概念

“知识产权”的英文为“intellectual property”，其原意为“知识（财产）所有权”或者“智慧（财产）所有权”，也称为“智力成果权”。在我国台湾和香港地区，则通常称之为“智慧财产权”或“智力财产权”。《中华人民共和国民法通则》（简称《民法通则》）规定，知识产权属于民事权利，是基于创造性智力成果和工商业标记依法产生的权利的统称。有学者考证，该词最早于17世纪中叶由法国学者卡普佐夫提出，后为比利时著名法学家皮卡第所发展，皮卡第将之定义为“一切来自知识活动的权利”。直到1967年《世界知识产权组织公约》签订以后，该词才逐渐被国际社会普遍使用。

我国民法早期受苏联民法的影响，不承认知识可以成为财产，否认智力成果可以为私人所有，从而排斥使用知识产权这一概念而使用智力成果权，认为智力成果权比知识产权更适合我国生产资料公有制的现实。但随着改革开放的进展，计划经济向商品经济的转轨，人们逐渐认识到知识产品中内含的财产价值，“知识产权”一词逐渐被人们接受，特别是1980年6月我国成为世界知识产权组织的正式成员国后，“知识产权”一词逐渐取代了智力成果权，1986年我国颁布的《民法通则》，明确地使用了“知识产权”的称谓，到现在，“知识产权”一词已经成为我国理论界和实务界广泛使用的一个概念。

从国际上看，对规范知识产权领域的立法、执法和一般民事行为有影响重大的《世界知识产权组织公约》和《与贸易有关的知识产权协议》，本身也未给知识产权下概括性的定义，它们只是列举了知识产权应当包括的范围和权利种类。世界知识产权组织编著的《知识产权法教程》则从知识产权保护客体的角度提出：知识产权是同情报有关的财产，这种情报能够同时包含在全世界任何地方无限数量复制件的有形物体中。这种财产并不是指这些复制件，而是指这些复制件中所包含的情报。但该教程无须经过条约成员签字和投票，因而不具有法律的拘束力。

对知识产权的定义方法，我国学术界观点和争论颇多。关于知识产权的定义方法主要有两种：列举主义和概括主义。列举主义通过系统地列举所保护的权项，即通过划定权利体系范围来明确知识产权的概念。概括主义通过对保护对象概括抽象的描述，即简要说明这一权利的“属加种差”来给出知识产权的定义。我国法学界主要采取概

括主义的方法来说明知识产权的概念。传统理论一般定义为，知识产权是人们就其智力活动创造的成果所享有的权利。对此传统定义，有人提出了批评的意见，认为存在两点漏洞：第一，这一定义将所有的智力成果均包括其中，失之宽泛；第二，这一定义仅包括智力创造成果，而未涵盖知识产权的另一大类对象，即生产经营者就识别性标志所拥有的工商业信誉，从这个角度看，这一定义又失之狭隘。第一个漏洞至为明显。通过以上关于知识产权范围的论述可以看出，并非所有的智力成果都可以成为知识产权的客体，而是需要经过一国法律的认可并依照法定的条件和程序才能实现。由此可见，我们在进行定义时，对智力成果的范围必须进行一定的限制。关于第二个漏洞，这里有必要引用"国际保护工业产权协会"（AIPPI）1992 年东京大会对知识产权所做的划分，AIPPI 东京大会国际专家认为知识产权可以分为"创作性成果权利"与"识别性标记权利"两大类，创作性成果权利包括发明专利权、集成电路权、植物新品种权、Know-How 权（技术秘密权）、工业品外观设计权、版权（著作权）、软件权；而识别性标记权利包括商标权、商号权、其他与制止不正当竞争有关的识别性标记权。应该说这一划分是颇具启迪性的，为我们认识知识产权提供了一个全新的角度。但是把知识产权划分为创作性成果权利和识别性标记权利，并不意味着否定识别性标记权利就不含有创造性，因为这种划分只是从权利作用的效果所进行的划分，并没有否定识别性标记权利也能反映一定的创造性，否则，标示性权利就不会划归到知识产权中了。知识产权项下的识别性标记之所以构成"产权"，之所以可以成为合同转让、合同许可的标的，之所以在企业合并、合资中可以估价出来，就在于经营者在选定并使用了某个（或某些）标识后，通过不同于（或高于）同类竞争者的广告宣传、打通销售渠道等促销活动，使有关标记在市场上建立起一定的信誉或"商誉"。在这些活动中，均不同程度体现出创造性劳动。所以，对于第二个漏洞的弥补，关键不在于否定识别性标志权利的创造性，从而与创作性成果权利分开，而应该寻求一个能够把智力成果和体现工商业信誉的商标都包容得下的恰当的概念。

通过上述讨论，本书把知识产权界定为，知识产权是指自然人、法人、非法人社会组织或者国家依据法律的规定对其在科学技术、文学艺术和生产经营等领域创造的知识产品所享有的专有权利的总称。这一定义同以往定义相比，它具备了一个权利之必备要素并且弥补了前述的漏洞。

首先，它指明了知识产权的主体和客体，知识产权的主体，即自然人、法人、非法人社会组织和国家四类；知识产权的客体，即知识产品。

其次，它指明了知识产权的特性，即它是一项专有性权利。

再次，它指明了知识产权发生的领域，即知识产权产生于科学技术、文学艺术和生产经营等领域。

最后，它指明了知识产权的法律确认性，即必须依据法律的规定才能产生，而并非所有的智力成果都可以形成知识产权。

1.1.2 知识产权的特征

关于知识产权的基本特征，学者们均有阐述，但略有不同。一般认为，知识产权具有专有性、地域性和时间性。

1. 专有性

专有性，也称垄断性（独占性或排他性），指知识产权专属权利人所有，知识产权所有人对其权利的客体享有占有、使用、收益和处分的权利。在法律方面主要体现在：第一，知识产权为权利人独占，没有法律规定或者权利人许可，任何人不得使用权利人的知识产品。第二，同一智力成果或者商业标记上只能有一个知识产权。例如两个以上的人做出同一种发明时，只能授予一个人以专利权；两个人就同一类产品就相同或类似的标志申请注册商标的，商标局只能为其中一个人注册。

2. 地域性

地域性的含义有二：其一，知识产权只在产生的特定国家或地区的地域范围内有效，这种地域性随着知识产权的国际保护而逐渐消失；其二是知识产权的授权和转让是与地域相联系的。也就是说，知识产权的授权和转让必须明确地域范围，仅授权在某些地域范围内行使知识产权，那么被授权人超出此地域范围行使该项知识产权即为侵权行为。

3. 时间性

所有的知识产权都有一定的时间限制，过了这一时间，该知识产权所保护的智力成果就进入公共领域由全人类共享，任何人都可以无偿地加以使用。不过商标权的时间性纯粹是基于管理上的需要而设的，商标所有人可以不断地申请续展保护期。

1.1.3 知识产权的属性

知识产权的属性包含两方面的含义：一是知识产权是属于公权范畴还是私权范畴；二是知识产权是属于一般财产权范畴还是特殊财产权范畴。

1. 知识产权的私权属性

《与贸易有关的知识产权协议》（简称 TRIPS 协议）在其序言部分宣称“知识产权为私权”。随着世界范围内越来越多的国家加入该协议，各成员均认可知识产权是一种民事权利。从知识产权的本质上说，私权属性是其本身特有的属性。由于这类产品的创作是创作者通过自身能力完成的，体现了创作者的能力，所以，可以说私权属性是其重要的本质属性。知识产权作为私权的属性，强调知识产权人对于自己所享有权利的充分保护、运用和处分的权利，强调知识产权不受国家的过分干预。知识产权作为私权归根结底是市场发展的结果。对知识产权进行保护，是顺应市场需要而由国家在一定市场垄断利益与知识创造成果公开的社会总体利益之间衡量取舍的结果，知识产权制度是国家运用市场杠杆对知识资源进行再分配的制度。① 权利的属性，取决于权利的基本内容而不是权利的产生方式。知识产权来源于公权的授权，并不影响其私权的属性。

2. 知识产权的财产权属性

现代法律制度所保护的财产分为有形财产和无形财产。作为无形财产，知识产品

① 吴汉东. 知识产权多维度解读［M］. 北京：北京大学出版社，2008：41.

不能被人们在事实上占有或控制，一旦被公开就可以同时为许多人所利用。知识产权人通常只有在主张权利时才“发现”自己是权利人，因此，知识产权制度的核心在于保护权利人对他人利用其成果的控制权。

作为特殊的财产权，知识产权与其他财产权的不同主要体现在：第一，权利的客体不同，知识产权的客体是智力劳动成果或标记所体现的商业资源。一般财产权的客体是动产、不动产等具体的物。第二，权利的取得和实现方式不同。知识产权的客体是一种无形的知识形态的劳动产品即知识产品。知识产权的取得具有法定性，大多数知识产权的取得须经过申请、审批或登记、注册等手续，这是因为其保护对象具有本身没有形体，不占空间，难以实际控制，使用不带来有形损耗等特点，必须要通过法律手段来实现公示和控制。第三，权利的独占程度不同。人们对知识产权的占有不是实在的、具体的控制，而是表现为认识和利用。知识产品的无体性，使得对同一知识产品可以同时为许多人所使用，彼此互不排斥，而且对知识产品的使用不发生有形的损耗。第四，权利的行使方式不同。一般财产所有权的行使表现为对物的占有、使用、收益和处分，并且一项所有权只能由一人行使。知识产权的行使表现为使用、转让、许可使用及禁止他人擅自利用其专有权，一项知识产权可能同时由多个主体行使。第五，价值评估方式不同。一般财产所有权涉及的物的价值受价值规律的制约，在质和量方面有确定性。知识产权的价值取决于知识产品被社会利用的程度和范围，具有较大的不确定性。第六，权利侵害的内容不同。对一般财产所有权的侵害通常表现为对物的非法占有或损毁。对知识产权的侵害往往表现为非法复制、剽窃、假冒、仿冒等。

1.2 知识产权法的概念、特征与调整对象

1.2.1 知识产权法的概念和特征

知识产权法是调整因知识产品而产生的各种社会关系的法律规范的总和，它是国际上通行的确认、保护和利用著作权、工业产权以及其他智力成果专有权的专门法律制度。

知识产权法的概念存在广义和狭义之分。从狭义角度来看，知识产权从传统的知识产权的含义出发，指的是专利权、商标权与著作权法；从广义角度来看，一切调整智力成果和工商业标记社会关系的法律规范都是知识产权法。一般来说，可以采用比较广义的知识产权法的概念，将其限定为“调整与知识产权有关的社会关系的法律规范”。

对于知识产权法的特征，可以从以下几个方面把握：

（1）知识产权法以公法的方式保护私权。知识产权法的保护对象主要是智力成果以及工商业标记，由于两者是典型的无形财产，知识产权法在权利义务的设置上更具有强制性。知识产权法虽属于私法范畴，但是其权利的取得、利用以及管理等都体现了国家公权力对私权的设定和管理。

（2）知识产权法具有多样性。知识产权法的调整内容具有多样性。知识产权法通常由多个具体的法律规范构成，这是由知识产品的多样性决定的。知识产权法的调整手段与方法具有综合性。区别于其他私法，知识产权法可以利用司法、行政等调整手段和方法来调整各种社会关系。其中，知识产权法保护方面，行政权力的使用具有重要的地位。

（3）知识产权法保护的内容呈现国际性。尽管知识产权具有地域性，但是由于知识产权制度大多是从欧美发达国家兴起，后被其他国家利用，且知识产权保护是国家之间贸易磋商的重要议题，知识产权立法时必须考虑知识产权国际条约及国际惯例，各国的知识产权法体现了一定的国际趋同性。

1.2.2 知识产权法的调整对象

知识产权法的调整对象是因创造性智力成果和工商业标记而产生的社会关系：即在确认、行使、保护知识产权的过程中形成的民事关系、行政关系和刑事关系等。知识产权法的调整对象可以按照不同的标准进行分类。

依照知识产权的不同阶段，知识产权法的调整对象可以分为：

（1）因确认知识产权而发生的社会关系。知识产权的取得过程是智力成果取得专有权利的过程。通过法律授予知识产权人一定时期的独占权来确认智力和工商业标记的所有权以及财产价值，以鼓励智力创造活动，促进社会进步。在确认知识产权的过程中，会在智力成果和工商业标记创造者、所有者以及知识产权管理机关等之间形成一定的社会关系。

（2）因行使知识产权而发生的社会关系。知识产权人通过行使某一方面具体的知识产权来实现自己对知识产权的实际运用。知识产权的使用既包括权利人自己使用知识产权进行生产活动，也包括将部分的权利许可他人使用。知识产权人能通过对知识产品的控制和使用而获得经济效益。知识产权人转让知识产权会与转让者、受让者以及相关部门之间形成某种社会关系。

（3）因保护知识产权而发生的社会关系。知识产权法主要通过行政的、司法的手段对知识产权进行保护。在这个过程中，知识产权人与相关部门、知识产权侵权人等之间产生的一定社会关系，属于知识产权法的调整对象。

1.3 知识产权法的地位与渊源

1.3.1 知识产权法的地位

知识产权法的地位，是指它在整个法律体系中所处的地位，即它是否构成独立的法律部门，或者归类于何种法律部门。

对于是否将知识产权法作为一个独立的法律部门，我国不同学者有不同的看法。有的学者认为知识产权法是一种综合性的法律制度，不能简单地归于某一法律部门；

有的学者认为知识产权法是一个独立的法律部门。

多数学者认为，知识产权法属于民法的范畴，主张在民法典中设立知识产权法篇。《民法通则》专节规定了各类知识产权。现有的民法典中的规定属于一般性规定，仅仅规定了著作权、商标权、专利权及其他科技成果权的列举性条款，未涉及实体性规定。知识产权是民法对知识形态的无形财产法律化、权利化的结果，是从物的所有权中分离出来的新的、独立的财产权形态。虽然客体的非物质性是知识产权的本质特性，但是其民事权利的属性与物权、债权等并无实质性的差别。因此知识产权法没有独特的、仅属于它自己所有的调整对象和调整手段，因而不具有成为独立法律部门的条件。

但也有学者认为，知识产权法与民法典形式理性、实质理性均存在着内在冲突，因此单行法模式是调和知识产权法与民法典冲突的立法对策，即在民法典中对知识产权法不做规定，在民法典之外也没有统一的知识产权法典，而是根据知识产权法的保护对象的不同，分别制定单行法，如著作权法、专利法、商标法、商业秘密法等。①

1.3.2 知识产权法的渊源

知识产权法的渊源即知识产权法律规范的具体表现形式。自改革开放以来，我国知识产权立法工作得到了快速推进。经过多年的发展，我国在立法层面上已经建立起相对完善的知识产权法律制度，通过颁布法律、行政法规、部门规章、司法解释等形式，对包括著作权、专利权等在内的知识产权提供相对完善的法律制度保障。

1. 法律

自1982年以来，全国人民代表大会常务委员会先后通过并分别修订了《中华人民共和国商标法》《中华人民共和国专利法》和《中华人民共和国著作权法》这三部主要的知识产权法律，专门调整知识产权关系，是知识产权法的主要渊源；《民法通则》《中华人民共和国反不正当竞争法》《中华人民共和国合同法》《中华人民共和国侵权责任法》等涉及知识产权的相关法律，对知识产权进行补充调整，是知识产权法不可缺少的法律渊源。

2. 行政法规

行政法规作为国家主管部门执行知识产权法的重要工具，对加强知识产权保护以及管理有重要的意义。随着立法工作的不断发展，我国先后颁布实施了《中华人民共和国商标法实施条例》《中华人民共和国专利法实施细则》，并在后期进行了修订；除此之外，还颁布了《信息网络传播权保护条例》《集成电路布图设计保护条例》等一系列行政法规。

3. 部门规章

随着我国知识产权行政保护制度的改革与完善，知识产权相关行政部门也颁布了一系列部门规章，对知识产权进行保护，对相关行为予以规范，比较重要的有：《国家工商行政管理总局驰名商标认定工作细则》（2009年4月21日公布并实施）、《商标评审规则》（1995年11月2日公布，2002年9月、2005年9月两次修订）、《专利实施许

① 钟瑞栋. 民法典的理性与知识产权法［J］. 中国政法大学学报，2016（5）.

可合同备案办法》（2011 年 6 月 27 日公布，2011 年 8 月 1 日起实施）、《著作权质权登记办法》（2010 年 11 月 25 日公布，2011 年 1 月 1 日起实施）等。

4. 司法解释

我国法院在司法实践中累计的经验，形成了大量的司法解释，增强了法律的可操作性，保障了当事人的合法权益，如《最高人民法院关于审理商标授权确认行政案件若干问题的意见》（法发〔2010〕12 号）、《最高人民法院关于审理侵犯专利权纠纷案件适用法律问题的若干规定》（法释〔2009〕21 号）等。

5. 国际公约

我国与外国缔结或我国加入并生效的知识产权国际公约，与我国国内法具有同样的约束力。目前我国已加入了多个知识产权法方面的国际条约，与多个国家签订了有关知识产权的双边协定。这些条约、协定构成我国知识产权的特殊渊源，如《成立世界知识产权组织公约》（1980 年加入）、《与贸易有关的知识产权协定》（2001 年加入）。

2 著作权法律制度

2.1 著作权法概述

2.1.1 著作权的概念

著作权，是指自然人、法人或者其他组织依法对文学、艺术或科学作品所享有的各项专有权利的总称，包括著作人身权利和财产权利。

著作权通常有狭义与广义之分。狭义的著作权，指各类作品的作者依法所享有的权利，也称为文学艺术产权，保护的是文学、艺术和科学领域内具有独创性并能以某种有形形式复制的智力成果。广义的著作权则除了狭义的著作权外，还包括艺术表演者、录音录像制品的制作者和广播电视节目制作者依法所享有的权利，在法律上称“邻接权”或称“与著作权有关的权利”。我国立法采用的是广义的著作权，在著作权法中将邻接权纳入规范范畴，单列一章来保护。

2.1.2 著作权的特质

著作权属于知识产权重要的组成部分。其除了具有知识产权所共有的特征，即具有专有性、地域性、时间性等特征外，与其他知识产权相比，还具有以下特征：

1. 取得方式不一样

专利权、商标权的取得必须经过申请、审批、登记和公告，即必须以行政确认程序来确认权利的取得和归属。而我国著作权法规定作品的著作权是自动取得。著作权因作品的创作完成而自动产生，一般不必履行任何形式的登记或注册手续，也不论其是否已经发表。

2. 内容具有双重性

著作权包括人身权和财产权两大类。著作人身权，是指与作者本身密不可分的，以人格利益为主要内容的权利，主要包括：发表权、署名权、修改权和保护作品完整权。著作财产权是指作者对于自己所创作的作品享有以各种方式进行使用或许可他人进行使用并获得相应报酬的权利，包括播放权、摄影权、演绎权、发行权等 10 多项内容。随着科技不断发展，著作权内容也日益丰富，包括摄制权、信息网络传播权等。

2.1.3 著作权法的调整对象及其历史沿革

1. 著作权法

著作权法是调整著作权主体之间、著作权主体和他人之间因著作权和邻接权的归属、行使、转让、许可或合理使用等原因而发生的民事法律关系的法律规范总和。这些民事法律关系一般分为三类：①著作权归属关系，即著作权中的人身权和财产权由谁享有的法律关系；②著作权行使关系，即因著作权人行使著作权而发生的法律关系；③著作权利用（或称运营）关系，即因对著作权的利用和经营（如对著作权进行转让、许可使用、质押等而产生）而发生的法律关系。

2. 我国著作权法律制度的历史沿革

随着造纸术、印刷术的发明与普及，我国宋代出现了保护著作物的令状制度，对民间以营利为目的的翻版给予"追板劈毁，断罪施刑"的处罚。然而，令状制度只是官府针对个案采取的法律措施，并没有形成对著作权的专门保护。

1910 年清政府制定的《大清著作权律》是我国第一部保护著作权的完整法律制度。该法内容基本上是仿效日本的著作权法。它明文规定了著作权的客体范围、主体对象和保护期限，通过禁止性条款间接规定了著作权的权利内容，对侵权行为进行了比较详细的界定并规定了相应的处罚措施。该法已经具备了著作权法的基本要素，对后来的北洋政府和国民政府的著作权立法产生了重要影响，标志着我国著作权法律制度的正式形成。1915 年，北洋政府颁布了我国历史上第二部著作权法——《北洋政府著作权法》。1928 年，国民政府颁布新《著作权法》，该法又于 1944 年、1949 年进行了两次修订，成为我国台湾地区现行著作权法的主体部分。

中华人民共和国成立以后，1950 年，第一届全国出版会议通过了《关于改进和发展出版工作的决议》，决议对著作权保护做出了原则性规定，为著作权纠纷处理提供了基本依据。随后国务院有关稿酬、出版合同等方面的文件对决议也进行了重要补充。

1986 年 4 月 12 日，第六届全国人民代表大会第四次会议通过《中华人民共和国民法通则》，其第九十四条明确规定，公民、法人享有著作权（版权），依法有署名、发表、出版、获得报酬等权利。第一百一十八条规定，公民、法人的著作权（版权）、专利权、商标专用权、发现权、发明权和其他科技成果权受到剽窃、篡改、假冒等侵害的，有权要求停止侵害，消除影响，赔偿损失。《民法通则》对著作权人的合法权益和侵权行为的惩罚措施作了明文规定，极大地提高了创作者的创作积极性。我国现行的《中华人民共和国著作权法》（简称《著作权法》）于 1990 年 9 月 7 日通过，自 1991 年 6 月 1 日起施行，后来分别于 2001 年、2010 年进行了两次修订。《著作权法》对著作权人享有的人身权和财产权作了明文规定，兼顾了作品创作者、传播者和使用者的利益，并根据重要国际条约合理规定了涉外著作权的内容，同《中华人民共和国著作权法实施条例》（简称《著作权法实施条例》）、《计算机软件保护条例》《计算机软件著作权登记办法》《信息网络传播权保护条例》等一起，构成了我国的著作权法律体系，为我国著作权的国际保护提供了有效的法律依据。但随着新媒体的迅速发展和全球化进程的加快，很多新的著作权问题又不断涌现，作者、生产者和传播者的积极性遭受重创，文化创意产业、创意设计行业面临严峻的挑战和巨大的冲击。2011 年 7 月 13 日，国家版权局启动了《著作权法》第三次修订调研工作。2012 年 12 月 28 日，国家版权局将第三稿《中华人民共和国著作权法（修订草案送审稿）》提交国务院。2013 年 1 月 23 日，国务院法制办将送审稿下发给相关部门和协会定向征集意见，并向社会公开征求意见。

2.2 著作权主体

2.2.1 著作权主体的概念及分类

著作权法中明确规定著作权主体是为了明确权利的归属，便利著作权的许可使用或转让，保证交易安全，增强人们的著作权保护意识，有利于调解争议。

1. 著作权主体的概念

著作权主体，亦称著作权人，是指依法对文学、艺术和科学作品享有著作权的人，包括作者和其他依照著作权法享有著作权的公民、法人和其他组织。

2. 著作权主体的分类

（1）自然人、法人和其他组织。这是以主体的形态为标准所做的划分，这种划分的意义在于：著作权保护期的起算时间不同。原则上，自然人享有著作权，其保护期自创作完成开始保护，采取死亡起算主义；法人和其他组织，其保护期也自创作完成开始保护，但采取发表起算主义。

（2）原始主体与继受主体。这是以权利获取的方式进行的分类，前者指在作品创作完成后，直接根据法律的规定或合同的约定对作品享有著作权的人。一般情况下，原始主体即自然人作者，其资格是基于创作行为直接产生的。另外，法人或其他组织也可能成为原始主体，其资格是基于法律的规定而产生的。后者指通过受让、继承、受赠或法律规定的其他方式取得著作权的人。继受主体取得著作权的方式主要有以下几种：①因继承、遗赠、遗赠抚养协议或法律规定而取得著作权。一般情况下，著作权中只有财产权利可以继承，人身权利不能继承，但有责任进行保护。作者死后，继承人可以享有原作者的著作财产权直至作品有效期届满。对于合作作品的作者之一死亡后，其对合作作品享有的使用权和获得报酬权无人继承又无人接受遗赠的，由其他的合作作者享有，以维护其他合作作者的利益。②因合同取得著作权。著作权人可以通过转让合同、委托创作合同等方式将著作权中的财产权部分或全部转让给他人，从而使受让人成为著作权主体。③国家可以成为特殊的著作权主体。根据《中华人民共和国继承法》（简称《继承法》）和《著作权法》的相关规定，公民死后无人继承又无人接受遗赠，或法人、非法人组织终止后无其他单位继受其权利与义务的，著作财产权归国家所有。划分原始主体与继受主体的意义在于：二者享有的权利范围不同。只有原始主体才有可能享有完整的著作权，继受主体不能享有完整的著作权。

（3）国内主体和外国主体。这是根据权利主体的国籍做的划分，国内主体包括中国公民、法人或非法人单位；外国主体包括外国公民、法人或非法人单位。由于著作权具有严格的地域性，因此国内主体和外国主体在著作权待遇上存在较大差异。中国作者和其他著作权人的作品无论是否发表，都可根据著作权法直接取得保护；外国人、无国籍人的作品首先在中国境内发表，才能依照我国著作权法享有著作权。外国人、无国籍人在中国境外发表的作品，根据其所属国与中国签订的协议或者共同参加的国际公约享有著作权。如果外国作者所在国家未与中国签订协议，也没有共同参加国际条约，那么其作品首次在中国参加的国际公约的成员国出版或者在成员国与非成员国同时出版的，也受中国法律保护。

2.2.2 著作权法对著作权主体的规定

根据《著作权法》的规定，著作权的主体可以分为三种类型：

1. 自然人作者，即创作作品的自然人

《著作权法》第十一条第二款规定，创作作品的公民是作者。《著作权法实施条例》第三条第一款规定，著作权法所称的创作，指直接产生文学、艺术和科学作品的智力活动。据此，作者应具备以下两个条件：

（1）直接从事创作活动。所谓创作，是指作者通过自己的独立构思，直接产生文学、艺术和科学作品的智力活动。只有从事创造性智力劳动的人，才能成为作者。仅为作品的创作提供简单的物质材料或从事其他辅助性活动，而没有直接从事实质性的创作活动的人，不是真正意义上的作者。

（2）以一定的形式将作品完整地表现出来。只有在创作活动的基础上，完成作品并将其以一定形式表现出来的人，才能成为作者。如果只是从事创作活动，但没有完成或形成作品，创作人就不能成为作者。

智力创作活动是一种事实行为，而非民事法律行为，因此，作者的主体资格不受创作人本人的民事行为能力的制约。只要通过自己的创作活动完成一定形式的作品，即使是未成年人，也能成为作者，并依法享有著作权。当然，未成年人作为著作权人时，著作权的行使通常应由其法定代理人完成。同时，作品的种类是多种多样的，如文字作品、口头作品、美术、摄影作品、计算机软件等都是法律规定的作品。因此，凡是完成上述不同形式作品的人，都属于作者的范畴。

2. 被“视为作者”的法人或其他组织

《著作权法》第十一条第三款明确规定，在作品创作过程中，由法人或其他组织主持，代表法人或其他组织的意志而创作，并由法人或非法人单位承担责任的作品，法人或其他组织被视为作者。

3. 基于一定的法律事实继受取得权利的主体

基于一定的法律事实继受取得权利的主体如通过继承、签订合同、接受馈赠或依法规定而取得权利者。作品的作者可以是自然人，也可以是法人或国家。

前两种可称为著作权的原始主体，它们都基于作品的创作而获取权利。所以著作权主体这一概念在范围上大于作者，作者是最基础的一类著作权主体。

2.2.3 特殊作品的著作权归属

1. 演绎作品的著作权归属

演绎作品，又称“二次作品”，是指作者根据已有的作品改编、翻译、注释、整理而创作的新作品。其形式既可以是对原作品的演绎，也可以是对演绎作品的再演绎。其中，将注释和整理列为演绎作品的方式是我国法的独创，外国法上尚未见到明文规定。

演绎作品具有如下特征：①演绎作品是对原作的再创作。演绎作品作者在改编、翻译等演绎过程中必须付出创作性的劳动，其表现形式应具有独创性。如翻译外国作品，译者在尊重原作内容和形式的基础上，往往需对文字安排、语言技巧等方面进行再创作。而改编则需要对原作中的场景、情节、人物等方面作重新安排，将文学语言转换为戏剧语言等。可见演绎作品并不是对原作品简单的改写或仿制，而是具有再创作性的作品。②演绎作品须以尊重原作为前提。演绎作品是根据原作而派生演绎出来的作品，须在基本内容、主题思想、人物、情节等方面与原作基本一致，不得在演绎中歪曲或篡改原作品。否则，其不但不能作为演绎作品而受保护，反而还构成对原作完整性的破坏，是一种侵犯著作权的行为。保护作品完整权是一项不受时间限制的人身权利。即使原作是过了保护期的作品，演绎也不能歪曲或篡改其主题和基本内容。③演绎权是著作权中一项重要的权利，演绎者在演绎以前，必须征得原作者或其著作权人的许可，并支付报酬；对演绎作品的再演绎，同样应征得原作著作权人和演绎作品著作权人的双重或多重授权，并支付报酬。从这个意义上看，其虽然也享有著作权，但不是独立的，与独创作品比较，在演绎时要经过许可，有报酬时要与原作者分享，第三人在使用时，要征得原著者、演绎者的同意。

创作演绎作品的人为演绎者，即演绎作品的作者，如无特殊规定演绎作品的著作权归演绎作者享有。

2. 合作作品的著作权归属

合作作品指两个或两个以上的人共同创作的作品。其有广义和狭义两种不同的称谓，狭义的合作作品指合作者的劳动或者贡献不可分，各自创作的作品不能单独使用的作品。广义的合作作品则既包括合作作品，也包括合成作品，即虽然是由合作者共同创作，但可以把每个作者的创作部分单独分割使用的作品，如歌曲的旋律和歌词，我国著作权法采用的就是广义的合作作品的范畴。

合作作品的特征体现在：①合作作者有共同的创作意图。②合作作者参加了共同的创作活动。如果没有参加创作，仅为创作提供咨询意见、物质条件、素材或其他辅助劳动如整理资料、抄写稿件的人不能称为合作作者。

我国《著作权法》对合作作品的作者规定了以下权利：①合作作品的著作权归合作作者共同享有，根据各合作人对作品创作的贡献来确定利益分配份额。②不可分割使用的作品著作权各合作者形成共同共有关系，通过协商一致行使权利；不能协商一致，又无正当理由的，任何一方不得阻止他方行使除转让以外的其他权利，但是所得的收益应当合理分配给全部合作作者。每一权利人有权单独以自己的名义对侵犯合作作者整体著作权的行为提起诉讼。③可分割使用的作品其整体著作权由合作作者共同享有，同时，各合作作者还对各自创作的部分单独享有著作权，而分著作权人行使其可分割部分的著作权时，不得损害合作作品的整体著作权。④合作作者之一死亡后，其对合作作品享有的财产权利，无人继承又无人受遗赠的，都由其他合作作者享有。

3. 汇编作品的著作权归属

汇编作品，指对若干作品、作品的片段或不构成作品的数据或其他材料，经选取编排而形成的新作品。如选集、期刊、报纸、画册、百科全书等。

汇编作品具有以下特征：①具有集合性，它由若干作品、作品的片段或者不构成作品的数据或者其他材料汇集而成，汇编作品的构成成分既可以是受版权法保护的作品以及作品的片段，如论文、词条、诗词、图片等，也可以是不受版权法保护的数据或者其他资料，如法规、股市信息、电话号码、商品报价单等。②汇编作品须有独创性，这种独创性不在于被汇编的对象是作品还是非作品，而主要在材料的选择和编排上，因而被汇编的对象是否享有著作权不是汇编作品形成的条件，对汇编作品的保护不延及被编辑的作品或材料，也不排斥其他人利用同样的作品成材料进行不同的编辑。③汇编作品的创作是由汇编人完成的。汇编人具有作者的身份，被采用作品的各作者并未参与编辑工作，他们之间也没有共同创作的合意。

我国《著作权法》对于汇编作品著作权的归属及行使规定如下：①汇编人对汇编作品享有整体著作权。②汇编人行使著作权时，不得侵犯原作品的著作权。如不能擅自修改作品、不加署名而发表，涉及著作权作品，须经原作品著作权人同意，并向其支付报酬。

4. 职务作品的著作权归属

职务作品，指公民为完成法人或其他组织工作任务而创作的作品。因此，职务作品与公民所担任的职务紧密关联，它是法人或者其他组织安排其雇员或工作人员履行职责和任务而创造的成果。

职务作品的特征：①作者与其所在单位之间存在劳动关系，创作是为了完成本单位的工作任务。②作品由创作者独立完成，体现的是个人意志，而非单位意志。③作品的使用属于作者所在单位正常的业务范围。

职务作品的分类：可分为一般职务作品和特殊职务作品。一般职务作品指的是公民为完成法人或者其他组织的工作任务所完成的作品，在创作作品的过程中，没有或者基本没有利用法人或者其他组织的物质技术条件，也不必由法人或者其他组织承担责任，如记者为报社撰写的稿件。特殊职务作品，是指公民主要利用法人或者其他组织的物质技术条件创作并由法人或者其他组织承担责任的工程设计图、产品设计图、计算机软件等职务作品。

职务作品著作权的归属：①一般职务作品的著作权归作者享有，单位在业务范围内的2年内（自产品交付之日起2年是单位的优先使用期限）可优先无偿使用。在2年内，作者未经单位同意，无权许可第三人以与其所属单位相同的使用方式使用该作品；在2年内，经单位同意，作者许可他人以与本单位相同的使用方式使用该作品获得的报酬，作者应按与单位约定的比例进行分配；如2年内单位不使用，作者可要求单位同意其许可第三人使用，使用方式不受限制，单位如无正当理由不得拒绝。在2年内，单位也可以将自己的权利交予第三人使用，但应按照劳动关系从所得中给予作者适当的奖励；即使在单位的优先使用期限内，作者也可以许可他人以与单位不相同的使用方式使用其产品。在2年后，单位仍然可以在业务范围内继续无偿使用该作品，这时，作者许可第三人以与单位相同的使用方式使用其作品时，不必再征得单位的同意，但获得的报酬仍由作者与单位按照约定的比例分配。②特殊职务作品的著作权由作者和其所在单位共同享有，作者享有署名权，单位享有著作权中的其他权利。

5. 委托作品的著作权归属

委托作品，指一方接受另一方的委托，按照委托合同规定的有关事项进行创作而产生的作品，如为他人撰写自传、悬赏征集广告词等。创作作品的受托人是作者，委托人既可以是自然人，也可以是法人或者其他组织。委托作品与合作作品的主要区别是：委托作品由受托人创作，委托人不参与创作；而合作作品由合作方共同创作。委托作品与职务作品的主要区别是：职务作品是基于一种纵向的隶属关系而产生的一类作品；委托作品则是体现了委托人与受托人之间横向的民事主体关系。

我国《著作权法》第十七条明确规定，委托作品的著作权归属由委托人和受托人通过合同约定。合同未明确约定或没有订立合同的，著作权归受托人。

2.3 著作权客体

著作权客体是著作权法律关系主体的权利和义务所指向的对象，是指著作权法律关系的载体，是指由作者或其他著作权人脑力劳动所创作的、为著作权法所确认和保护的智力创作成果，即作品。

2.3.1 著作权法保护的作品

我国著作权法所称的作品，是指文学、艺术和科学领域内，具有独创性并能以某种有形形式复制的智力创造成果。

任何作品要成为著作权客体须具备以下基本条件：

(1) 独创性。独创性亦称原创性，即一种个性的表达，是作品成为著作权客体的首要条件。独创性指作者通过独立智力活动创作完成的智力劳动成果，作品的内容或者表现形式不同于或者基本不同于他人的作品。其对立面是抄袭和剽窃。独立创作完成既包括从无到有进行独立创作，也包括在他人已有作品基础上的再创作。独创性是著作权受保护的必要条件，各国著作权法都规定了作品的独创性。

(2) 可复制性。符合著作权保护条件的作品，通常都是能以某种有形的形式加以复制，并可以利用和传播。复制形式包括印刷、绘图、摄影、录制等。我国著作权法并没有像英美法那样要求作品必须固定在有形载体上，而只要求作品能够以某种有形形式复制，因此不排除对未被有形载体固定的口头作品的保护。

2.3.2 作品的种类

1. 法律规定上的种类

根据我国《著作权法》第三条规定，将文学、艺术和科学领域内的作品分为以下几类：

(1) 文字作品。文字作品指用文字或等同于文字的各种符号、数字来表达思想或情感的作品，是日常生活中数量最多、最为普遍、运用最为广泛的一种作品形式，如小说、散文、论文、剧本、教科书、科学专著及其译文、统计报表、乐谱等。

(2) 口述作品。口述作品指不借鉴任何载体形式，仅以口头方式表达出来的作品，如即兴的讲演、授课、法庭辩论、编讲故事等。这类作品的特点是通过口头方式表达作者的思想感情，大多由即兴创作产生，事先并无完整的书面讲稿，因此有演讲稿的演讲、诗歌或散文的朗诵都不是口述作品，而是文字作品。

(3) 音乐、戏剧、曲艺、舞蹈、杂技作品。①音乐作品是指歌曲、交响乐等能够演唱或者演奏的带词或者不带词的作品。音乐作品可以以乐谱形式出现，也可以不以乐谱形式出现。这区别于演唱、演奏者的表演成果，后者属于邻接权的范畴。②戏剧作品是把人的连续动作、台词、唱词、曲等编在一起，供舞台演出的作品，如话剧、歌剧、地方戏曲等，不是指一出戏剧的演出。③曲艺作品是我国独有的艺术形式，以说唱来叙述故事，有时带有表演动作，比如相声、评书、大鼓等。著作权要保护的是其通过文字或口述编导而形成的以说唱为内容的脚本。④舞蹈作品是指通过连续的动作、姿势、表情进行设计和程序编排的作品。著作权要保护的是舞蹈的动作设计、构思和安排，而不是现场的舞蹈表演，后者属于邻接权范畴。⑤杂技作品指杂技、魔术、马戏等通过形体动作和技巧表现的作品。杂技作品所要保护的是杂技作品中的艺术成分，如脚本、动作编排、造型等，并不包括杂技表演中表现的动作和技巧难度。

(4) 美术、建筑作品。美术作品主要指为了欣赏目的而创作的纯美术作品，如绘画、书法、雕塑等。学术界普遍认为建筑产品应该包括两项：一是建筑物本身（仅仅指外观、装饰或设计上有独创性的建筑物）；二是建筑设计图及其模型。根据我国《著作权法》的规定，与建筑物有关的建筑物品、建筑设计图、建筑物模型是可以分别独立存在并享有著作权保护的作品。但建筑物作为美术作品，一定要有审美意义。那些纯粹为了实用目的而建造的建筑物并不算是建筑作品。

(5) 摄影作品。摄影作品指借助器械在感光材料上记录客观形象的艺术作品。一般来讲，照片是摄影作品，但不是所有照片都构成摄影作品。纯复制性的照片，如用相机翻拍的文件、地图、身份证照等，因其不具有独创性而被排除在外。

(6) 电影、电视作品和以类似摄制电影的方法创作的作品。电影、电视作品和以类似摄制电影的方法创作的作品，是指摄制在一定记录介质上，由一系列有伴音或无伴音的画面组成，并借助于适当的装置放映、传播的作品。以上作品的创作非常复杂，也包括一系列程序和环节，著作权法中的该类作品，特指经拍摄完成的作品，而不是完成之前的任何阶段性成果，也不是电影电视剧本。而只对现场表演、会议报告、教师讲课、歌舞表演等进行直接录制的录像、电视节目不在此列，属于录像制品，是邻接权的客体。

（7）工程设计、产品设计图纸、地图、示意图等图形作品和模型作品。①工程设计图是指利用各种线条绘制的、用以说明将要创作的工程实物的基本结构和造型的平面图像，如水路、铁路、公路建筑施工设计图等。建筑工程设计图不属于工程设计图，而属于建筑作品范畴。②产品设计图是指用各种线条绘制的、用以说明将要生产的产品的造型和结构的平面图案，如服装设计图、家具设计图等。我国著作权法所保护的工程设计图、产品设计图及其说明，仅指以印刷、复印等复制形式使用图纸及其说明，不包括按照工程设计图、产品设计图及其说明进行施工或生产的工程和产品。此类产品适用其他有关专利权或商业秘密的保护规定。③地图是指用图形形式表明地球表面自然和人文事项的作品，如地理图、水文图、气象图、军用地图、人口图等地图在绘制过程中，表现出绘制人对不同地理信息的编排与取舍，因而是一种创作过程，须受到保护。④示意图是指用点、线条、几何图形和符号说明内容较为复杂事物原理的略图。如动物解剖图、人体穴位图、“长征三号”捆绑火箭示意图等。示意图只表示出事物的轮廓概貌，不需严格按比例绘制。示意图保护范围较小，只是不能未经许可就复制印刷出版。⑤模型是指为展示、试验或观测等用途，根据物体的形状和结构，按照一定比例制成的立体作品。模型作品的保护重在立体到立体的复制（包括放大或缩小）。

（8）法律法规规定的其他作品。

2. 两类特殊作品

对于计算机软件和民间文学艺术作品这两类特殊作品，我国采用了另行制定法规专门保护的办法。

（1）计算机软件。

①计算机软件的概念。

关于计算机软件的概念，现在尚无统一的定义，我国《计算机软件保护条例》对其作了如下定义：计算机软件，是指计算机的程序及有关文档。

计算机程序，是指为了得到某种结果，可以由计算机等具有信息处理功能的装置执行的代码化序列，或可被自动转化的符号化指令、语句序列。文档，是指用来描述程序内容、组成、设计、功能规格、开发情况、测试结果及使用方法的文字资料和图表，包括程序设计说明书、流程图和用户手册等。

②计算机软件版权保护的实质性条件。

计算机软件版权保护的实质性条件包括：第一，原创性。受保护的软件必须由开发设计者独立开发完成，是开发者独立设计、独立编制的编码组合。抄袭、复制他人的软件不能受到法律保护。第二，固定性。受保护的软件必须固定在某种存储介质上，如磁盘、光盘、卡片、纸带、手册等，并易于复制。只存在于设计者头脑中的软件设计思想不受法律保护。

③计算机软件的法律保护。

在国际上，自20世纪60年代以来，随着计算机软件与计算机硬件的分离，各国对计算机软件保护进行了多方面探讨。作为一种实用性技术，具有强烈独占性的专利技术更适用于计算机软件的保护。包括美国在内的不少国家都曾做过类似的尝试，但问题不断。首先，软件的新颖性、实用性、创造性标准难以确定；其次，软件数量多、更新快与手续复杂、耗时长的专利审查程序无法适应；再次，以数字、符号组成的软件，其性质与一般的发明专利存在较大差别。于是，人们转向著作权法中获取救助。1972 年，菲律宾成为世界上第一个以著作权法保护计算机程序的国家。美国 1976 年、1980 年两次修改著作权法，保护计算机软件。目前已有 40 多个国家和地区对计算机软件采取了著作权法律保护。1993 年，《与贸易有关的知识产权协议》也做出了相关规定。

按照我国《著作权法》和《计算机软件保护条例》的规定，计算机软件不是作为文字作品，而是作为一种特殊类型的作品加以版权保护。目前，我国保护计算机软件的法律主要有《计算机软件保护条例》（2001 年公布，2002 年 1 月 1 日施行，2011、2013 年分别进行两次修订）、《计算机软件著作权登记办法》（2002 年 2 月 20 日发布并施行，2004 年修正）。

（2）民间文学艺术作品。

①民间文学艺术作品的范围。

民间文学艺术作品范围非常广泛，如故事、传说、寓言、编年史、神话、叙事诗、舞蹈、音乐、造型艺术、建筑艺术等都属此类。民间文学艺术的特点是世代相传，往往没有固定的有形载体，也没有明确的作者。

②民间文学艺术作品的特征。

民间文学艺术作品的特征包括：第一，群体性与地域性。民间文学艺术作品通常是一个特定群体在某一个区域内经过不间断的模仿而形成的，基本属于该群体创作、流传的特殊的文学艺术形式。第二，长期性。民间文学艺术作品是由集体经过长期的、不间断的模仿而完成的，其经历了较漫长的创作过程。第三，传承性。虽然民间文学艺术有不断变化的特征，但通过口头语或肢体语言等方式具有了一系列相对稳定的因素，并世世代代继承流传下来。

上述特点使得多数民间文学艺术作品的内容形式繁杂、难以固定，难以确定其创作时间和创作者，极易受到各种不法行为侵害。为此，国际社会正通过相互间协作采取各种法律措施对其予以特殊保护。

③对民间文学艺术作品的法律保护。

在联合国倡导下，一系列保护民间文学艺术作品的国际条约相继问世：1971 年，《保护文学艺术作品伯尔尼公约》（简称《伯尔尼公约》）修订本增加将民间文学艺术作品称为“不知作者的作品”给予保护；1976 年，世界知识产权组织为发展中国家制定的《突尼斯示范著作权法》专门规定“本国民间创作作品”的保护条款；1982 年，联合国教科文组织和世界知识产权组织正式通过《保护民间文学表现形式以抵制非法利用及其他不法行为的国内法律示范条例》；2003 年，联合国教科文组织第 32 届大会通过了《保护非物质文化遗产公约》。这些法律文件的出台旨在保护各国少数族裔的文化权利，维系民间文学艺术的多样性。

我国是一个多民族的拥有五千年灿烂文明史的国家，56 个民族共同创造了数量庞大、多种多样的民间文学艺术作品。加强对民间文学艺术作品的保护，有助于挖掘我国民间文化遗产，弘扬民族文化，发展民族经济，增进民族团结。但在社会经济高速发展的时代背景下，为了短期经济利益毁损民间文化遗产的现象时有发生。因此对民间文学艺术作品提供著作权保护是必须且紧迫的。1991 年实施的《著作权法》第六条就明确将民间文学艺术作品纳入我国著作权法的保护对象，并表明民间文学艺术作品的著作权保护办法由国务院另行规定。国务院在 1997 年颁布了《传统工艺美术保护条例》。文化部在 2000 年组织起草了《民族民间传统文化保护法（草案)》，但是这个草案至今仍未正式确定。2010 年，我国对著作权法也进行了修正，但未涉及民间文学艺术作品。国家版权局虽然在 2014 年公布了《民间文学艺术作品著作权保护条例（征求意见稿）》，公开向公众征求意见，但是迄今为止仍未达成一致意见。我国到目前为止仍未出台正式的关于民间文学艺术作品的法律、法规。这一立法上的空白亟待完善。

2.3.3 著作权法客体的保护限制

与世界各国的通行做法一致，我国著作权法除了规定上述受著作权法保护的客体外，还同时对受著作权法保护的客体范围做出某些限制。在这些客体中，有的是由于不具备作品的条件，有的是出于国家政策、公共利益考虑而不予保护。

1. 国家机关的正式文件和译文

法律、法规、国家机关的决议、决定、命令和其他具有立法、行政、司法性质的文件及其官方正式译文。上述客体由于体现国家和政府的意志，涉及社会公众和国家整体利益，属于公有领域的信息资源，需要向公众积极进行宣传，不应为个人独自利用或被限制传播，故著作权法不予保护。

2. 时事新闻

时事新闻指通过报纸、期刊、电台、电视台等传播媒介报道的单纯事实消息。其只是对事实的客观报道，表达形式单一，目的是使公众迅速、广泛地获知事实真相，不应对其控制，故著作权法不予保护。但在报道事实时，加入了媒体及作者的分析、评论、观点就不能被看作是时事新闻。如某些具有时事新闻性质的新闻故事、通讯、报告文学和其他纪实类作品，这些作品具有再创作的过程，因而受到保护。

3. 历法、数表、通用表格和公式

历法、数表、通用表格和公式是人们在长期工作生活中对自然现象和自然规律的总结，是人类文明的成果，属于公共领域的基本常识，不能为少数人垄断使用，不受著作权法保护。

还有与上述客体类似的电话号码簿、火车或飞机时刻表、邮政编码簿、电视节目单等能否成为著作权保护客体也是理论上争议较多的问题。我国著作权法对该类客体的作品性和著作权保护问题没有具体规定。对广播电视节目表，国家版权局曾规定受著作权法保护。

4. 依法禁止出版传播的作品

这类作品主要是指作者的思想倾向或感情表达方式危害社会秩序或破坏社会公德，比如反动、淫秽的作品。

2.4 著作权的内容

在世界范围内，大多数国家著作权法所规定的著作权内容都很相近，一般包括人身权和财产权两部分内容。

2.4.1 著作人身权

著作人身权指作者基于作品依法享有的以人身利益为内容的权利。该权利在英美法系国家被称为“精神权利”；大陆法系一些国家称其为“作者人格权”；日本和我国台湾地区著作权法则称“人格权”，指作者基于作品所体现的人格与身份而无直接财产内容的权利。

1. 著作人身权的内容

（1）发表权。发表权指作者决定将作品公之于众的权利。作者在作品创作完成后，如果不行使其发表权，其他任何精神权利或财产权利均无从行使，因而发表权是对作者人格起码的尊重，是其享有著作财产权的基础，在著作人身权中处于首要的地位。发表权只能行使一次，一旦作者根据自己的意愿将作品公之于众（至于公众是否知悉则无关紧要），发表权便行使完毕，也就是所谓的“权利一次穷尽原则”，作者不可能对同一作品再次行使发表权。发表权基本内容包括决定是否发表、何时发表、何地发表及以何种方式发表作品的权利。

（2）署名权。署名权是作者为表明其作者身份，在作品上注明其姓名或名称的权利。包括作者在自己的作品上署名和不署名的权利。作者作品署名发表后，其他任何人以出版、广播、表演、翻译、改编等形式进行传播和使用时，必须注明原作品作者的姓名。著作权法保护署名权意味着禁止任何未参加创作的人在他人的作品上署名。署名权的内容一般包括：①作者有权决定在其作品上署名的方式，包括署真名、假名、艺名、代名、笔名等。此外，不署名也是作者对署名权的一种行使方式，不能理解为对署名权的放弃。署名的方式还包括对署名顺序的安排，这种安排通常由合作者协商而定。其顺序可能包含着相应合作者在创作该作品时的地位或作用。②在演绎的作品上署名。演绎作品作为原作的派生作品，是在原作基础上的再创作，仍包含着原作品作者的创作劳动和人格特征。因此，原作品作者有权在有关演绎作品上署名。③有权禁止他人在自己的作品上署名，也有权禁止他人假冒自己的姓名在他人的作品上署名。④署名权不得转让、继承和放弃。

（3）修改权。修改权指作者本人修改或授权他人修改其作品的权利。对作品的修改体现作者对社会负责的严谨态度，法律当然要提倡和支持该行为。

修改权的内容包括：①作者本人有权修改作品；②授权他人修改自己的作品；③禁止他人未经授权对作品进行修改。但是著作权人许可他人将其作品摄制成电影作品或其他类似电影作品的，视为已同意对其作品进行必要的改动，但这种改动不得歪曲、篡改原作品。

（4）保护作品完整权。保护作品完整权是指保护作品不受歪曲、篡改的权利。著作权法通过赋予作者保护作品完整权，可以有效防止和制止任何违反作者意思而对作品进行歪曲、篡改、丑化或其他任何实质性改变的行为，从而维护作品的纯正性，保护作者的人格利益。

2. 著作人身权特征

一般而言，著作人身权具有永久性、不可分割性和不可剥夺性的特点。

（1）永久性。永久性是指著作人身权的保护在一般情况下不受时间限制。但是发表权是例外的，发表权保护与财产权保护期限一样具有期限性。作者的署名权、修改权和保护作品完整权都没有时间限制。

（2）不可分割性。不可分割性是指著作人身权与作者本身不可分离，不可转让。

（3）不可剥夺性。不可剥夺性是指任何单位或个人不得以任何理由剥夺作者的人身权，除非依法律规定给予适当的限制。

2.4.2 著作财产权

著作财产权指著作权人可以通过作品的使用或者许可他人使用为自己获得经济报酬的权利。作品的著作财产权是作者的重要财产权利。确认和保护著作财产权作为著作权法律制度的基本内容，实际上就是要明确划定作者对作品有哪些专有权。

1. 著作财产权的内容

（1）复制权。复制权是指以印刷、复印、临摹、拓印、录音、录像、翻录、翻拍等方式将作品制作一份或多份的权利。它是著作财产权中最基本的权利。著作权人有权自己复制或许可他人复制其作品，有权获取相应报酬；著作权人也有权禁止他人复制其作品，任何未经许可而复制其作品的行为均属于侵权行为。

（2）发行权。发行权是指有权许可或禁止他人以出售或者赠与等方式向公众提供作品的原件或者复制件的权利。发行权是著作权人所享有的一项与复制权紧密联系的重要权利，是实现作品的社会效益和著作财产权的重要保证。通常情况下，如果权利人只复制而不发行作品，就会限制其传播，著作权人的财产利益难以获得，因此，很多国家和地区著作权立法都规定对发行权的保护。我国则是通过《著作权法》和《著作权法实施条例》对此做出明确规定。发行权的内容主要包括著作权人有权决定是否发行作品、有权决定是自己发行还是授权他人发行、有权决定发行的数量和方式及范围，并以此获得相应的报酬。

（3）出租权。出租权是指著作权人有偿许可他人临时使用电影作品和以类似摄制电影的方法创作的作品、计算机软件的权利。出租作品是著作权人实现其经济利益的一种有效方式，特别是随着现代传播技术的迅猛发展，这一使用方式将越来越重要。文化消费者无需大量投资购买，只要通过支付较少的租金即可满足精神文化的需要。目前，世界上许多国家的作品出租已有取代作品出售而成为发行活动的主要形式的趋势。

我国最开始没有规定出租权，直到2001年《著作权法》修订才予以明确，并规定出租权的对象仅是电影作品和影视作品、计算机软件，作者对其他作品不享有出租权。

出租权的标的是作品本身而不是作品载体，凡是想出租录音录像制品，都要取得录音录像制作者的许可，并向其支付报酬，因为出租权是著作权人的权利，而非出租店的权利。

（4）展览权。展览权是指作者享有的公开陈列美术作品、摄影作品的原件及复印件的权利。展览权的对象除美术作品或摄影作品外，还可以是个别文字作品的手稿及复印件。我国《著作权法》规定展览权的作品包括美术作品、摄影作品原件或者复制件。

要注意的是，展览权的行使有时会与他人物权、肖像权等相冲突。如当美术作品、摄影作品的原件所有权不属于作者时，作者能否行使原件的展览权？既然展览权是著作权人的专有权利，自然由著作权人享有。此时，著作权人享有的著作权与原件所有权人的所有权相冲突，因此我国《著作权法》规定：美术作品的展览权由原件所有人享有。另外，美术作品、摄影作品的内容涉及他人的肖像时，著作权人的著作权与他人肖像权相冲突，如果著作权人要行使展览权，就必须征得肖像权人的同意，否则可能侵犯他人的肖像权。

（5）表演权。表演权又称公演权、公开表演权，是指作者依法所享有的公开再现其作品的权利。“公开再现”包括现场表演和机械表演两种。前者是指演出者以声音、表情、动作公开再现作品；后者是指运用唱片、光盘等物质载体形式，向公众传播被记录下来的表演的行为，如卡拉 OK 厅和舞厅播放音乐等。著作权人有权自己公开表演或许可他人公开表演其创作的作品；著作权人有权禁止他人未经许可而表演其创作的作品。

（6）广播权。广播权又称播放权，是指作者享有的通过无线电波、有线电视系统或其他方式公开传播作品的权利。播放权主要是针对广播电台、电视台的播放行为而赋予作者的一项控制权。各国著作权法以及国际公约都确认了这项权利并予以保护。根据我国现行《著作权法》的规定，不论作品是否已发表，无论采取有线还是无线或其他公开传播方式，无论听众或者观众是否接受了有关节目，无论播放者是否以营利为目的，只要广播他人的作品都应当事先获得许可，并支付报酬。

（7）信息网络传播权。信息网络传播权是指以有线或者无线方式向公众提供作品，使公众可以在其个人选定的时间和地点获得作品的权利。随着信息技术的发展，作品的传输手段日趋先进，作品在网络上点对点的传播较为普遍，需加以规范。根据我国现行《著作权法》和《信息网络传播权保护条例》的规定，无论是以任何形式发表的作品，无论作品是不是利用网络第一次发表，只要是受著作权法保护的，其著作权人均享有信息网络传播权。此外，著作权人还可授权他人行使全部或者部分该权利，并依照约定或按相关法律的有关规定获得报酬。

（8）摄制权。摄制权是指以摄制电影或者以类似摄制电影的方法将作品固定在载体上的权利。如果将表演或者景物直接地、机械地录制下来，则不享有摄制权。该权利是著作权人实现作品社会价值的重要方式，摄制权可由著作权人自行行使，也可授权他人行使。

（9）改编权。改编是以一种现有作品为基础而进行的再创作方式。原作与改编过的作品的区别仅在于表现形式的差异，二者的内容基本一致，而原作中的某些独创性特点也会反映在改编作品中。改编权是作者的权利，作者有权改编，也有权许可他人改编并获取报酬。

（10）翻译权。翻译权是指将原作品从一种语言文字转换成另一种语言文字的权利。翻译权是著作财产权的一项重要权利，由作者本人行使，也可以授权他人行使，未经作者授权，他人不得随意将作品翻译成其他语种。

（11）汇编权。汇编权是指将作品或者作品的片段进行选择、编排，汇集成新作品的权利。汇编并不改变被汇编作品的表现形式，只是为了某种目的将作品或作品的片段汇集起来，汇编人将作品汇编成集后，享有其著作权，但须取得原作者的同意。此外，汇编作品要具有独创性的收集、整理、编排，整体构成体现独创性。

2. 著作财产权的特征

著作财产权主要具有以下特征：

（1）可让与性。著作权人不仅可以自己使用作品以获得经济上的利益，也可以通过与他人订立合同，把作品的使用权授予他人，以取得相应的财产利益。由于著作财产权与作者的人身并无直接联系。因此，著作财产权在一定条件下可以转让给他人，具有可让与性。

（2）期限性。为了实现作者个人利益与社会公共利益的平衡，著作权法对著作财产权的保护规定了明确的有效期。在规定的有限期内，著作财产权受到著作权法的保护，超过有效保护期之后，保护则自动取消。

（3）物质利益性。著作财产权以财产利益为内容。著作权人通过自己行使著作财产权或许可他人行使著作财产权获得相应的经济利益。

2.4.3 著作权的取得和保护期限

1. 著作权的取得

著作权的取得，又称为著作权的产生，是指因为某种法定事由的出现，民事主体对某一特定作品依法取得相应的民事权利。

著作权的取得方式主要包括原始取得和继受取得。原始取得，是指不以他人享有著作权为前提，不以他人的意志为依据，而是直接根据法律规定或者自己的创作行为取得作品著作权的方式；继受取得又叫传来取得，是指通过合同或者继承等方式从原始著作权人之处获得著作权的方式。继受取得是以相关权利的可让与性为前提的，而著作权中的人身权是不具有可让与性的，因此继受取得仅仅针对著作财产权而言。

各国著作权立法和国际著作权公约对著作权取得的规定存在差异，概括起来，著作权取得主要有以下几种原则：

（1）自动取得原则。著作权自动取得，是指著作权因作者创作完成作品这一客观事实而依法自动获得，不需要履行任何手续，作品上也不需要有任何特别的表示“享有版权”的形式。这种取得著作权的原则被称为“自动保护主义”。著作权自动取得原则体现了著作权法保护作者智力创作的基本宗旨。作者只要进行了智力创作，其劳动就应得到尊重和保护。目前，世界上大多数国家的著作权法以及《伯尔尼公约》都采用了这一原则。

（2）登记取得原则。著作权的登记取得原则，是指作品著作权以履行法定的登记注册手续后产生，没有登记的作品则不受保护。这些手续往往有注册登记、缴送样本、刊登启事、办理公证文件、支付费用等。国家设立专门的著作权登记机构，办理作品的登记事项。目前，一些拉美和非洲国家采用这一原则。

（3）以物质形式固定取得原则。这一原则是指作品必须以物质形式固定下来，才能获得著作权法保护。这把“口头作品”和“演艺作品”（如现场表演或电台、电视台转播未加固定的表演）排除在法律保护之外。其本来目的在于著作权纠纷产生时便于取证，事实上就会使表演者权得不到保护，或得不到完整的保护。

（4）以著作权标记取得原则。这一原则是指首次出版的作品必须带有规定的著作权标记，才能取得著作权，否则该作品被视为进入“公有领域”而不受著作权法保护。美国等国家的著作权法以及《世界版权公约》确认了这一制度。

我国现行著作权法参照各国的通行做法，采用“自动取得”作为我国著作权取得的基本原则。

2. 著作权的保护期限

设定保护期是对著作权进行限制的一种方式，是著作权法律制度立法宗旨所决定的。著作权的保护期，是指著作权人对其作品享有专有权的有效期限。在著作权保护期内，作品的著作权受法律保护；著作权期限届满就丧失著作权，该作品便进入“公有领域”，成为人类共有的文化财富，不再受法律保护，任何人都可以利用，不需要征得原著作权人的同意，也不需要向原著作权人支付报酬。

（1）人身权利的保护期。在确认著作人身权的国家，对人身权利保护期的规定主要有永久保护和有限保护两种立法例。我国《著作权法》第二十条、第二十一条对人身权利的保护期作了明确的规定：对人身权利中的发表权实行有期限保护，其保护期与财产权利的保护期相同，即作者终生及其死亡后50年，截止于作者死亡后第50年的12月31日；而对作者的署名权、修改权、保护作品完整权实行永久保护。

（2）财产权利的保护期。著作权的保护期，通常指财产权利的保护期。各国对财产权利的保护期都采用有期限的保护。

①一般作品的财产权利保护期。

第一，公民享有著作权的作品的财产权利保护期。

对公民创作的一般作品，其财产权利的保护期，各国都实行“死亡起算法”，即保护期为作者的有生之年加死后若干年。《伯尔尼公约》和《世界版权公约》都采用了这一做法。我国著作权法规定，公民享有著作权的作品，其使用权和获得报酬权的保护期为作者终生及其死亡后第50年的12月31日。

第二，法人享有著作权的作品的财产权利保护期。

法人享有著作权的作品主要包括作者是法人的作品（法人作品）、法人享有著作权的职务作品或委托作品。法人享有著作权的作品，多数国家采用“发表起算法”，即保护期从作品发表之时起若干年，一般为50年。另外，对法人享有著作权的作品，自创作完成后规定的期限内不发表的，多数国家不再予以保护；在该期限内发表的，则从发表之时起按规定的保护期给予保护。

我国《著作权法》第二十一条也确定了类似原则，法人或者非法人单位的作品、著作权（署名权除外）由法人或者非法人单位享有的职务作品，其发表权、使用权和获得报酬权的保护期为50年，截止于作品首次发表后第50年的12月31日，但作品自创作完成后50年内未发表的，本法不再保护。这里“创作完成后50年内”的计算，一般解释为自创作完成之日起算，而不是从次年1月1日起算。

②特殊作品的财产权利保护期。

影视作品、摄影作品、作者身份不明作品、计算机软件的著作权的保护期适用特殊规定，自创作完成之日起50年内未发表的不再受著作权法保护，这样的作品，即使以后再发表，也不计算著作权保护期，不再受著作权保护。以上作品的保护期截止于作品首次发表后第50年的12月31日。

2.5 邻接权

2.5.1 邻接权与狭义著作权的区别

1. 邻接权的概念

邻接权，又称“相关权”或“作品传播权”，是指作品的传播者对于传播他人作品过程中所做出的智力成果享有的专有权利。作品的创作与传播紧密相连，传播以创作为前提和条件，这种权利与著作权密切相关，但又独立于著作权之外。具体包括表演者对自己表演的作品享有的权利、录音录像制品制作者对自己制作的录音录像制品享有的权利、广播电视节目播放者对自己播放的广播电视节目享有的权利、出版者对自己出版的作品享有的权利。故作品邻接权是与作品著作权相邻、相近或相联系的权利。

2. 邻接权与狭义著作权

邻接权作为一项保护作品传播与智力劳动成果的权利，与狭义著作权一样都属于知识产权的范畴，包括在广义的著作权里。邻接权是传播者在传播作品过程中依法产生的对智力劳动成果所享有的权利，邻接权是与著作权（狭义）相关和相邻的权利，两者关系密切，但又存在以下区别：

（1）保护对象不同。著作权保护的是作品创作过程中的智力创造成果；邻接权保护的是作品传播过程中的智力创造成果。

（2）保护原则不同。著作权的取得通常采用自动保护原则，作品一旦完成就自动取得著作权，无需履行任何手续：邻接权的取得以原作品著作权人的许可为根本前提，权利行使须以不损害原作品为基本条件。

（3）保护期限不同。著作权中的署名权、修改权、保护作品完整权等精神权利的保护期不受限制；邻接权的保护期各有不同，比如表演者权中，表演者人身权的保护期不受限制，表演者财产权的保护期为50年，录音录像制品制作者权的保护期为50

年，等等。此外，两者在权利主体、权利内容、权利的获得方式等方面也存在明显的不同。

2.5.2 邻接权保护制度的产生和发展

邻接权，也称为“相关权”，该词译自英文中的“Neighboring Rights”，本意是与著作权有关及相邻的权利。随着传播技术的快速发展，传播作品的手段日益多样化，作品传播者在传播过程中所产生的智力劳动能大大提高作品的知名度和美誉度，让作品广泛地被社会公众所接受和认可，作品传播者的创造性劳动需要获得法律的保护。

1709 年，英国议会颁布《为鼓励知识创作授予作者及购买者就其已印刷成册的图书在一定时期内之权利的法》（简称《安娜女王法》）。它是世界上第一部保护作者权益的法律文件，其中明文规定了作品出版商所享有的出版权利。

1910 年，德国通过《文学与音乐作品产权法》，将音乐作品和戏曲作品的表演者看作原作品的“改编创作者”，给予等同于原作者的法律保护。1911 年，英国在其著作权法中加入保护录音制品制作人权利的条款；1925 年，开始立法保护艺术表演人权利；1956 年，进一步立法保护广播电视组织的权利。世界各主要发达国家也纷纷效仿，建立起邻接权保护制度。世界范围内也有三个保护邻接权的公约，即《保护表演者、音像制品制作者和广播组织罗马公约》（简称《罗马公约》）、《保护唱片制作者防止唱片被擅自复制公约》《关于播送由人造卫星传播载有节目的信号的公约》。《罗马公约》是保护邻接权的第一个国际性条约。

我国在 1991 年施行的《著作权法》中就确立了邻接权制度，其后又通过颁布了《著作权法实施条例》《音像制品管理条例》《音像制品出版管理办法》《电子出版物管理暂行规定》等行政法规和部门规章对此逐步完善，由此构成了邻接权法律保护的基本框架。

2.5.3 出版者权

出版者权是图书出版者和报刊出版者，对其编辑出版的图书和报刊依法享有的权利。《罗马公约》中并没有出版者权的规定，将出版者权作为邻接权规定在著作权法中，是中国的特色。

1. 专有出版权

出版者是否享有专有出版权，享有多长时间，享有多大区域范围内的专有出版权，主要取决于著作权人的授权，是出版者和著作权人双方自愿协商的结果。我国《著作权法》第三十一条规定，图书出版者对著作权人交付出版的作品，按照合同约定享有的专有出版权受法律保护，他人不得出版该作品。我国《著作权法实施条例》第二十七条规定，图书出版合同中约定图书出版者享有专有出版权但没有明确其具体内容的，视为图书出版者享有在合同有效期内和在合同约定的地域范围内以何种文字的原版、修订版出版图书的专有权利。

2. 版式设计的专用权

所谓版式，是指出版者对出版图书、期刊所使用的开本、文字、字形、篇章结构的整体编排设计的式样。版式设计是指对图书、期刊的版面格式设计。出版者有权许可或禁止他人使用其出版的图书、期刊的版式设计。该权利的保护期为10年，截止于使用该版式设计的图书、期刊首次出版后第10年的12月31日。

另外，出版者权利的行使会涉及著作权，对著作权人需履行以下义务：图书出版者出版图书应当和著作权人订立出版合同，并支付报酬；应当按照合同约定的出版质量、期限出版图书；图书出版者重印、再版作品的，应当通知著作权人，并支付报酬；图书脱销后，图书出版者拒绝重印、再版的，著作权人有权终止合同；图书出版者经作者许可，可以对作品修改、删节；报社、期刊社对作品内容的修改，应当经作者许可。出版改编、翻译、注释、整理、汇编已有作品而产生的作品，应当取得改编、翻译、注释、整理、汇编作品的著作权人和原作品的著作权人许可，并支付报酬。

2.5.4 表演者权

1. 表演者权概述

表演者是指以各种演出的形式表演文学艺术作品的单位和个人，包括演员、歌唱家、音乐家、舞蹈家、演讲者、朗诵者等，但不包括运动员。需注意的是，我国《著作权法》已经将杂技艺术列入著作权法的保护对象，所以杂技演员是表演者，他们对其进行的杂技艺术表演享有表演者权。

表演者表演文学艺术作品的过程，不仅是对作品的机械传播过程，也是对作品进一步创作、赋予作品表演个性的过程。

2. 表演者权的内容

根据我国《著作权法》第三十八条的规定，表演者依法享有以下权利：

（1）表明身份的权利。表明表演者身份就是表演者有权以适当的方式指明自己的真名、艺名等，表明自己是该表演的表演者。表演者表明身份的权利属于人身权，表演者不能通过处分该权利来换取报酬。

（2）保护表演形象不受歪曲的权利。保护表演形象不受歪曲的权利，是指表演形象被再次使用时，原表演者享有禁止他人歪曲、丑化其表演形象和未经许可将其表演形象挪作他用的权利。该权利是表演者对自己的表演形象享有的权利，属于人身权利。

（3）许可他人现场直播和公开传送表演并获取报酬的权利。许可他人现场直播和公开传送表演并获取报酬的权利，是指表演者许可他人使用广播电视通信手段或者其他信息传送手段将现场表演直接传送给用户，并收取报酬的权利。

（4）许可他人录音录像并获取报酬的权利。表演者可以自己或许可他人对自己的表演录音、录像，以获取收益，但都需要征得著作权人的同意，并支付报酬。

（5）许可他人通过信息网络向公众传播其表演并获取报酬的权利。表演者可以自己或许可他人将自己的表演在信息网络上传播以获取收益。但都需要征得著作权人的同意，并支付相应的报酬。

（6）表演者的复制发行权。表演者的复制发行权，是指表演者有权许可他人复制、发行对其表演活动进行录音录像的录音录像制品并获得报酬的权利。需要注意的是，需要复制发行该音像制品的单位或个人不仅要取得表演者的许可，同时还要取得该音像制品制作者以及相关著作权人的多重许可。

以上前两条为表演者的人身权，后四条为表演者的财产权。

3. 表演者权的期限

根据我国《著作权法》第三十八条、第三十九条的规定，表演者权中，表演者人身权的保护期不受限制，表演者财产权的保护期为50年，截止于该表演发生后第50年的12月31日。

另外，表演者权利的行使会涉及著作权，对著作权人需履行以下义务：使用他人作品演出，表演者（演员、演出单位）、演出组织者应当取得著作权人许可，并支付报酬；使用改编、翻译、注释、整理已有作品而产生的作品进行演出，应当取得改编、翻译、注释、整理作品的著作权人和原作品的著作权人许可，并支付报酬。

2.5.5 录音录像制品制作者权

1. 录音录像制品制作者权概述

录音录像制品制作者权，是指录音、录像制品的制作者对其制作的录音录像制品依法享有的专有权利。录音录像制作者权的客体是录音录像制品，包括录音制品和录像制品。我国《著作权法实施条例》界定录音制品为任何对表演的声音和其他声音的录制品，录像制品为电影和以类似摄制电影的方法创作的作品以外的任何有伴音或无伴音的连续相关的影像的原始录制品。我国现行著作权法规定的录制者权利的客体也包括录音制品和录像制品。

2. 录音录像制品制作者权的内容

我国《著作权法》第四十二条规定，录音录像制作者对其制作的录音录像制品有如下权利：

（1）复制、发行录音录像制品权。录音录像制作者可以自行复制、发行录音录像制品获取收益，也可以许可他人复制、发行，并收取报酬。任何人未经录音录像制作者许可，不得复制、发行其制作的录音录像制品，但法律另有规定的除外。

（2）出租音像制品许可权。录音录像制作者可以将自己制作的录音录像制品出租给他人使用。按照租赁合同关系的一般法律规则，承租人转租录音录像制品需经录音录像制作者同意，并支付报酬。音像制品所有人不得擅自以营利为目的出租其所购买的音像制品，只有当他取得了音像制品制作者的许可，才能进行出租音像制品的业务。

（3）信息网络传播权。信息网络传播权是指音像制作者享有授权或禁止将音像制品中录音、录像内容上传到网络中，供公众在其个人选定的时间、地点在线欣赏或下载的专有权利。

音像制品制作者行使上述三项许可权时，可以获得相应的报酬，另一方面被许可人复制发行，通过信息网络向公众传播音像制品，还需要取得著作权人、表演者的许可并支付报酬。

3. 录音录像制品制作者权的保护期

录音录像制品制作者权的保护期为50年，截止于录音录像制品首次制作完成后第50年的12月31日。

另外，录音录像制品制作者权利的行使会涉及著作权，对著作权人需履行以下义务：录音录像制作者使用他人作品制作录音录像制品，应当取得著作权人许可，并支付报酬；录音录像制作者使用改编、翻译、注释、整理已有作品而产生的作品，应当取得改编、翻译、注释、整理作品的著作权人和原作品著作权人许可，并支付报酬；录音制作者使用他人已经合法录制为录音制品的音乐作品制作录音制品，可以不经著作权人许可，但应当按照规定支付报酬，著作权人声明不许使用的不得使用；录音录像制作者制作录音录像制品，应当同表演者订立合同，并支付报酬。

2.5.6 广播电台、电视台播放者权

1. 广播电台、电视台播放者权概述

广播电台、电视台播放者权是指广播电台、电视台对其广播节目的控制权。我国《著作权法》第四十五条规定，广播电台、电视台有权禁止他人将其播放的广播、电视进行转播，有权禁止他人将其播放的广播、电视录制在音像载体上以及复制音像载体。

广播电台、电视台播放者权的权利主体是广播电台、电视台，在我国，既包括无线的电台、电视台，也包括有线的电台、电视台。外国的广播电台、电视台按照中国参加的国际条约的规定所享有的权利，受我国著作权法保护。

2. 广播电台、电视台播放者权的内容

广播电视组织权利的主要内容是许可或禁止他人对其制作的广播电视节目的使用。主要有以下几方面的内容：

（1）转播权。转播是指一个广播电视组织的广播电视节目同时被另一个广播电视组织播放。转播权是授权或禁止他人转播其制作的广播电视信号的专有权利。我国《著作权法》第四十五条规定，广播电台、电视台有权禁止他人将其播放的广播、电视进行转播。

（2）录制、复制权。录制、复制权，是指录制、复制广播电视信号的专有权利。《罗马公约》及大多数国家都规定广播电视组织享有自己录制、复制或许可他人录制、复制发行其制作的广播电视节目，并获得报酬的权利。我国《著作权法》第四十五条规定，广播电台、电视台有权禁止他人将其播放的广播、电视录制在音像载体上以及复制音像载体。

我国《著作权法修改草案（第三稿）》规定，广播电台、电视台对其播放的广播电视节目享有下列权利：①许可他人以无线或者有线方式转播其广播电视节目；②许可他人录制其广播电视节目；③许可他人复制其广播电视节目的录制品。前款规定的权利的保护期为50年，自广播电视节目首次播放后的次年1月1日起算。被许可人以本条第1款规定的方式使用作品、表演和录音制品的，还应当取得著作权人、表演者和录音制作者的许可。

3. 广播电台、电视台播放者权的保护期

广播电台、电视台播放者权的保护期为50年，截止于广播、电视节目首次播放后第50年的12月31日。

另外，广播电台、电视台播放者权利的行使会涉及著作权，对著作权人需履行以

下义务：广播电台、电视台播放他人未发表的作品，应当取得著作权人许可，并支付报酬；广播电台、电视台播放他人已发表的作品，可以不经著作权人许可，但应当支付报酬；广播电台、电视台播放已经出版的录音制品，可以不经著作权人许可，但应当支付报酬；电视台播放他人的电影作品和以类似摄制电影的方法创作的作品、录像制品，应当取得制片者或者录像制作者许可，并支付报酬；播放他人的录像制品，还应当取得著作权人许可，并支付报酬。

除了以上四种法律规定的邻接权，是否还有其他邻接权？网站经营者在其网站上付出巨大成本、智力劳动建立的图书馆、公告板及其他许多链接方式是否也应按照邻接权给予保护，值得讨论。

2.6 著作权的运用与限制

2.6.1 著作权的运用

著作权的运用是指对著作权作品的使用。著作权的使用方式主要有四种，包括自己行使、许可他人使用、著作权转让和著作权质押。

1. 自己行使

自己行使是作品使用的基本方式，就是著作权人自己直接使用享有著作权的作品。由于具体作品不同，使用的目的和条件各异，对于每件作品的具体使用情形可能会有不同。

2. 许可他人使用

(1) 著作权的许可使用的概念。著作权的许可使用，是著作权人在保留著作权所有者身份的前提下，授权他人在一定地域和期限内以一定方式使用其作品的制度。著作权的许可使用通常以订立许可使用合同的方式实现，可以在许可人和被许可人之间产生多重权利义务关系。

著作权的许可使用具有以下特征：①著作权许可使用并不改变著作权的归属。②被许可人的权利受制于合同的约定。被许可人不能擅自行使超出约定的权利，同时也只能以约定的方式在约定的地域和期限行使著作权。③被许可人不能擅自将自己享有的权利许可他人使用，也不能禁止著作权人将同样权利以完全相同的方式，在相同的地域和期限内许可他人使用，除非合同另有约定。④被许可人对第三人侵犯自己权益的行为一般不能以自己的名义向侵权者提起诉讼，因为被许可人并非著作权的主体，除非著作权人许可的是专有使用权。

(2) 著作权的许可使用，按照许可的专有性角度可以分为独占许可、排他许可和普通许可三种类型。独占许可，是指著作权人授予被许可人在一定地域和期限内以一定方式使用其作品的权利是排他性专有的，即使著作权人本人也不得在许可范围内行使该权利。如图书出版者通过合同从作者处获得的专有出版权，就是典型的独占许可权。我国《著作权法实施条例》规定，取得某项作品专有使用权者，有权排除包括著作权人在内的任何其他人以同样的方式使用该作品。排他许可，是指著作权人授予被许可人在一定地域和期限内以一定方式使用其作品的权利是排他性的，但著作权人本人可以在许可范围内行使该权利。普通许可，是指著作权人授予许可人在一定地域和期限内以一定方式使用其作品的权利不是排他的，著作权人不仅自己有权在许可范围内使用作品，也可以授予其他人相同的使用权。

(3) 著作权许可使用合同。著作权许可使用合同是指作为许可人的著作权人与被许可人之间就作品使用的期间、地域、方式等达成的协议。著作权许可使用，通常是通过许可使用合同的形式来实现。《著作权法实施条例》规定，使用他人作品应当同著作权人订立许可使用合同，许可使用的权利是专有使用权的，应当采取书面形式，但是报社、期刊社刊登作品除外。

《著作权法》第二十四条规定，使用他人作品应当向著作权人订立许可使用合同，根据法律规定可以不经许可的除外。许可使用合同包括下列主要内容：①许可使用的权利种类；②许可使用的权利是专有使用权或者非专有使用权；③许可使用的地域范围、期间；④付酬标准和办法；⑤违约责任；⑥双方认为需要约定的其他内容。可见，许可使用合同是要式合同、双务合同、有偿合同。

3. 著作权转让

(1) 著作权转让的概念。著作权转让，是指著作权人将著作权中的全部或部分财产权有偿或无偿地让渡给他人的法律行为。转让通常可以通过买卖、互易、赠与或遗赠等方式完成。出让著作权的著作权人称为转让人，受让著作权的人称为受让人。

著作权的转让的特点：①著作权的转让只能转让著作财产权，不能转让著作人身权；②著作权的转让会改变著作权的归属，导致著作权主体的变更；③著作权转让可以是全部转让，也可以是部分转让：第一，全部转让，是指著作权人将作品的全部著作财产权都转让给受让人，由受让人对作品著作财产权进行全面的支配。著作财产权的全部转让也称卖绝。第二，部分转让，是指著作权人仅将著作财产权中的部分权能转让给受让人，其他权能转让给另外的受让人或者自己保留。部分转让的受让人只享有特定的权能，不能行使著作权人没有转让的其他权能，否则构成侵权。

(2) 著作权转让合同。著作权转让合同是著作权转让的法律形式，是转让方和受让方对著作权转让的具体合意，属于双方民事法律行为。著作权转让合同应当使用书面形式。我国《著作权法》第二十五条规定，转让本法第十条第一款第（五）项至第（十七）项规定的权利，应当订立书面合同。

著作权转让合同一般包括下列主要内容：①作品的名称；②转让的权利种类、地域范围；③转让价金；④交付转让价金的日期和方式；⑤违约责任；⑥双方认为需要约定的其他内容。可见，著作权转让合同是要式合同、有偿合同、双务合同，而且还需要到版权部门备案。《著作权法修改草案（第三稿）》采用了登记对抗主义立法模式。我国《著作权法修改草案（第三稿）》规定，与著作权人订立专有许可合同或者转让合同的，使用者可以向国务院著作权行政管理部门设立的专门登记机构登记。经登记的权利，可以对抗第三人。登记应当缴纳费用，收费标准由国务院财政、价格管理部门确定。

著作权除了通过合同方式转让外，还可以基于法律的规定发生转移。通过法定事由引起著作权转移主要包括两种情形：自然人的继承和法人及非法人组织因合并引起的著作权继受。

4. 著作权质押

著作权质押是指债务人或者第三人依法将其著作权中的财产权出质，将该财产权作为债权的担保，在债务人不履行债务时，债权人有权依法以该财产权折价或者以拍卖、变卖该财产权的价款优先受偿。

2.6.2 著作权的限制

著作权的限制是指法律明确规定的对著作权人依法行使著作权时所做的约束。著作权限制，一方面，可以合理平衡作品创作者、传播者和使用者之间的收益，从而维护社会公共利益；另一方面，可以有效防止因著作权过度保护所导致的权利滥用和不正当竞争，从而促进社会科学事业的进步和文化的繁荣与发展。著作权的限制主要包括合理使用、法定许可和强制许可三种类型。

1. 合理使用

合理使用是指根据法律规定，可以在不经著作权人许可，不向其支付报酬的情况下使用他人作品的制度。

（1）合理使用成立的基本条件。我国《著作权法》第二十二条明确规定了合理使用的具体行为。与此同时，该条对合理使用的行为提出了明确要求，必须同时符合以下条件：①合理使用的对象应是已经发表的作品，没有发表的作品不属于合理使用的范围；②合理使用他人作品一般不应用于商业目的；③使用者在依据合理使用他人作品时必须注明被使用作品的作者姓名和作品出处；④使用行为必须属于法律明确规定的合理使用情形；⑤不得侵犯著作权人依法享有的其他权利。

（2）著作权合理使用行为的具体类型。《著作权法》规定的合理使用行为包括下列情形：①为个人学习、研究或者欣赏，使用他人已经发表的作品；②为介绍、评论某一作品或者说明某一问题，在作品中适当引用他人已经发表的作品（一般认为，“适当”的标准是指所引用部分不能构成引用人作品的主要部分或者实质部分）；③为报道时事新闻，在报纸、期刊、广播电台、电视台等媒体中不可避免地再现或者引用已经发表的作品；④报纸、期刊、广播电台、电视台等媒体刊登或者播放其他报纸、期刊、广播电台、电视台等媒体已经发表的关于政治、经济、宗教问题的时事性文章，但作者声明不许刊登、播放的除外；⑤报纸、期刊、广播电台、电视台等媒体刊登或者播放在公众集会上发表的讲话，但作者声明不许刊登、播放的除外；⑥为学校课堂教学或者科学研究，翻译或者少量复制已经发表的作品，供教学或者科研人员使用，但不得出版发行；⑦国家机关为执行公务在合理范围内使用已经发表的作品；⑧图书馆、档案馆、纪念馆、博物馆、美术馆等为陈列或者保存版本的需要，复制本馆收藏的作品；⑨免费表演已经发表的作品，该表演未向公众收取费用，也未向表演者支付报酬；⑩对设置或者陈列在室外公共场所的艺术作品进行临摹、绘画、摄影、录像；⑪将中国公民、法人或者其他组织已经发表的以汉语言文字创作的作品翻译成少数民族语言文字作品在国内出版发行；⑫将已经发表的作品改成盲文出版。

上述规定适用于对出版者、表演者、录音录像制作者、广播电台、电视台的权利的限制。

（3）计算机软件作品的合理使用。我国《计算机软件保护条例》对计算机软件作品的合理使用做出规定，即为了学习和研究软件内含的设计思想和原理，通过安装、显示、传输或者存储软件等方式使用软件的，可以不经软件著作权人许可，不向其支付报酬。

（4）信息网络传播权的合理使用。我国《信息网络传播权保护条例》规定，在下列情况下，通过信息网络提供他人作品，可以不经著作权人许可，不向其支付报酬：①为介绍、评论某一作品或者说明某一问题，在向公众提供的作品中适当引用经发表的作品；②为报道时事新闻，在向公众提供的作品中不可避免地再现或者引用已经发表的作品；③为学校课堂教学或者科学研究，向少数教学、科研人员提供少量已经发表的作品；④国家机关为执行公务，在合理范围内向公众提供已经发表的作品；⑤将中国公民、法人或者其他组织已经发表的、以汉语言文字创作的作品翻译成的少数民族语言文字作品，向中国境内少数民族提供；⑥不以营利为目的，以盲人能够感知的独特方式向盲人提供已经发表的文字作品；⑦向公众提供在信息网络上已经发表的关于政治、经济问题的时事性文章；⑧向公众提供在公众集会上发表的讲话。

除此之外，对于图书馆、档案馆、纪念馆、博物馆、美术馆通过信息网络使用他人作品的情况，《信息网络传播权保护条例》也做出了有条件的合理使用的规定，即图书馆、档案馆、纪念馆、博物馆、美术馆等可以不经著作权人许可，通过信息网络向本馆馆舍内服务对象提供本馆收藏的合法出版的数字作品和依法为陈列或者保存版本的需要以数字化形式复制的作品，不向其支付报酬，但不得直接或者间接获得经济利益。当事人另有约定的除外。所谓为陈列或者保存版本需要以数字化形式复制的作品，是指已经损毁或者濒临损毁、丢失或者失窃，或者其存储格式已经过时，并且在市场上无法购买或者只能以明显高于标定的价格购买的作品。

2. 法定许可使用

法定许可使用，是指基于著作权法的规定，特定的使用人可以不经著作权人的许可而以某种方式使用其已经发表的作品，但应当向著作权人支付报酬的制度。

（1）法定许可的条件。根据我国《著作权法》的规定，法定许可使用应具备以下条件：①法定许可使用只限于著作权法直接、明确规定的范围内，不能任意扩大。著作权法的规定，是适用法定许可使用的直接法律根据，对于《著作权法》没有做出规定的，不能适用法定许可使用制度。②法定许可使用只限于已经发表的作品。对于尚未发表的作品，不适用法定许可使用制度，使用人要想使用著作权人的作品，必须征得著作权人的同意，否则，构成侵犯著作权的行为，并应承担法律责任。③作者有权事先声明其作品不适用法定许可，若没有明确做出声明的，则法律推定作者同意适用法定许可使用制度。也就是说，著作权法所规定的法定许可使用制度，可因著作权人的声明而排除适用。当然，声明必须以明示方式做出，不能采用默认方式。

（2）法定许可的情形。根据我国《著作权法》的规定，法定许可使用主要有以下几种情况：①《著作权法》第二十三条第一款规定，为实施九年制义务教育和国家教育规划而编写出版教科书，除作者事先声明不许使用的外，可以不经著作权人许可在教科书中汇编已经发表的作品片段或者短小的文字作品、音乐作品或者单幅的美术作品、摄影作品，但应当按照规定支付报酬，指明作者姓名、作品名称，并且不得侵犯著作权人依照本法享有的其他权利。②《著作权法》第三十三条第二款规定，作品刊登后，除著作权人声明不得转载、摘编的外，其他报刊可以转载或者作为文摘、资料刊登，但应当按照规定向著作权人支付报酬。③《著作权法》第四十条第三款规定，录音制作者使用他人已经合法录制为录音制品的音乐作品制作录音制品，可以不经著作权人许可，但应当按照规定支付报酬；著作权人声明不许使用的不得使用。④《著作权法》第四十三条第二款规定，广播电台、电视台播放他人已发表的作品，可以不经著作权人许可，但应当支付报酬。《著作权法》第四十四条规定，广播电台、电视台播放已经出版的录音制品，可以不经著作权人许可，但应当支付报酬。当事人另有约定的除外。具体办法由国务院规定。

（3）法定许可与合理使用的区别：①从设定目的看，合理使用主要是为了满足使用者个人对于文化产品的需求，允许其小范围地使用他人作品，而法定许可是为了简化著作权许可手续，为促进作品广泛而迅速地传播而设定的；②在使用对象上，合理使用绝大多数情况下限定为已发表作品，个别情况也可以是未发表作品，而法定许可的对象只能是已经发表的作品，因为法定许可使用的范围通常较大，一旦使用他人未发表的作品，将严重侵害著作权人的发表权；③在使用目的上，合理使用通常要求是非营利性的，而法定许可未做出要求，既可以是非营利性的，也可以是营利性的，营利性的居多；④报酬不同，合理使用不需支付报酬，而法定许可使用需要支付报酬。

3. 强制许可使用

强制许可使用，是指著作权法规定的，由著作权主管机关在特定条件下，强制性地许可他人使用著作权人已经发表的作品的制度。

对于已经发表的作品，如果著作权人在一定时期内没有许可他人使用，想使用该作品的人可以向著作权主管机关提出申请，由著作权主管机关进行审核，审核批准后发给申请人强制许可证，以取得对该作品的使用权。当然，使用人仍然需要向著作权人支付相应的报酬。

我国著作权法中没有直接规定强制许可制度，但由于我国加入了《伯尔尼公约》和《世界版权公约》，这两个公约对强制许可制度做出了相应规定，因此我国应当承担实施强制许可制度的国际义务。对于社会生活中出现的著作权人滥用著作权阻碍作品的传播，影响文化事业的发展和科学技术进步的现象，我国应该在立法上予以明确规定并加以制止，授予著作权行政管理部门颁发强制许可证的权力。

2.7 著作权的管理

2.7.1 著作权行政管理

著作权行政管理，是指国家著作权行政管理机关通过行政行为，代表国家对著作权的行使、转让以及侵犯他人著作权的行为进行管理的活动。

1. 著作权行政管理机关

著作权行政管理机构分成两级：一是国家级行政管理机构，即国家版权局；二是地方级行政管理机构，即各省、自治区和直辖市以及其他各级版权局。

2. 著作权行政管理机关的职责

国家级著作权行政管理机关是国家版权局，国家版权局的主要职责是：

（1）贯彻实施著作权法律、法规，制定与著作权行政管理有关的办法；

（2）查处在全国有重大影响的著作权侵权案件；

（3）批准设立涉外代理机构并监督、指导其工作；

（4）负责著作权涉外管理工作；

（5）负责国家享有的著作权管理工作；

（6）指导地方著作权行政管理部门的工作；

（7）承担国务院交办的其他著作权管理工作。

地方著作权行政管理机构的主要职责是：

（1）在本地区实施、执行著作权法律、法规，制定本地区著作权行政管理的具体办法；

（2）查处本地区发生的严重侵犯著作权以及与著作权有关权利的行为；

（3）组织本地区的著作权纠纷仲裁；

（4）监督、指导本地区的著作权贸易活动；

（5）监督、指导著作权集团管理机构在本地区的活动。

2.7.2 著作权集体管理

1. 著作权集体管理概述

著作权是私有权利，本应由权利人自己管理和行使，但是随着科学技术的日新月异和使用手段的日趋多样化，尤其是广播、网络传播等便捷传播技术的快速发展，著作权人对作品被使用的情况很难全面了解、控制和支配，对广泛的侵权行为往往也无力抗衡，因此，成立一个为众多著作权人行使权利提供保障的团体组织就很有必要，著作权集体管理这种制度就应运而生。著作权集体管理是指著作权集体管理组织经权利人授权集中行使权利人的有关权利并以自己的名义进行的下列活动：与使用者订立著作权或者与著作权有关的权利许可使用合同；向使用者收取使用费；向权利人转付使用费；进行涉及著作权或者与著作权有关的权利的诉讼、仲裁等。

著作权集体管理的前提是著作权人的授权，通过著作权人与著作权集体管理机构订立著作权管理合同的方式来实现。

2. 著作权集体管理组织的性质、职责

著作权的集体管理是通过著作权集体管理组织实现的。目前，大多数国家和地区都建立了著作权集体管理组织。绝大多数国家的此类管理组织都是民间性私人团体，通过收取一定费用来提供服务。

我国第一家著作权集体管理组织是1992年由国家版权局批准成立的中国音乐著作权协会。此后，经过10年筹备的中国音像著作权集体管理协会于2008年6月成立，同年成立的还有中国文字著作权协会、中国摄影著作权协会。2010年，中国电影著作权协会成立。这些协会的成立，意味着我国音乐、音像、文字、摄影等主要作品类型的集体管理组织基本齐备，著作权管理体系不断健全。著作权集体管理制度的逐步完善，将为我国版权作品的创作和传播发挥重要的推动作用。

（1）著作权集体管理组织的性质。

著作权集体管理组织的性质为：①我国的著作权集体管理组织是半官方性质的民间团体，是由一定数量的权利人发起成立的，集中行使单个权利人难以行使的权利的社会团体，其成立需要按照国家法律的要求进行登记和公告。②我国的著作权集体管理组织是非营利性组织。著作权集体管理组织需要根据权利人的授权收取许可使用作品、录音录像制品的费用，其本身的活动虽带有经济意义，但不具有营利的目的，其收取的费用在扣除必要的成本后，全部转付权利人。

另外，与一些国家不同，我国著作权集体管理组织的业务活动具有独占性。我国《著作权集体管理条例》第六条规定，除依照本条例规定设立的著作权集体管理组织外，任何组织和个人不得从事著作权集体管理活动。《著作权集体管理条例》第七条第二款第（二）项进一步规定，设立的著作权集体管理组织不与已经依法登记的著作权集体管理组织的业务范围交叉、重合。如此规定，一来有利于强化著作权集体管理组织的业务分工，提高其专业化水平，同时也可避免著作权集体管理组织之间的恶性竞争。

（2）著作权集体管理组织的职责。

著作权集体管理组织的主要职责为：①代表著作权人、邻接权人授权或者许可他人使用作品；②收取、分配使用费；③追究侵权行为，代表著作权人提起或参加诉讼、仲裁；④维护本国权利人的域外利益。

2.8 著作权的保护

2.8.1 著作权侵权行为

著作权侵权行为，是指未经著作权人和相关权利人同意，又无法律上的依据，擅自实施其权利、使用其作品，依法应当承担法律责任的行为。

1. 按照侵权行为侵犯的权利内容的不同，可将著作权侵权行为分为对著作人人身权的侵权行为、对著作人财产权的侵权行为以及对邻接权的侵权行为及其他类型的侵权行为

（1）对著作人人身权的侵权行为。

对著作人人身权的侵权行为包括：

①擅自发表他人作品的行为。擅自发表他人作品，是指未经作者同意，擅自公开作者从没有公开过的作品的行为。作品创作完成后，只有作者才有权决定其是否发表以及在何时、何地、以何种方式发表。未经作者同意，擅自发表其作品，即构成侵权。

②侵占他人作品的行为。侵占他人作品，是指未经合作作者许可，将与他人合作创作的作品当作自己单独创作的作品发表的行为。因为合作作品的著作权归合作作者共同享有，合作作品的作者无权独自行使作品发表权，更不能把合作作品当作自己单独的作品发表。否则，就侵犯了他人对合作作品的著作权。

③歪曲、篡改他人作品的行为。歪曲、篡改他人作品的行为，是指在未征得著作权人同意的情况下，对其作品做实质性的删节、修改，从而破坏作品的真实含义的行为，侵犯了作者的保护作品完整权。

④在他人作品上署名的行为。在他人作品上署名，是指自己并没有参加作品的创作，却在他人作品上署上自己的名字的行为。这种行为，侵犯作者的署名权，侵吞他人的劳动成果，也欺骗了社会公众。

⑤剽窃他人作品的行为。这是指将他人作品的全部或部分改头换面，或略加整理以自己的名义发表的行为。

⑥制作、出售假冒他人署名的作品的行为。

（2）对著作权人财产权利的侵权行为。

对著作权人财产权利的侵权行为包括：

①擅自使用他人作品的行为。该行为是指未经著作权人许可，又无法律上的规定，以展览、摄制电影和以类似摄制电影的方法使用作品，或者以改编、翻译、注释等方式使用他人作品，侵犯作者著作财产权的行为。

②拒付报酬的行为。该行为是指使用他人作品而未按规定支付报酬的情况。如未经表演者许可，从现场录制、传送表演行为；未经音像制作者许可，出租、复制、发行音像制品；未经电台、电视台的许可，复制、发行其制作的广播电视节目的行为等。

③未经电影作品或以类似摄制电影的方法创作之作品的著作权人许可，未经计算机软件的著作权人许可，出租其作品的，本法另有规定的除外。

（3）对邻接权的侵权行为。

对邻接权的侵权行为包括：

①未经录音录像制品的权利人许可，出租其录音录像制品的；未经出版者许可，使用其出版的图书、期刊的版式设计的。

②未经表演者许可，复制、发行录有其表演的录音录像制品，或者通过信息网络向公众传播其表演的；未经音像制作者许可，复制、发行、通过信息网络向公众传播其制作的音像制品的；未经许可，播放或者复制广播、电视的。

③未经著作权人或者著作权有关的权利人许可，又无法律上的规定，故意避开或者破坏权利人为其作品、录音录像制品等采取的保护著作权或者与著作权有关的技术措施的。

④未经著作权人或者与著作权有关的权利人许可，故意删除或者改变作品、录音录像制品等的权利管理电子信息的。

(4) 其他类型的侵权行为。

其他类型的侵权行为是《著作权法》针对复杂多变的侵权所做的保留性规定。

2. 根据侵权行为承担的法律责任的不同，可把著作权侵权行为分为承担民事责任的侵权行为和承担民事责任、行政责任或刑事责任的侵权行为

我国著作权法就是按照此种分类方式，将著作权侵权行为分为两类，第一类有11种，第二类有8种。

(1) 承担民事责任的著作权侵权行为。

我国《著作权法》规定以下几种行为应当承担民事责任：

①未经著作权人许可，发表其作品的。

②未经合作作者许可，将与他人合作创作的作品当作自己单独创作的作品发表的。

③没有参加创作，为谋取个人名利，在他人作品上署名的。

④歪曲、篡改他人作品的。

⑤剽窃他人作品的。

⑥未经著作权人许可，以展览、摄制电影和以类似摄制电影的方法使用作品的，或以改编、翻译、注释等方式使用作品的。

⑦使用他人作品，应当支付报酬而未付、少付或拖延支付的。这里的使用，通常是指法定许可下的使用。否则，使用人仅承担违约责任。

⑧未经电影作品和以类似摄制电影的方法创作的作品、计算机软件、录音录像制品的著作权人或与著作权有关的权利人许可，出租其作品或者录音录像制品的。法律法规另有规定的除外。这类行为侵犯了著作权人或与著作权有关权利人的出租权。

⑨未经出版者许可，使用其出版的图书、期刊的版式设计的。依据《著作权法》的规定，出版者有权许可或者禁止他人使用其出版的图书、期刊的版式设计。

⑩未经表演者许可，从现场直播或公开传送其现场表演，或者录制其表演的。

⑪其他侵犯著作权以及与著作权有关的权益的行为。

(2) 承担民事责任、行政责任或刑事责任的著作权侵权行为。

有些著作权侵权行为不仅损害了著作权人的合法权益，还直接破坏了国家正常的经济秩序，严重损害了社会公共利益。这种行为，除了要依法承担民事责任，还可能承担行政责任或刑事责任。

①未经著作权人许可，复制、发行、表演、放映、广播、汇编、通过信息网络向公众传播其作品的，本法另有规定的除外。

②出版他人享有专有出版权的图书的。

③未经表演者许可，复制、发行录有其表演的录音录像制品，或者通过信息网络向公众传播其表演的，本法另有规定的除外。

④未经录音录像制作者许可，复制、发行、通过信息网络向公众传播其制作的录音录像制品的，本法另有规定的除外。

⑤未经许可，播放或者复制广播、电视的，本法另有规定的除外。

⑥未经著作权人或者与著作权有关的权利人许可，故意避开或者破坏权利人为其作品、录音录像制品等采取的保护著作权或者与著作权有关的权利的技术措施的，法律、行政法规另有规定的除外。

⑦未经著作权人或者与著作权有关的权利人许可，故意删除或者改变作品、录音录像制品等的权利管理电子信息的，法律、行政法规另有规定的除外。

⑧制作、出售假冒他人署名的作品的。

2.8.2 著作权侵权的救济方式

1. 民事司法救济

著作权的民事司法救济包括提起诉讼和提起临时措施两种方式。

(1) 提起诉讼。

著作权人或相关权人在自己的权利受到侵害后，可以通过诉讼进行民事救济。通过向人民法院提起诉讼而解决著作权侵权纠纷，是现实生活中最为常见的侵权救济措施。

从级别管辖来看，著作权侵权民事纠纷的第一审法院，可以是中级人民法院，也可以是各高级人民法院根据本辖区的实际情况确定的若干基层人民法院。2014 年底，北京、上海、广州的知识产权法院成立起来，在知识产权法院辖区内，著作权案件由基层人民法院管辖。

从地域管辖来看，因侵犯著作权行为提起的民事诉讼，由侵权行为的实施地、侵权复制品储藏地或者查封扣押地、被告住所地人民法院管辖。

网络著作权侵权纠纷案件由侵权行为地或者被告住所地人民法院管辖，侵权行为地包括实施被诉侵权行为的网络服务器、计算机终端等设备所在地。对难以确定侵权行为地和被告住所地的，原告发现侵权内容的计算机终端等设备所在地可以视为侵权行为地。

(2) 提起临时措施。

诉前临时措施，是指权利人对有证据证明他人正在实施侵权行为或即将实施侵权行为，法院在对案件是非曲直做出最终裁判之前，先行采取的保护当事人利益的临时救济措施。适用这种临时救济措施主要是为了保存重要证据，防止损失进一步扩大或可能导致无法弥补损失可能性发生。

诉前临时措施要符合以下条件：申请人确实是有关的权利持有人；有关的侵权活动正在发生或即将发生；申请人提供了相应的保证金或担保。

我国《著作权法》有诉前责令停止侵权、诉前证据保全和诉前财产保全三项临时措施。

①诉前责令停止侵权。诉前责令停止侵权，也称诉前禁令，是指权利人有证据证明他人正在实施侵权行为或即将实施侵权行为，如不及时制止将会使其合法权益受到

无法弥补的损失，在起诉前向法院申请责令停止有关行为。

在人民法院采取责令停止有关行为的措施后，著作权人或邻接权人应当在15日以内提起诉讼，否则人民法院将解除有关的措施。责令停止侵权的措施，一般应维持到终审法律文书生效时为止。此外，根据最高人民法院的有关司法解释，著作权人和邻接权人在提起诉讼或提起诉讼后，也可以请求法院做出先行停止侵权的裁定。

②诉前财产保全。诉前财产保全，是指著作权人有证据证明他人正在实施或即将实施侵犯其权利的行为，而且不加以及时制止将会使其合法权益受到难以弥补的损害的，可以在起诉之前向人民法院提出申请，采取财产保全的措施。

人民法院在接受申请后，必须在48小时内做出裁定。裁定财产保全措施的，应当立即开始执行。申请人在人民法院采取保全措施后15日内不起诉的，人民法院应当解除财产保全。财产保全限于请求的范围，或者与本案有关的财产。财产保全采取查封、扣押、冻结或者法律规定的其他方法；人民法院冻结财产后，应当立即通知被冻结财产的人；财产已被查封、冻结的，不得重复查封、冻结。被申请人提供担保的，人民法院应当解除财产保全。申请有错误的，申请人应当赔偿被申请人因财产保全所遭受的损失。当事人对财产保全的裁定不服的，可以申请复议一次。复议期间不停止裁定的执行。

③诉前证据保全。诉前证据保全，是指为了制止侵权行为，在证据可能灭失或者以后难以取得的情况下，知识产权权利人或者利害关系人可以在起诉前向人民法院申请保全证据。为制止侵权行为，在证据可能灭失或者以后难以取得的情况下，著作权人或者邻接权人可以在起诉前向人民法院申请保全证据。人民法院在接受申请后，必须在48小时内做出裁定。裁定采取保全措施的，应当立即开始执行。人民法院可以责令申请人提供担保，申请人不提供担保的，驳回申请。申请人在人民法院采取措施后15日内不起诉的，人民法院应当解除保全措施。

诉中临时措施的提起条件与诉前临时措施的要求差不多，只是提起时间是在诉讼进行期间。

2. 追究法律责任进行救济

法律责任，是指侵权行为人违反著作权法的规定对著作权造成侵害时，依法应承担的法律后果。依据我国《著作权法》规定，侵权行为人应承担如下法律责任。

(1) 民事责任。

侵权行为人应承担的民事责任包括：

①停止侵害，即侵权人立即停止其侵权行为，防止扩大侵害权利人的合法权益。

②消除影响，即侵权人在一定范围内澄清事实，以消除对权利人或其作品的不良影响，为其恢复名誉。

③公开赔礼道歉，即侵权人应在一定范围内，向权利人公开承认错误，表示歉意，包括登报致歉、公开场所声明等。

④赔偿损失，指侵权人应以自己的财产弥补权利人因侵权行为而遭受的财产损失。其计算方式应按权利人实际损失给予赔偿；实际损失难以计算的，可以按照侵权人的非法所得给予赔偿。赔偿数额还应包括权利人为制止该行为所支付的合理开支。权利

人实际损失或侵权人的非法所得不能确定的，由法院根据侵权行为的社会影响、侵权手段和情节、侵权时间和范围，判决给予50万元以下的赔偿。

上述民事责任形式可以单独适用，亦可合并适用。

（2）行政责任。

行政责任指著作权行政管理部门依照法律规定，对侵犯著作权的行为人所给予的行政强制措施和处罚，包括：

①责令停止侵权行为，即著作权行政管理部门责令侵权人立即停止其侵权行为，防止扩大侵害权利人的合法权益。

②没收非法所得，即著作权行政管理部门依法对侵权人因侵权行为而获得的收益，全部收缴国库。

③没收、销毁侵权复制品，以防止侵权行为人的复制品在公众中继续流传而造成不良影响。

④没收用于制作复制品的材料、工具和设备等，以防止其继续从事非法复制等侵权行为。

⑤罚款。对于违反《著作权法》第四十八条的侵权行为，同时损害社会公共利益的，非法经营额5万元以上的，可处以非法经营额1倍以上5倍以下的罚款；没有非法经营额或者非法经营额5万元以下的，可根据其情节轻重，处以25万元以下的罚款。

（3）刑事责任。

刑事责任是指侵权人实施的侵犯著作权的行为触犯刑法，依照刑法应承担的法律后果。我国《刑法》第二百一十七条明确规定，“侵犯著作权罪”是以营利为目的，违反著作权管理法规，侵犯他人著作权，违法所得数额较大或者有其他严重情节的行为。一旦构成侵犯著作权罪，行为人就应承担刑事责任，受到刑法制裁。侵犯知识产权的刑事责任，主要有管制、拘役、有期徒刑和罚金4种处罚形式。

3 专利权法律制度

3.1 专利与专利权

3.1.1 专利

“专利”源于英文“patent”一词，最初是指国王亲自签署的具有玉玺印鉴的独占权利证书。在没有成文法的时代，国王的命令就是法律，只有国王才能授予独占权。法律意义下的专利是指专利权，它是国家依法授予发明创造人享有的独占权。实践中，专利一词被更广泛地使用，主要有三种含义：

(1) 专利是专利权的简称。专利是一种法定权利，是国家专利主管部门依照专利法授予发明创造人或者合法申请人对某项发明创造在法定期间所享有的一种独占权或专有权。这是专利在现代的基本含义，本书在涉及“专利”概念时一般指专利权。

(2) 专利是指专利权的客体，即取得专利的发明创造及具有独占权的公开技术。

(3) 专利是指记载发明创造的专利文献，如说明书及其摘要、权利要求书等。专利又可以理解为公开的专利文献。

我们认为，专利最基本的含义就是法律授予的专利权。

3.1.2 专利权

专利权是国家专利主管部门依据专利法授予发明创造人或者合法申请人对某项发明创造在法定期间所享有的一种独占权或者专有权。未经专利权人许可，他人不得使用该项专利技术。

专利权具有知识产权最基本的特征，即专有性、时间性和地域性。除此之外，专利权还具有法定性。专利权依法产生，专利必须要按照法定程序提出申请，才能获得专利保护。

3.2 中国专利制度的建立和发展

3.2.1 中国专利制度的起源

专利制度是国际上通行的一种利用法律的和经济的手段确认发明人对其发明享有专有权，以保护和促进技术发明的制度。最早实行专利制度的国家是威尼斯。中国历史上最早有关专利的法规是1898年光绪皇帝颁布的《振兴工艺给奖章程》，其中规定对于不同的发明新方法及新产品，可以给予50年、30年、10年的专利。

辛亥革命以后，工商部于1912年公布了《奖励工艺品暂行章程》，规定对发明或者改良的产品，除食品和药品外，授予5年以内的专利权或者给予名誉上的褒奖。1928年南京政府颁布了《奖励工艺品暂行条例》。这两个规章，都将专利扩展到了制造方法的发明或者改进。1932年南京政府又颁布了《奖励工业技术暂行条例》，并在1939年进行了修订，其中增加了对于“新型”（实用新型）和“新式样”（外观设计）的保护。

中国历史上第一部正式的专利法是1944年南京国民政府颁布的《专利法》，规定对发明、实用新型和新式样给予专利权的保护，规定发明专利的保护期限为15年，实用新型为10年，新式样为5年，均自申请之日起算。

基于强国富民的迫切愿望，新中国成立后，1951年8月即颁布了《保障发明权与专利权暂行条例》，并于同年10月颁布了该条例的实施细则。这个条例最大的特点是采取了发明权与专利权的双轨制。发明人可以自由选择申请发明权或者专利权，并分别获得发明权证书或专利权证书。在获得发明权的情况下，发明人可以获得奖金、奖章、奖状或勋章；可以将发明权作为遗产，继承人可以取得奖金；经“中央技术管理局”批准之后，可以在发明物上注明本人姓名或其他特殊名称。① 但是遗憾的是，在之后长达13年的时间里，国家只批准了6项发明权、4项专利权，数量并不多。1963年，国务院废止了《保障发明权与专利权暂行条例》，颁布了《发明奖励条例》，对那些具备新颖性、实用性，其技术水平处于国内或国际领先的发明创造，发给发明证书，过去实施的双轨制变成了单一的发明权制度，不再有专利制度。这是中国专利制度一次曲折的倒退。随后长达15年的时间里，中国的发明创造受到了严重的挫折，中国整体科技水平逐渐落后于世界先进国家。

3.2.2 中国专利法的制定与修改

1984年3月12日通过《中华人民共和国专利法》（以下简称《专利法》），于1985年4月开始实施。在《专利法》实施之前的1985年1月19日，国务院批准了《中华人民共和国专利法实施细则》（以下简称《专利法实施细则》）。1984年专利法是在特殊的环境下制定的专利法律，虽然参考了世界各国的专利制度和有关的国际条约，但也受中国当时的条件限制。该法规定了对发明、实用新型和外观设计的保护，规定了授予专利权的实质性要件、专利的申请和审查程序、专利权的无效程序和侵权的法律救济。该专利法也考虑到我国即将加入《保护工业产权巴黎公约》的前景，体现了国民待遇、优先权、专利独立三大原则。

中、美两国于1992年初达成《关于保护知识产权的谅解备忘录》以及在关贸总协定乌拉圭回合谈判提出《与贸易有关的知识产权协议》草案。在此国际背景下，1992

① 郑成思. 知识产权法［M］. 北京：法律出版社，1997：232.

年 9 月 4 日，我国进行了《专利法》的第一次修订，1993 年 1 月开始实施，内容主要是扩大了专利权保护的客体，延长了专利权保护期限，增加了进口权，以及增设了本国优先权等。

2000 年 8 月 25 日，在中国即将加入世界贸易组织的背景下，我国再次修订了《专利法》，于 2001 年 7 月开始实施，这次修订的主要目的是让中国专利法符合《与贸易有关的知识产权协议》的基本原则和最低要求，为中国加入世界贸易组织扫清障碍。主要内容包括四个方面：第一，修改与国有企业改革、行政管理体制改革精神不相适应的有关规定。第二，进一步完善专利保护制度。第三，简化、完善有关程序。第四，处理专利国际申请的内容，与《专利合作条约》相衔接。

2008 年，为满足我国自主创新与经济社会发展的迫切需要，我国再次对《专利法》进行了修订，于 2008 年 12 月 27 日通过，2009 年 10 月 1 日实施。通过修订，进一步加强了对专利权的保护，激励自主创新，促进专利技术的实施，推动专利技术向现实生产力转化，提高中国自主创新能力，完成建设创新型国家的目标；保持与世界接轨，在规定条件下给予实施药品专利的强制许可，对利用专利制度保护遗传资源做了规定。这次修改是中国专利法律立法上一个重大的进步。当然，就这部法律而言，仍然需要完善。随着科研创造在 21 世纪的兴起、专利制度思想的不断发展，专利法还会不断修改完善。

3.2.3　专利制度的作用

1. 保护与鼓励发明创造

发明对人类社会的发展有重要的意义。发明者进行研发活动要投入智力、精力、物力、财力，专利制度赋予专利权人在一定的期限内排他性地利用技术发明，或者有偿的许可他人利用相关的技术发明，有利于调动专利权人继续从事技术创新的积极性，保护和鼓励发明创造。

2. 打破技术封锁，推动科技进步与创新，促进国民经济的发展

专利的两大特点是垄断和公开。专利权人获得垄断权的前提是必须将发明创造的全部内容向社会公众公开。一方面，公开的技术为他人进一步的技术创新提供了基础，他人可以通过查询专利文献，了解该领域已达到的技术高度，从而在现有技术的基础上进行新的发明，避免对相同技术的重复研究开发，有利于促进科学技术的不断发展；另一方面，专利局的技术文献中，不仅有专利说明书和必要的附图，还有专利申请人或专利权人的发明以及实用新型。如果某企业对该项技术有兴趣，可以与专利权人联系，接洽技术转让和许可的问题。专利制度不仅赋予发明人以专利权，也对相关技术的推广起到了积极的作用。

3.3 专利权的客体

专利权的客体是指专利法保护的对象，即依法以专利形式保护的发明创造成果，是依法应授予专利、记载于专利文件之中已公开的技术成果。就我国而言，专利权的客体为发明创造，即发明、实用新型、外观设计。

3.3.1 发明

1. 发明的概念

专利法上的发明是指发明人利用自然规律为解决某一技术领域存在的问题而提出的具有创造性水平的技术方案。所谓技术方案，是利用自然规律解决人类生产、生活中某一特定技术问题的构思。我国《专利法》第二条第二款规定，发明，是指对产品、方法或者其改进所提出的新的技术方案。

2. 发明的属性

作为专利客体的发明必须具备两个属性：技术属性和法律属性。

（1）技术属性。发明是一种技术方案。专利法上的发明并不要求发明是技术本身，只要求是技术方案即可。发明是利用自然规律在技术应用上的创造和革新，而不是单纯的揭示自然规律。发明是解决特定技术课题的技术方案，不是单纯的提出课题。发明必须通过物品体现出来，或是在作用于物品的方法中表现出来。

（2）法律属性。专利法保护的发明具有一定的法律意义。发明必须经过主管专利机关的审查，确认其符合专利法的条件才能取得专利权。技术上的发明要成为法律上的发明必须具备一些法定条件。

3. 发明的种类

根据不同的分类标准，发明可以分为不同种类。按发明的完成状况划分，可分为完成发明和未完成发明。按完成发明的人数来划分，可分为独立发明和共同发明。按发明人的国籍划分，可分为本国发明和外国发明。按发明的权利归属划分，可分为职务发明和非职务发明。依据《专利法实施细则》第二条的规定，可将作为专利法保护对象的发明分为产品发明、方法发明和改进发明，这是专利法上最为常见、也是最为基本的一种分类。

（1）产品发明。产品发明是指经过人工制造，以有形形式出现的一切发明。他是人们通过创造性的劳动创制出来的各种制成品和产品。未经人加工而属于自然状态的东西不能成为产品发明，如野生药材、矿物质等。产品发明又可分为制造品的发明、材料的发明、有新用途产品的发明。产品发明取得专利权后成为产品专利。产品专利不保护制造方法，只保护产品本身。

（2）方法发明。方法发明是指把一种物品变成另一种物品所使用的或制造一种产品的具有特性的方法和手段。专利法所说的方法可以是化学方法、机械方法、通讯方法及工艺规定的顺序来描述的方法。方法发明取得专利后，称为方法专利。我国 1985

年《专利法》对方法专利的保护只涉及其方法本身，不涉及用该方法制造的产品。2000年，修改后的《专利法》把方法专利的保护延及用该专利方法直接获得的产品，即未经许可，他人不得使用其专利方法以及使用、许诺销售、销售、进口依照该专利方法直接获得的产品。

(3) 改进发明。改进发明是指人们对已有的产品和方法发明提出实质性改革的新技术方案。改进发明与产品发明、方法发明的根本区别在于，它并不是新的产品的创制和新的方法的创造，而是对已有的产品或方法带来了新的特性、新的部分质变，但没有从根本上突破原有产品或方法的根本格局。例如爱迪生发明的白炽灯是前所未有的，通用电气公司用给白炽灯灯泡内充以惰性气体的方法，对爱迪生发明的白炽灯进行了改进，从而大大地提高了白炽灯的质量并延长了其使用寿命，这种发明就是改进发明。改进发明对于技术的进步具有重要的作用，因此，我国专利法把改进发明作为专利保护的对象。

3.3.2 实用新型

实用新型是指对产品的形状、构造或者其结合所提出的适于实用的新的技术方案，又称小发明或小专利。它的创造性和技术水平较发明专利低，但实用价值大，在专利权审批上采取简化审批程序、缩短保护期限、降低收费标准办法加以保护。关于实用新型，有些国家并没有将其列为专利保护的独立对象，而是将其放在发明专利中予以保护。另外有些国家，实用新型则被列为专利保护的独立客体，这种实用新型则主要是指小发明。

实用新型的主要特点包括：①实用新型必须是产品。这个产品是经过工业方法制造的占据一定空间的实体，如仪器、设备、日用品。②实用新型必须是具有一定立体形状和结构或者是两者结合的产品。形状是指外部能观察到的产品固定的主体外形，非装饰性的具有一定技术效果的形状。③实用新型应具有实用性。实用性是指该发明创造能够制造或者使用，并且能够产生积极的效果。④实用新型的创造性比发明低。创造性是指同申请日以前已有技术相比，该实用新型具有实质性特点和进步。在实用新型申请与授权过程中，专利行政机关并不进行实质审查，仅仅进行初步审查，授权程序相对简单便捷。

3.3.3 外观设计

外观设计，又称工业外观设计。外观设计是指对产品的形状、图案或其结合以及色彩与形状、图案的结合所做出的富有美感并适于工业应用的新设计。不同于发明以及实用新型，是一种工业品的装饰性或艺术性外观或式样。

外观设计的主要特点有：①外观设计是对产品外表所做的设计。外观设计必须与产品有关，并与使用该外观设计的产品合为一体。②外观设计是关于产品形状、图案或其结合以及色彩与形状、图案相结合的设计。这里的形状是指具有三维空间的产品造型，如空调的外形；图案是指二维的平面设计，或用线条、不同色彩形成的图形，如产品外包装盒图案；色彩指构成图案的成分。常见的外观设计往往是对产品的形状、图案、色彩三者的结合。仅仅为实现某种技术思想而做的设计不能成为外观设计。③外观设计富有美感。外观设计专利有利于促进商品外观改进，丰富人民的生活。外观设计的美感通常以消费者的眼光来衡量，只有多数消费者认为是美观的，才可以认为是富有美感的。④外观设计必须是适合工业上应用的新设计，即使用外观设计的产品能在工业生产过程中大量地复制生产，或者通过手工业进行批量生产。这是外观设计区别于艺术创作的特征。新设计是指外观设计须具有新颖性，在现有的技术中找不到与之相同或相近的外观设计。

3.3.4 专利法不保护的对象

并非所有发明创造都会授予专利。没有一个国家对所有的发明给予保护，我国《专利法》也有相应的规定。具体而言，不授予专利的发明创造可分为三类：

1. 违反法律、社会公德或妨害公共利益的发明创造

对违反法律、行政法规的规定获取或者利用遗传资源，并依赖该遗传资源完成的发明创造，不授予专利权。法律是指由全国人民代表大会或者全国人民代表大会常务委员会依照立法程序制定和颁布的法律，不包括行政法规和部门规章。违反法律的发明创造如用于赌博的设备、机器，伪造公文、印章的设备等，不能授予专利权。社会公德是指公众普遍认为是正当的并被接受的伦理道德观念和行为准则。违背社会公德的发明创造，不能被授予专利权。例如，带有淫秽图片的外观设计，不能授予专利权。妨害公共利益是指发明创造的实施或使用会给公众和社会造成危害，或者使国家和社会的正常秩序受到影响。例如，会破坏生态平衡的发明创造，不能被授予专利权。

2. 不属于发明的项目

有些科研成果，不是技术方案，一般不具备创造性和实用性，不属于专利法所说的发明创造。

（1）科学发现。科学发现是智力劳动成果，但属于人类对物质世界的认识，不具有发明创造必须具备的技术性，不是对客观世界的改造提出的一种技术方案。例如，牛顿发现万有引力规律。

（2）智力活动的规则和方法。智力活动的规则和方法是人大脑进行精神和智能活动的手段或过程，不是对自然规律的利用过程，更不是一种技术解决方案。例如速算法、游戏方案等都不能获得专利权。

（3）疾病的诊断和治疗方法。这是以有生命的人体或动物作为直接实施对象，进行识别、确定或消除疾病的过程，无法在产业上进行制造或使用，不具备专利所说的实用性。例如，西医的外科手术方案，不能申请专利权。但是，医疗器械或者设备符合专利申请条件的，可以申请专利权。

3. 某些特定技术领域的发明

根据我国《专利法》的规定，以下两类技术领域的发明创造不予保护：

（1）动物和植物品种。动植物品种作为有生命的物体，是大自然的产物，不是人类的发明创造。对于人工培育的动植物新品种，各国一般采用专门法保护。1997 年 10 月 1 日，我国开始实施《中华人民共和国植物新品种保护条例》，由国务院和林业

行政部门共同负责植物新品种保护权的申请受理和审查授予工作。但是，微生物品种以及动植物品种所列产品的生产方法，可以依照本法规定授予专利权。

(2) 用原子核变换方法获得的物质。一方面，由于变换核方法如果缺乏安全生产手段，会给国家和人民利益带来危害，且不具有专利法要求的实用性；另一方面，由于核物质如果用于制造核武器，直接涉及国家安全，可能影响本国的原子工业的发展以及造成国外原子武器的垄断。基于上述原因，世界各国一般都不予保护。但是，为实现核变换方法的各种设备、仪器等，可以授予专利权。

3.4 授予专利权的条件

一项发明创造要取得专利，必须具备一定的条件，包括形式条件和实质条件。本节主要讨论的是实质条件，即申请专利的发明创造本身有无专利性。

3.4.1 发明、实用新型的专利条件

1. 新颖性

(1) 新颖性的含义。

我国《专利法》修订前对新颖性的定义是指在申请日以前没有同样的发明或者实用新型在国内外出版物上公开发表过、在国内公开使用过或者以其他方式为公众所知，也没有同样的发明或者实用新型由他人向专利局提出过申请并且记载在申请日以后公布的专利申请文件中。2008 年《专利法》修订后，将新颖性重新界定为：该发明和实用新型不属于现有技术，也没有任何单位或个人就同样的发明或者实用新型在申请日以前向国务院专利行政部门提出过申请，并记载在申请日以后公布的专利申请文件中。修改后的《专利法》判断新颖性的公开标准为绝对新颖性标准。该标准有效地防止将虽没在我国公开使用过或者以其他方式为公众知悉，但在国外已经被公开使用或者已经有相应产品出售的技术或设计申请专利，有利于国外的技术和设计在我国的应用。该标准取消了地域限制，符合大多数国家专利法的通例。

各国专利法判断新颖性的时间标准不完全一致。我国判断新颖性的时间标准采用以申请日作为判断新颖性的时间标准。只要申请专利的发明在申请日之前没有公开过，就具有新颖性。

(2) 对现有技术的界定。

现有技术又可称为已有技术、先行技术，是指在某一时间以前，在特定的地域和情报范围内已公开的技术知识的总和。专利法意义上的现有技术是指在申请日以前公众能知悉的技术内容。现有技术对于判断发明、实用新型的新颖性和创造性具有基础性的作用。

现有技术的时间界限是划分新技术发明和已知技术的时间界限。根据《专利法》第二十二条第二款与《专利法实施细则》第三十条的规定，现有技术的时间界限是申请日，享有优先权的，则指优先权日。

现有技术的公开方式有四种情况：第一，出版物公开。现有技术通过在国内出版物上公开发表，即通过出版物使技术内容为公众所知，是技术最主要的公开方式。第二，使用公开。使用公开是通过公开实施使公众能了解和掌握该技术方案。由于使用导致一项或多项技术方案的公开，或者导致该技术方案处于公众可以知晓的状态，这种公开方式即公开使用。修订后的《专利法》引入的是绝对新颖性标准，因此使用不仅包括国内，也包括在国外的公开使用。第三，以其他方式公开。其他方式主要指口头公开以及除出版物公开和使用公开以外的其他任何可能的公开方式。修订后的《专利法》引入的是绝对新颖性标准，因此公开的地域标准不局限于国内，也包括在国外的公开。第四，抵触申请。抵触申请是指他人在申请日以前已经以相同内容向专利局提出过申请，并在申请日之后公布的情况。出现抵触申请，先申请案为后申请案的现有技术，除非先申请案没公开而中止申请，后申请案不具备新颖性，不能授予专利权。抵触是指他人在申请日以前提出的，他人在申请日提出或申请人本人在申请日以前提出的同样申请不属于此类。

2. 创造性

发明专利的创造性是授予发明专利权的三个实质条件中最为关键的一个。发明专利和实用新型专利的主要区别在于创造的高度，因此专利法对发明专利和实用新型专利的创造性分别作了规定。对于发明来说，创造性是指同申请日以前已有的技术相比，该发明有突出的实质性特点和显著的进步。对于实用新型，应具有实质性特点和进步。两者的区别在于“实质性特点”是否突出和“进步”是否显著上。

（1）突出的实质性特点。

突出的实质性特点是指发明相对于现有技术，在技术方案的构成上具有实质性的差别，对所属技术领域的技术人员来说必须经过创造性思维活动才能获得，具有非显而易见性。如果发明是所属技术领域的技术人员在现有技术的基础上通过逻辑分析、推理或者有限的试验就能够自然而然得出的结果，则该发明是显而易见的，也就不具备突出的实质性特点。突出的实质性特点反映的是发明的质的特征，即发明的技术方案同现有技术相比，不是通常人们所理解的简单的小改小革，而是具有本质上的区别，这种本质上的区别是发明人创造性构思的结果，是非显而易见的。因此，发明的水平凡是与普通技术人员的专业能力相适应的，就属于显而易见，就不具有突出的实质性特点；凡是超过了普通技术人员的专业能力，应认为是非显而易见的，因而就具有突出的实质性特点。这里“普通技术人员的能力”实质上是表明某一层次技术人员的知识水平，是一个抽象的概念。普通技术人员，指的是掌握该发明所属技术领域的通用知识和技能的人员，即具有中等技术水平的人员；他既不是这个专业领域的门外汉，也不是该领域的高级专家。

（2）显著的进步。

显著的进步是指申请专利的发明与最接近的现有技术相比具有长足的进步，能够产生有益的技术效果。进步主要是从发明创造的客观有益效果来衡量的。这里的有益效果不仅包括从技术角度来看的效果，也包括从社会意义来看的技术效果。发明与现有技术相比，具有更好的技术效果，或者有利于推动科学技术进步，比如，发明克服了现有技术中存在的缺点和不足，为解决某一技术问题提供了一种不同构思的技术案，对保护环境或者保护稀有动物有益，或者发明代表了某种新的技术趋势等。通常，发明有显著的进步，反映在发明的明显的有益效果中。

3. 实用性

实用性是指该发明或者实用新型能够制造或者使用，并且能够产生积极效果。实用性要求具备以下条件：

（1）工业实用性。

这里的工业是广义上的概念，包括农业、林业、矿业、运输业等各个行业。发明或者实用新型必须能在工业上制造，或者是发明方法能够在产业上使用。如果创造性成果仅是一种理论上的，则不能够获得专利权。

（2）重复再现性。

具有实用性的发明或实用新型专利申请的主题应当是能够重复实施的。就是说，依照说明书所公开的整体技术内容，所属技术领域的普通技术人员都能够实现该申请的主题，并且他们实施的结果应当是完全一样的，不会因人而异，也不含有随机因素。这种能够重复实施的性质，称为再现性。

（3）有益性。

具备实用性的发明、实用新型应当能够产生积极效果。这是从发明创造社会属性来讲的，有益性要求它们在以后实际实施时能够提供积极有益的效果。积极有益的效果通常表现为改善产品质量，提高产品产量，节约原材料，降低成本，提高劳动生产率，改善劳动条件，防治环境污染等。

3.4.2　外观设计的专利条件

授予专利权的外观设计，应当同申请日以前在国内外出版物上公开发表过或者国内公开使用过的外观设计不相同和不相近，并不得与他人在先取得的合法权利相冲突。

1. 新颖性

新颖性，即与现有的外观设计不相同。判断新颖性的时间标准是申请日，地域标准与公开的方式有关。由于外观设计是附着于产品的，因此其法律保护的效力仅及于同类产品。根据中华人民共和国国家知识产权局修订的《专利审查指南》（2010）的规定，外观设计相同是指被对比的外观设计与在先设计是相同种类产品的外观设计。产品种类不同时，即使其外观设计的形状、图案、颜色相同，也不应认为是外观设计相同。相同种类产品是指用途完全相同的产品。

2. 独创性

独创性，即与现有的外观设计不相近，与现有的外观设计有明显的不同，要求申请外观设计的产品与现有产品的形状、图案、色彩所引起的整体美感或视觉不相近。其独创性不同于发明专利和实用新型，主要体现在：外观设计的创造性是一对一的比照，其判断是假定的一般水平的消费者的知识水平和认知能力。

3. 其他规定

不得与他人在先取得的合法权利相冲突。他人在先取得的合法权利，是指外观设计专利申请日前，专利申请以外的人已经取得了的合法权利。

3.5 专利权的申请与获得

专利权的获得非自动获得，需要向国家专利机关提出申请，经审查批准后授予专利权。否则，只能在符合条件的情况下按照商业秘密来保护。本节主要依据我国《专利法》的相关规定，对专利权的申请、审查和授权程序作简要说明。

3.5.1 专利申请人

我国《专利法》根据发明创造的性质及主体的所有制性质，分别规定了完成发明创造的人、专利申请人和专利权人之间的关系以及不同的权利义务。专利申请人是指可以申请专利的人。我国《专利法》规定自然人、法人和其他组织可以申请并获得权利，而对于不同主体有不同的资格条件和相应的权利与义务。

1. 发明人或设计人

对发明创造的实质性特点做出创造性贡献的自然人是发明人或设计人，享有署名权、获得奖励权和获得报酬权。

自然人或法人成为发明人或设计人，大体有两种情形：一是独立的发明人或设计人，他们不属于任何单位或法人，完全以自己的物质条件和技术能力完成相关的发明创造。二是隶属于单位或法人的个人，在本职工作或者单位交付的工作之外，完全依靠自己的物质技术条件做出的发明创造。在我国专利法中，这被称为“非职务发明创造”。

2. 职务发明创造的专利申请

《专利法》第六条规定：“执行本单位的任务或者主要是利用本单位的物质技术条件所完成的发明创造为职务发明创造”，不仅明示了何为职务发明创造，而且将原来的“物质条件”修改为“物质技术条件”。“技术”两字的加入，表明职务发明创造做出过程中所利用的单位的条件不仅包括物质条件，也包括技术条件。职务发明的两种情形包括：

(1) 执行本单位任务所完成的发明创造。

《专利法》第十条规定，包括三种情形：在本职工作中完成的发明；履行本单位交付的本职工作以外的任务所完成的发明创造；退职、退休或调动工作后一年内做出的，与其在原单位承担的本职工作或者原单位分配的任务有关的发明创造。

(2) 利用本单位的物质技术条件所完成的发明创造。

在这种情况下，发明人或设计人不是在完成本职工作的过程中完成了发明创造，也不是接受单位指派的任务而完成了发明创造，而是主动完成了有关的发明创造。但是，发明人或者设计人在完成相关发明创造的过程中，又主要是利用了本单位的物质技术条件。所谓的物质技术条件包括物质条件，也包括技术条件。所谓的物质条件包括资金、设备、零部件等；所谓的技术条件包括单位拥有的不对外公开的情报和技术资料，如技术情报、技术档案或设计图纸等。

除此之外，《专利法》还规定了利用本单位物质技术条件完成的发明创造，单位与发明人或者设计人订有合同，对申请专利的权利和专利权的归属做出约定的，从其约定。

3. 合作发明创造和委托发明创造

合作发明创造是指两个以上的个人或者单位共同完成的发明创造。《中华人民共和国合同法》（简称《合同法》）规定，合作开发完成的发明创造，除当事人另有约定的以外，申请专利的权利属于合作开发的当事人共有。当事人一方转让其共有的专利申请权的，其他各方享有以同等条件优先受让的权利。

委托发明创造是指一个单位或个人接受其他单位或个人的委托所完成的发明创造。《合同法》规定，委托开发完成的发明创造，除当事人另有约定的以外，申请专利的权利属于研究开发人。研究开发人取得专利权的，委托人可以免费实施该专利。研究开发人转让专利申请权的，委托人享有以同等条件优先受让的权利。

4. 外国人的专利申请资格

在我国设有经常居所的外国人在中国申请专利时，依照其所属国同我国签订的协议或共同参加的国际条约，或者依照互惠原则，依照我国的专利法办理。无国籍人不能在我国申请专利。

3.5.2 专利权的申请

1. 专利申请的原则

专利申请的原则是专利申请中具有指导性的准则。我国专利申请的原则主要有书面原则和单一性原则。

（1）书面原则是指申请人办理《专利法》及其《专利法实施细则》规定的申请专利的手续时应采用书面形式，不能以口头说明或提交实物来代替书面申请和对申请文件进行修改补正。

（2）专利申请单一性原则可有广义和狭义两种理解。狭义的专利申请单一性原则是指一件专利申请的内容只能包含一项发明创造，不能将两项或两项以上的发明创造作为一件申请提出。而广义的专利申请单一性原则不仅包括上面所说的含意，而且还包括同样的发明创造只能被授予一次专利权，同样的发明创造不能同时存在两项或两项以上的专利权。我国《专利法》第三十一条规定，一件发明专利或者实用新型专利申请应当仅限于一项发明专利或者实用新型专利。属于一个总的发明构思的两项以上的发明专利或者实用新型专利，可以作为一件申请提出。一件外观设计专利申请应当限于一种产品所使用的一项外观设计。用于同一类别并且成套出售或者使用的产品的两项以上的外观设计，可以作为一件申请提出。

2. 专利申请文件

随着全球专利申请总量的持续增长，技术复杂程度日益提高，新技术领域不断涌现。我国年专利申请量在 2015 年突破了 200 万件，其中发明专利申请 110.2 万件，同比增长 18.7%，连续 5 年位居世界首位，专利申请量快速增长与审查资源有限之间的矛盾日益突出。

(1) 发明和实用新型的专利申请文件。

《专利法》第二十六条第一款规定，申请发明或者实用新型专利的，应当提交请求书、说明书及其摘要和权利要求书等文件。

①请求书。请求书是申请人向专利局递交的请求授予专利权的呈请文件，一般放在申请案的最前面。请求书应简明扼要，说明申请所要达到的目的。

②权利要求书。权利要求书是申请发明专利和申请实用新型专利必须提交的申请文件。它是发明或者实用新型专利要求保护的内容，具有直接的法律效力，是申请专利的核心，也是确定专利保护范围的重要法律文件。申请人可以自行填写或撰写，也可以委托专利代理机构代为办理。

一份权利要求书至少应包括一项独立权利要求，还可以包括从属权利要求。独立权利要求应当从整体上反映发明或实用新型目的的必要技术特征。从属权利要求是用附加的技术特征对引用的权利要求进一步限定的权利要求。基本权利要求书的基本要求是以说明书为依据，清楚、简明，并遵循一定的格式要求撰写。

独立的权利要求应当包括前序部分和特征部分，按下列要求撰写：前序部分，写明要求保护的发明或者实用新型技术方案的主题名称和发明或者实用新型主题与最接近的现有技术共有的必要技术特征；特征部分，使用“其特征是……”或者类似的用语，写明发明或者实用新型区别于最接近的现有技术的技术特征，这些特征和前序部分写明的特征合在一起，限定发明或者实用新型要求保护的范围。一项发明或者实用新型应当只有一项独立权利要求，并且写在同一发明或者实用新型的从属权利要求之前。这一规定的本意是为了使权利要求书从整体上更清楚、简明。

发明或实用新型的从属权利要求应当包括引用部分和限定部分，按照下列规定撰写：引用部分，写明引用的权利要求的编号及其主题名称；限定部分，写明发明或者实用新型附加的技术特征。

从属权利要求只能引用在前的权利要求。引用两项以上权利要求的多项从属权利要求只能以择一方式引用在前的权利要求，并不得作为被另一项多项从属权利要求引用的基础。

③说明书。说明书应当对发明或者实用新型做出清楚、完整的说明，以所属技术领域的技术人员能够实现为准；必要的时候，应当有附图。摘要应当简要说明发明或者实用新型的技术要点。权利要求书应当以说明书为依据，清楚、简要地限定要求专利保护的范围。《专利法实施细则》第十七条规定，发明或者实用新型专利申请的说明书应当写明发明或者实用新型的名称，该名称应当与请求书中的名称一致。

说明书应当包括下列内容：第一，技术领域，写明要求保护的技术方案所属的技术领域；第二，背景技术，写明对发明或者实用新型的理解、检索、审查有用的背景技术；有可能的，并引证反映这些背景技术的文件；第三，发明内容，写明发明或者实用新型所要解决的技术问题以及解决其技术问题采用的技术方案，并对照现有技术写明发明或者实用新型的有益效果；第四，附图说明，说明书有附图的，对各幅附图作简略说明；第五，具体实施方式，详细写明申请人认为实现发明或者实用新型的优选方式，必要时举例说明，有附图的，对照附图。

④说明书摘要。说明书摘要应当写明发明或者实用新型专利申请所公开内容的概要，即写明发明或者实用新型的名称和所属技术领域，并清楚地反映所要解决的技术问题、解决该问题的技术方案的要点以及主要用途。摘要可以包含最能说明发明的化学式；有附图的专利申请，还应当提供一幅最能说明该发明或者实用新型技术特征的附图。摘要文字部分不得超过300个字。摘要中不得使用商业性宣传用语。

⑤其他文件。其他文件如委托代理机构办理专利的委托书、优先权的证明文件、特殊领域专利申请要求提供的文件等。

(2) 外观设计的专利申请文件

申请外观设计专利的，应当提交请求书、该外观设计的图片或者照片以及对该外观设计的简要说明等文件。申请人提交的有关图片或者照片应当清楚地显示要求专利保护的产品的外观设计。

①请求书。该请求书应该填写外观设计的产品名称，其他栏目的要求与发明和实用新型专利的请求书相同。

②图片或照片。至少两套附图或相片（包括正视图、后视图、左视图、右视图、俯视图、仰视图），如需要时需加上立体图。可以提交相片代替附图。如果要求保护色彩则需提交彩色及黑白相片各三套，相片尺寸为3R。请注意拍摄相片时物品必须置于单一颜色的背景上，除要求保护其外观设计的物品外，背景上不应出现其他物品。

③简要说明。对于外观设计产品的主要创作部分要求的特殊说明的，或者请求保护色彩、省略视图等情况，应递交简要说明。

④其他文件。同发明和实用新型专利的请求书相同。

3.5.3 专利权的审批

1. 发明专利申请的审批

我国发明专利采用“早期公开，延迟审查”制度，国务院专利行政部门收到申请文件后经初审合格，自申请日起满18个月即行公开其申请文件，然后根据申请人的请求进入实质审查程序。发明专利申请的审批程序包括受理、初审、公布（自申请日起满18个月）、实审（自申请日起3年内）以及授权五个阶段。

(1) 受理阶段。专利局收到发明专利申请后进行审查，如果符合受理条件，专利局将确定申请日，给予申请号，并且核实过文件清单后，发出受理通知书，通知申请人。如果申请文件未打字、印刷或字迹不清、有涂改的，或者附图及图片未用绘图工具和黑色墨水绘制、照片模糊不清有涂改的，或者申请文件不齐备的，或者请求书中缺申请人姓名或名称及地址不详的，或专利申请类别不明确或无法确定的，以及外国单位和个人未经涉外专利代理机构直接寄来的专利申请，不予受理。

(2) 初步审查阶段。经受理后的专利申请按照规定缴纳申请费的，自动进入初审阶段。初审前发明专利申请首先要进行保密审查，需要保密的，按保密程序处理。在初审时要对申请是否存在明显缺陷进行审查，主要包括审查内容是否属于专利法中不授予专利权的范围，是否明显缺乏技术内容不能构成技术方案，是否缺乏单一性，申请文件是否齐备及格式是否符合要求。若是外国申请人，还要进行资格审查及申请手续审查。不合格的，专利局将通知申请人在规定的期限内补正或陈述意见，逾期不答复的，申请即被视为撤回。经答复仍未消除缺陷的，予以驳回。发明专利申请初审合格的，将发给初审合格通知书。

（3）公布阶段。发明专利申请从发出初审合格通知书起进入公布阶段，如果申请人没有提出提前公开的请求，要等到申请日起满18个月才进入公开准备程序。如果申请人请求提前公开的，则申请立即进入公开准备程序。经过格式复核、编辑校对、计算机处理、排版印刷，大约3个月后在专利公报上公布其说明书摘要并出版说明书单行本。申请公布以后，申请人就获得了受临时保护的权利。

（4）实质审查阶段。发明专利申请公布以后，如果申请人已经提出实质审查请求并已生效的，申请人进入实审程序。如果申请人从申请日起满三年还未提出实审请求，或者实审请求未生效的，申请即被视为撤回。在实审期间将对专利申请是否具有新颖性、创造性、实用性以及专利法规定的其他实质性条件进行全面审查。经审查认为不符合授权条件或者存在各种缺陷的，将通知申请人在规定的时间内陈述意见或进行修改，逾期不答复的，申请即被视为撤回。经多次答复，申请仍不符合要求的，予以驳回。实审周期较长，若从申请日起两年内尚未授权，从第三年起应当每年缴纳申请维持费，逾期不缴的，申请即被视为撤回。实质审查中未发现驳回理由的，将按规定进入授权程序。

（5）授权阶段。发明专利申请经实质审查未发现驳回理由的，由审查员做出授权通知，申请进入授权登记准备，经对授权文本的法律效力和完整性进行复核，对专利申请的著录项目进行校对、修改后，专利局发出授权通知书和办理登记手续通知书，申请人接到通知书后应当在两个月之内按照通知的要求办理登记手续并缴纳规定的费用，按期办理登记手续的，专利局将授予发明专利权，颁发专利证书，在专利登记簿上记录，并在两个月后于专利公报上公告，未按规定办理登记手续的，视为放弃取得专利权的权利。

2. 实用新型和外观设计专利申请的审批

实用新型和外观设计的内容较发明简单，采用“初审登记”可以加快审批速度，使得技术可以尽快为社会所用，进一步发挥专利的作用。对于不符合专利法要求的，可以通过无效程序进行审查。因此，实用新型和外观设计的专利申请在审批中不进行早期公布和实质审查，只有受理、初审和授权三个阶段，每一阶段的流程与发明专利审批相同，只是实用新型和外观设计的授权公告的文件不经过实质审查。

3.6 专利权及其限制

3.6.1 专利权人的权利

1. 独占实施权

独占实施权包括两方面内容:

(1) 专利权人自己实施其专利的权利，即专利权人对其专利产品依法享有的进行制造、使用、销售、允许销售的专有权利，或者专利权人对其专利方法依法享有的专有使用权以及对依照该专利方法直接获得的产品的专有使用权和销售权。

(2) 专利权人禁止他人实施其专利的特权。除另有规定的以外，发明和实用新型专利权人有权禁止任何单位或者个人未经其许可实施其专利，即为生产经营目的制造、使用、销售、允许销售、进口其专利产品，或者使用其专利方法以及使用、销售、允许销售、进口依照该专利方法直接获得的产品；专利权人有权禁止任何单位或者个人未经其许可实施其专利，即为生产经营目的制造、销售、进口其外观设计专利产品。

2. 转让权

转让权是指专利权人将其获得的专利所有权转让给他人的权利。转让专利权的，当事人应当订立书面合同，并向国务院专利行政部门登记，由国务院专利行政部门予以公告。专利权的转让自登记之日起生效。中国单位或者个人向外国人转让专利权的，必须经国务院有关主管部门批准。

3. 许可实施权

许可实施权是指专利权人通过实施许可合同的方式，许可他人实施其专利并收取专利使用费的权利。许可他人实施专利，应该与专利权人订立书面实施许可合同，向专利权人支付许可使用费。

4. 标记权

标记权即专利权人有权自行决定是否在其专利产品或者该产品的包装上标明专利标记和专利号。

5. 请求保护权

请求保护权是专利权人认为其专利权受到侵犯时，有权向人民法院起诉或请求专利管理部门处理以保护其专利权的权利。保护专利权是专利制度的核心，他人未经专利权人许可而实施其专利，侵犯专利权并引起纠纷的，专利权人可以直接向人民法院起诉，也可以请求管理专利工作的部门处理。

6. 放弃权

专利权人可以在专利权保护期限届满前的任何时候，以书面形式声明或以不缴纳年费的方式自动放弃其专利权。《专利法》规定，专利权人以书面声明放弃其专利权的，专利权在期限届满前终止。专利权人提出放弃专利权声明后，一经国务院专利行政部门登记和公告，其专利权即终止。放弃专利权时需要注意：①在专利权由两个以上单位或个人共有时，必须经全体专利权人同意才能放弃；②专利权人在已经与他人签订了专利实施许可合同许可他人实施其专利的情况下，放弃专利权时应当事先得到被许可人的同意，并且还要根据合同的约定，赔偿被许可人由此造成的损失，否则专利权人不得随意放弃专利权。

3.6.2 专利权人的义务

权利与义务具有相对性。依据《专利法》和相关国际条约的规定，专利权人应履行的义务包括：按规定缴纳专利年费和不得滥用专利权的义务。

专利年费又称为专利维持费。《专利法》规定，专利权人应当自被授予专利权的当年开始交纳年费，其数额按照专利类型的不同而不等。缴纳年费的主要目的在于促使专利权人尽早放弃已无商业价值的专利，作为一种经济杠杆调节专利权人与社会利益的关系。专利权人不履行缴纳年费的义务，将导致专利权提前终止。

不得滥用专利权是指专利权人应当在法律所允许的范围内选择其利用专利权的方式并适度行使自己的权利，不得损害他人的知识产权和其他合法权益。

3.6.3 专利权的限制

为防止专利权人滥用其依法获得的独占权，影响市场的良性竞争，阻碍科技创新，《专利法》规定允许第三人在某些特殊情况下可以不经专利权人许可而实施其专利，且其实施行为并不构成侵权。

1. 专利的计划许可制度

根据《专利法》第十四条的规定，对国家利益或者公共利益具有重大意义的国有企事业单位的发明专利，国务院有关主管部门和省级人民政府经国务院批准，可以决定在批准的范围内推广应用，允许指定的单位实施，由实施单位按照国家规定向专利权人支付使用费。对于中国集体所有制单位和个人的发明专利，参照前述规定办理。对于外国专利权人的专利，不适用这种国家计划许可。

2. 专利的强制许可制度

强制许可也称非自愿许可，是指国务院专利行政部门根据具体情况，不经专利权人同意，通过行政程序授权他人实施发明或者实用新型专利的一种法律制度。强制许可分为以下三种类型：

(1) 合理条件的强制许可。《专利法》第四十八条规定，具备实施条件的单位以合理的条件请求发明或者实用新型专利权人许可实施其专利，而未能在合理长的时间内获得这种许可时，国务院专利行政部门根据该单位的申请，可以给予实施该发明专利或者实用新型专利的强制许可。该法条规定的就是合理条件的强制许可。适用这种强制许可应当具备以下条件：

①申请实施强制许可的人只能是单位，不能是个人；

②申请实施强制许可的时间必须在自授予专利权之日起满 3 年后；

③申请实施强制许可的对象只能是发明专利或实用新型专利，不能是外观设计专利；

④申请人在向国务院专利行政部门提出实施这种强制许可申请时，必须提供相关的证据以证明其具备实施的条件并且已以合理条件在合理长的时间内未能与专利权人达成实施许可协议。

（2）国家强制许可。《专利法》第四十九条规定，在国家出现紧急状态或者非常情况时，或者为了公共利益的目的，国务院专利行政部门可以给予实施发明专利或者实用新型专利的强制许可。

（3）依存专利强制许可。《专利法》第五十一条规定，一项取得专利权的发明或者实用新型（后一专利）比在前已经取得专利权的发明或者实用新型（前一专利）具有显著经济意义的重大技术进步，而其实施又有赖于前一专利实施的，国务院专利行政部门根据后一专利的专利权人的申请，可以给予实施前一发明或者实用新型的强制许可。同时，前一专利权人有权在合理的条件下，取得使用后一专利中的发明或者实用新型的强制许可。

申请人向国务院专利行政部门提出实施发明或者实用新型专利的强制许可时，应当提出未能以合理条件与专利权人签订实施许可合同的证明。只有在申请人与专利权人进行了正常谈判，以合理的条件却没有获得正常的实施许可的情况下，申请人才能向国务院专利行政部门提出强制许可的请求。

国务院专利行政部门做出的给予实施强制许可的决定，应当及时通知专利权人，并予以登记和公告。给予实施强制许可的决定，应当根据强制许可的理由规定实施的范围和时间。强制许可的理由消除并不再发生时，国务院专利行政部门应当根据专利权人的请求，经审查后做出终止实施强制许可的决定。取得实施强制许可的单位或者个人所获得的实施权，是普通实施权，不享有独占的实施权；而且只能由强制许可实施人自己实施，不得再许可任何第三人实施。取得实施强制许可的单位或者个人应当向专利人支付合理的使用费。

3. 专利的合理使用

专利的合理使用是指在法定情形下，不经专利权人许可，也不必向其支付费用即可使用他人的专利技术。

（1）权利用尽后的使用、许诺销售或销售。当专利权人自己制造或者经其许可制造的专利产品或者依照专利方法直接获得的产品售出后，使用、许诺销售或者销售该产品的，不构成侵犯专利权。这种情形只适用于合法投入市场的专利产品。

（2）先用权人的制造与使用。即在专利申请日前已经制造相同产品、使用相同方法或者已经作好制造、使用的必要准备，并且仅在原有范围内继续制造、使用的，不构成侵犯专利权。

（3）外国临时过境交通工具上的使用。即临时通过中国领陆、领水、领空的外国运输工具，依照国际条约，或者依照互惠原则，为运输工具自身需要而在其装置和设备中使用专利的，不构成侵犯专利权。

（4）非生产经营目的利用。为科学研究和实验目的，为教育、个人及其他非为生产经营目的使用专利技术的，可以不经专利权人的许可，不视为侵权行为。这里所说的在科学研究、实验、教育中使用他人专利技术，只能是小范围的非营利性质的使用。

如果在整个教育系统内大量使用他人专利技术制作的教学用具，即便没有盈利，但由于单位节省了大量购置教具的经费，属间接盈利，并且使专利权人失掉了这一主要消费市场而蒙受经济损失，因此，这种行为不属于合理使用的范围。

3.7 专利的行政管理

3.7.1 管理专利工作的部门的设立和职责

1. 我国专利管理部门的设立

我国知识产权制度是伴随改革开放而产生的，1982 年颁布《商标法》，1984 年颁布《专利法》，1990 年颁布《著作权法》。与之相伴，知识产权行政管理体系也陆续建立起来。在专利行政管理方面，1980 年 1 月，中国专利局经国务院批准正式成立；1984 年 8 月，国家经委、国家科委、劳动人事部、中国专利局联合印发《关于在全国设置专利工作机构的通知》，各地相继建立了具有执法和管理双重职能的专利管理机关。在商标行政管理方面，1978 年 9 月，国务院发出《关于成立工商行政管理总局的通知》，主要职责包括商标注册管理，并要求县和县以上各级政府设工商行政管理局，县以下设立工商行政管理所。在版权行政管理方面，1985 年 7 月，国务院批准设立国家版权局。

30 多年来，知识产权行政管理机构也在国务院各部门机构改革的大框架内进行了相应调整。在中央层面，以专利、商标、版权三个主要知识产权职能部门来看，中国专利局从原国家科委下属调整至国家经委下属，再调整为国务院直属事业单位，最后更名为国家知识产权局，为国务院直属机构；商标局一直为工商行政管理总局内设机构，但工商行政管理总局由国务院正部级直属机构调整至副部级职能部门，最后调整为国务院正部级直属机构；版权局由文化部内设机构调整至与新闻出版署一套机构、两块牌子，此后新闻出版署调整为正部级，后更名为国家新闻出版广电总局。总体来看，各部门机构设置和职能范围调整幅度和深度均有不同，但基本依据是适应改革和发展的需要和变化，调整的结果也是更加规范、科学和有效。

知识产权宏观管理工作大体上可以分为三个阶段：一是初级发展阶段（1978—1997 年），建立了中国特色的知识产权制度体系和行政管理体系；二是快速发展阶段（1998—2007 年），在国务院机构改革大力压缩编制、精简机构的背景下，知识产权管理机构得到不同程度的加强，酝酿出台国家知识产权战略；三是科学发展阶段（2008 年至今），国务院于 2008 年 6 月颁布实施《国家知识产权战略纲要》，知识产权宏观管理工作按照“激励创造、有效运用、依法保护、科学管理”的方针，步入了科学发展阶段。

2. 我国专利管理部门的职责

专利管理部门具有执法和管理双重职能，是我国专利制度的特色之一。从《专利法实施细则》的规定中可知，专利管理部门是一个行政机构，因此，专利管理部门处理专利纠纷，从本质上看是一种行政行为。其职责主要有：

（1）调解纠纷，包括：①专利申请权和专利权归属纠纷；②发明人、设计人资格纠纷；③职务发明人、设计人的奖励和报酬纠纷；④在发明专利申请公布后专利权授予前使用发明而未支付适当费用的纠纷。

（2）行政处罚。专利管理部门应当事人的请求，可以对专利侵权行为做出行政处罚，包括：①专利管理机关认定侵犯专利权行为成立时，可以责令侵权人立即停止侵权行为，专利管理部门做出的行政处罚，在规定的十五日内侵权人不停止侵权又不提起诉讼的，专利管理部门可以申请人民法院强制执行；②假冒他人专利的，管理专利工作部门可责令其改正，并公告，没收违法所得，可以并处违法所得三倍以下罚款，没有违法所得，可以处五万元以下罚款；③以非专利产品冒充专利产品，以非专利方法冒充专利方法，管理专利工作部门可以责令其改正，并公告，可以处五万元以下的罚款。

3. 专利管理部门履行职务时应承担的法律责任

专利管理部门履行职务时应承担的法律责任包括：①专利管理部门不得参与向社会推荐专利产品等经营活动；违反规定的，由上级机关或者监察部门责令改正，消除影响，有违法收入予以没收，情节严重的，对直接负责的主管人员和其他直接责任人员给予行政处分；②从事专利管理工作的国家机关工作人员以及其他有关国家机关工作人员玩忽职守、滥用职权、徇私舞弊，构成犯罪的，依法追究刑事责任；尚不构成犯罪的，依法追究行政责任；不服管理专利工作机构的行政处罚的当事人向人民法院提起行政诉讼，专利管理部门应出庭应诉，败诉按国家赔偿法的规定承担赔偿责任。

3.7.2 专利纠纷的行政处理

1. 专利纠纷的处理方式

专利侵权纠纷的处理方式包括司法诉讼和行政处理两种。毋需多言，司法诉讼是私权救济的主要途径。专利侵权纠纷的行政处理是指专利行政部门根据当事人的请求，作为中立的第三方来处理专利侵权纠纷的专门活动，是一种非诉讼的专利侵权纠纷解决机制。[①] 专利权属于私权，各国的知识产权法律实践中也普遍实行司法保护。[②] 长期以来，我国专利侵权纠纷一直是司法诉讼与行政处理“双轨”并行，这是诸多因素作用的结果，也是中国特色。司法诉讼的审理期限长，判赔额度低，专利权人的利益难以保障，而相比较而言，行政处理的成本低、效率高，与司法保护形成了优势互补。

国家知识产权局规划发展司和知识产权发展研究中心在全国范围内对企业、高校、科研单位和个人权利人进行了问卷调查，数据汇总后形成《2015 年中国专利调查报告》。报告显示，过去五年，大部分的专利权人在遭遇专利侵权时没有选择司法诉讼维权方式。其原因主要是审理期限长导致专利权人的利益得不到及时保护，而判赔额度低又导致专利权人的损失得不到完全补偿。面对现实状况，专利权人普遍希望寻求更

① 冀瑜，李建民. 试论我国专利侵权纠纷行政处理机制及其完善［J］. 知识产权，2011（7）：97-99.

② 曹博. 知识产权行政保护的制度逻辑与改革路径［J］. 知识产权，2016（5）：52-62.

简便快捷、成本低、效率高的专利保护措施。

2. 专利纠纷行政处理的优势

一般认为，专利侵权纠纷行政处理的成本低于司法诉讼成本，正如一些学者所言，知识产权纠纷解决的行政渠道与程序化的司法渠道相比，前者具有直接交易成本（成本要素包括时间、精力、金钱、声誉等）较低的特点，不失为多数情况下降低私人成本和社会成本并节省目前非常短缺的司法资源的一种优先选择。[①]

（1）社会成本。有学者认为在专利行政部门执法过程中不仅会产生高昂的制度成本，而且这些成本皆由公共财政负担，公共财政的支出应符合公共利益的原则，不应该以公共资源去救济专利权人的私人利益。[②] 任何一项制度都必然存在着建设与运行的成本，制度成本的高低应全面比较才能得出结论。首先，行政处理需要的人力、机构、执法运行等成本，司法诉讼同样需要，这些属于必要的制度成本。其次，由于中国强势行政与弱势司法的观念和历史传统已经深入人心，遇到纠纷，当事人往往要求政府来解决，即使打官司，通常也要求法院以一种行政部门的方式来解决。因此，取消或弱化专利侵权纠纷行政处理有较大的制度变迁成本，即克服文化惯性与路径依赖的成本。再者，自《专利法》实施以来多年所构建的专利行政保护体系是建制完整的优势资源，弃之不用是资源的巨大浪费，这也是一种成本。最后，以公共财政投入加强专利权的保护并不只是维护专利权人的利益，更在于营造创新环境，使创新主体勇于创新，乐于创新。

（2）个人成本。就个人成本而言，有学者认为如果当事人对行政处理决定不服，进而向法院提起行政诉讼甚至民事诉讼，则不仅会延长处理时间，使成本显著增加，还会造成司法资源和行政资源的重复投入。行政处理的价值在于为权利人提供了另一种更简单便捷的救济方式，权利人可能获得经济和时间节约的收益，同时理应承担相应的风险。专利权人选择司法诉讼同样可能面对二审甚至再审的风险。将司法诉讼作为行政处理的最终机制是现代司法审查的惯例，其目的在于制约行政权。总体而言，对于专利权人来说，行政处理在物质、时间以及精力等成本上都低于司法诉讼。

一般的民事侵权诉讼期限往往都要持续数月乃至一年之久，而对于专利侵权纠纷，由于其涉及技术认定，审理期限更是动辄数年。迟到的正义即非正义，现代技术更迭之迅速导致大部分专利的市场寿命往往“撑不到”正义实现的那一天，这也是司法诉讼的致命缺陷之一。行政处理高效率的背后或许会有非正义的可能，但“司法最终保护”原则避免了这种非正义的发生，虽然这有可能会导致处理期限的稍许延长，但相对于追求效率带来的收益，其结果是值得容忍的。专利侵权纠纷行政处理与司法诉讼偏向不同的价值取向也正是两者功能分工、优势互补的体现。

3. 新形势下加强专利侵权纠纷行政处理的必要性

（1）打击恶性专利侵权行为。恶性侵权行为包括专利群体侵权和重复侵权。一般认为专利群体侵权是指侵权主体在三个以上并且侵犯的是同一专利权的行为。专利重

---

① 王晔. 知识产权行政保护刍议［M］//北大知识产权评论：第一卷. 北京：法律出版社，2002：209.

② 刘银良. 论专利侵权纠纷行政处理的弊端［J］. 知识产权，2016（3）：33-44.

复侵权是指同一行为人针对同一专利权多次实施的侵权行为，行为人在被认定侵权后指示其他关联人再次对同一专利权实施侵权的情况，也应认为属于重复侵权行为。这些行为不仅直接侵害了专利权人的民事权益，还扰乱了市场秩序，破坏了创新环境，侵害了公共利益，对此，只有行政部门主动介入，并追究侵权人的行政责任，方可在保护权利人民事权利的同时，有效维护市场秩序和公共利益。专利法执法检查报告也明确建议在专利法修改中考虑“加大对严重侵犯公共利益的专利侵权行为的执法和查处力度”①。行政权力介入知识产权的正当性在于其目的是为了维护良好的市场秩序，这是一种公共利益，而不告不理的司法诉讼却无法救济主体不特定的公共利益。就专利法而言，群体侵权、重复侵权等恶性侵权行为侵害的不仅仅是专利权人的权益，更为严重的是它扰乱了专利实施乃至激励创新所需要的良好的市场经济秩序，这种秩序因为缺乏特定的诉讼主体难以通过司法诉讼予以救济，需要公权力的介入来维护。至于群体侵权、重复侵权的界定和把握，这是相应司法解释和实施条例应解决的事情，即使权力滥用，还有司法审查的最终机制。因此，新形势下，为打击恶性专利侵权行为，维护良好的市场经济秩序，加强行政执法的力度是必要的。

（2）打击网络专利侵权行为。近年来，由网络技术催生的新型业态如电子商务环境下的专利侵权行为大量出现，相较于线下的专利侵权行为，线上的侵权行为具有小额、高频、涉及商品流行周期短、取证难等特点，更适合通过程序简单、处理快捷的行政处理途径解决。

在地方先行先试的基础上，国家知识产权局于2014年下半年和2015年连续在全国开展电子商务领域专利执法维权专项行动，要求地方知识产权局和知识产权维权中心，联合电商平台以删除、屏蔽链接或关闭网店等方式及时有效地处理网络专利侵权，并提出要建立部门联动机制，实现快速维权。② 2015年1月至11月，全国知识产权系统共办理电商领域专利侵权假冒案件近4000件。各知识产权维权援助中心高效提供电商领域侵权判定咨询意见，大大提升了知识产权维权效率，“政府行政执法—第三方机构咨询—电商平台处理”的联合争端解决机制初步形成，促进了互联网治理水平的提高。在“互联网+”背景下，网络技术的发展不断催生出新的商业形态，能动性强的行政处理能够更好地解决新业态中出现的专利侵权行为，这是新形势下行政处理专利侵权纠纷之必要性的另一体现。

在效率与公平的价值追求上，行政处理与司法诉讼各有偏颇，但行政处理对效率的追求并不意味着以牺牲公平为代价。新形势下，恶性专利侵权行为和网络专利侵权行为都需要专利行政部门的介入才能更好地保护专利权和市场秩序。因此，专利侵权纠纷行政处理在当今时代仍然具有充分的合理性和必要性。

---

① 徐楠轩. 恶性专利侵权行为的法律规制——兼评《专利法》第四次修改［J］. 知识产权，2015（1）：62-85.

② 刘迪. 刍议电子商务平台服务提供者专利间接侵权中“通知—删除”规则的完善［J］. 电子知识产权，2015（6）：22-30.

3.8 专利权的法律保护

3.8.1 专利权的保护期限

专利权的保护是一个广义的概念，其核心是指专利申请人或专利权人对自己的发明创造的排他独占权。专利申请授权后，专利权肯定受到保护，但专利申请自申请日起至授权前，权利也受到保护，只是程度不同，表现形式也不同。以发明专利申请为例，自申请日起至该申请公布前，这时申请处于保密阶段。这一阶段对其权利的保护表现在对该发明专利申请后同样主题的申请因与其相抵触而将丧失新颖性，不能授予专利权自该申请公布至其授予专利权前这一阶段是“临时保护”阶段。在这期间，申请人虽然不能对未经其允许实施其发明的人提起诉讼、予以禁止，但可以要求其支付适当的使用费。如果对方拒绝付费，申请人可以在获得专利权之后行使提起诉讼的权利。这一阶段申请人只有有限的独占权。发明专利权的期限为20年，实用新型专利权和外观设计专利权的期限为10年，均自申请日起计算，专利权期满时应当及时在专利登记薄和专利公报上分别予以登记和公告，并将专利申请文档转入失效库。

3.8.2 专利权的终止

专利权的终止是指因专利权保护期限已满或由于某种原因专利权失效。

专利权终止的原因主要包括：

（1）没有按照规定交纳年费。专利年费滞纳期满仍未缴纳或者缴足专利年费和滞纳金的，自滞纳期满之日起2个月内，最早不早于1个月，专利局做出专利权终止通知，通知专利权人，专利权人未启动恢复程序或恢复未被批准的，在终止通知书发出4个月后，在专利登记簿和专利公报上分别予以登记和公告。之后，专利申请案卷存入失效案卷库。专利权终止日应为上一年度期满日。

（2）专利权人以书面声明放弃专利权。专利权人自愿将其发明创造贡献给全社会，可以提出声明主动放弃专利权。专利权人主动放弃专利权的，应当使用专利局统一制定的表格，提出书面声明。放弃专利权只允许放弃全部专利权，不允许放弃部分专利权。放弃部分专利权的声明视为未提出。专利权人不是真正拥有人，恶意要求放弃专利权后，专利权真正拥有人（必须提供生效法律文书来证明）可以要求撤销该声明。放弃一件有两名以上的专利权人的专利时，应当由全体专利权人同意，并在声明或其他文件上签章。两名以上的专利权人中，有一个或者部分专利权人要求放弃专利权的，应当通过办理著录项目变更手续，改变专利权人。符合规定的放弃专利权声明被批准后，专利局将有关事项在专利登记簿上和专利公报上登记和公告。该声明自登记、公告后生效。

（3）专利权期满，专利权即行终止。期满后，专利技术进入公共领域，社会上的任何人都可以无偿使用。

3.8.3 专利权保护范围的确定原则

一般来说，认定专利权的保护范围的依据是权利要求书。各国对权利要求书中权利要求的理解有以下三种原则：

（1）周边限定原则。根据该原则，专利权的保护范围只能由权利要求书认定。即必须严格根据权利要求书的文字进行解释，权利要求书记载的范围是专利保护的最大限度。在这种情况下，对权利要求书进行严格的解释，对专利权的保护范围不能超出权利要求书中权利要求的范围，对于权利要求书中未包含的内容是不能列入专利权的保护范围的。只有在权利要求书不明确、不清楚时，才适用说明书、附图对专利权的保护范围做出限制性解释。采用该原则的主要有英国、美国等国家。

（2）中心限定原则。根据该原则，专利权的保护范围以权利要求书的记载为中心和依据，同时可以作一定的扩展。即在认定专利权的保护范围以权利要求书为中心的同时，又不拘泥于权利要求书的记载，还要考虑该发明创造的性质、目的，参照说明书、附图，把中心以外一定范围的技术也覆盖在专利保护范围内。凡是该领域的普通专业技术人员通过研究说明书、附图后认为可以包括的技术都属于专利权的保护范围。采用该原则的主要有德国等大陆法系的国家。

（3）折中原则。该原则是周边限定原则和中心限定原则的折中。根据该原则，专利权的保护范围主要以权利要求书的记载认定，在权利要求书中表达有疑义或不清晰时，又可以依照说明书和附图来解释权利要求书。采用该原则的国家主要有《欧洲专利公约》成员国。我国也采用该原则。

3.8.4 我国专利权的保护范围

专利权的保护范围是指专利权法律效力所涉及的发明创造的范围。发明或者实用新型专利权的保护范围以其权利要求的内容为准，说明书及附图可以用于解释权利要求。外观设计的保护范围以表示在图片或者照片中的该外观设计专利产品为准。

1. 发明或者实用新型专利权的保护范围

根据《专利法》第二十六条、第五十六条第一款和《专利法实施细则》第二十条第一款的规定，在认定发明或实用新型的专利权的保护范围时，应注意以下几方面：

（1）发明或实用新型的专利权的保护范围以其权利要求书的内容为准。即认定发明或实用新型的专利权的保护范围的根本依据是权利要求书，并且是权利要求书的整体、实质内容，而非个别的文字或措辞。如果一项技术构思并未在权利要求书中记载，即使在说明书、附图中体现仍不属于专利权的保护范围。可见，权利要求书中没有记载的即可排除在专利权的保护范围之外，权利要求书是认定专利权保护范围的基本依据，说明书、附图不能作为认定专利权保护范围的依据，只是居于从属地位。

（2）作为专利权的保护范围的认定依据，清楚、准确地解释权利要求书的内容是必须的。要对权利要求书所记载的技术特征做出清楚、准确的解释，明确该发明创造的目的、效果，需要参考说明书和附图。说明书和附图具有解释权利要求书的法定功能。

（3）在认定专利权的保护范围时，为了明确某一技术术语的含义还可以参考专利申请过程中国务院专利行政部门和申请人之间的往来信件和文件。当然，这些信件和文件不能作为认定专利权保护范围的依据，但在这些信件和文件中专利权人表示认可、承诺或放弃的东西，专利权人以后是不能反悔的，这就是所说的“禁止反悔原则”。

2. 外观设计专利权的保护范围

根据《专利法》第五十九条第一款的规定，外观设计专利权的保护范围以表示在图片或者照片中的该外观设计专利产品为准。在认定外观设计专利权的保护范围时，应注意以下几方面：

（1）外观设计的专利申请文件中没有权利要求书和说明书，所以，其保护范围以图片或照片为准，即使尺寸上存在细微差别也并不妨碍权利认定。

（2）外观设计专利权的保护范围仅限于在授予专利权时指定的产品上使用的外观设计，即他人不能在指定的产品上使用相同或近似的外观设计。

3.8.5 专利侵权及其认定

专利侵权行为是指在专利权有效期限内，行为人未经专利权人许可又无法律依据，以营利为目的实施他人专利的行为。这里的实施是指制造、使用、许诺销售、销售、进口其专利产品或使用其专利方法以及使用、销售、许诺销售、进口依该方法直接获得的产品。

1. 专利侵权行为的构成

依据侵权行为的构成要件，专利侵权行为由以下要件构成：

（1）侵害的对象为有效的专利。专利侵权必须以存在有效的专利为前提，实施专利授权以前的技术、已经被宣告无效、被专利权人放弃的专利或者专利权期限届满的技术，不构成侵权行为。专利法规定了临时保护制度，发明专利申请公布后至专利权授予前，使用该发明的应支付适当的使用费。对于在发明专利申请公布后专利权授予前使用发明而未支付适当费用的纠纷，专利权人应当在专利权被授予之后，请求管理专利工作的部门调解，或直接向人民法院起诉。

（2）必须有侵害行为，即行为人在客观上实施了侵害他人专利的行为。

（3）行为人以生产经营为目的实施侵权行为。非生产经营目的的实施，不构成侵权。我国《专利法》第十一条规定，发明和实用新型专利权被授予后，除本法另有规定以外，任何单位或者个人未经专利权人许可，都不得实施其专利，即不得为生产经营目的制造、使用、许诺销售、销售、进口其专利产品，或者使用其专利方法以及使用、许诺销售、销售、进口依照该专利方法直接获得的产品。外观设计专利权被授予后，任何单位或者个人未经专利权人许可，都不得实施其专利，即不得为生产经营目的制造、许诺销售、销售、进口其外观设计专利产品。由此可见，侵权行为必须以生产经营为目的。

（4）侵权行为人主观上无须有过错。侵权人主观上的过错包括故意和过失。所谓故意是指行为人明知自己的行为是侵犯他人专利权的行为而实施该行为；所谓过失是指行为人因疏忽或过于自信而实施了侵犯他人专利权的行为。

2. 专利侵权行为的种类

依据侵权行为是否是行为人本身的行为造成，将专利侵权行为分为直接侵权行为和间接侵权行为两类。

（1）直接侵权行为。直接侵权行为是指侵犯他人专利权的行为由行为人直接实施的侵权行为。这主要有以下几种形式：

①未经许可实施他人专利行为。这类专利侵权行为必须满足两个条件：第一，未经权利人许可和以生产经营为目的。根据《专利法》第十一条的规定，发明和实用新型专利权被授予后，除《专利法》另有规定的以外，任何单位或者个人未经专利权人许可，都不得实施其专利，即不得为生产经营目的制造、使用、许诺销售、销售、进口其专利产品，或者使用其专利方法以及使用、许诺销售、销售、进口依照该专利方法直接获得的产品。外观设计专利权被授予后，任何单位或者个人未经专利权人许可，都不得实施其专利，即不得为生产经营目的制造、销售、进口其外观设计专利产品。

②假冒他人专利行为。这类专利侵权行为是指侵害专利权人的标记权。《专利法实施细则》第八十四条规定，包括以下四种具体形式：未经许可，在其制造或者销售的产品、产品的包装上标注他人的专利号；未经许可，在广告或者其他宣传材料中使用他人的专利号，使人将所涉及的技术误认为是他人的专利技术；未经许可，在合同中使用他人的专利号，使人将合同涉及的技术误认为是他人的专利技术；伪造或者变造他人的专利证书、专利文件或者专利申请文件。

（2）间接侵权行为。间接侵权行为是指行为人本身的行为并不直接构成对专利权的侵害，但实施了诱导、怂恿、教唆、帮助他人侵害专利权的行为。间接侵权行为通常是为直接行为制造条件，常见的表现形式有：行为人销售专利产品的零部件、专门用于实施专利产品的模具或者用于实施专利方法的机械设备；行为人未经专利权人授权或者委托，擅自转让其专利技术的行为等。

间接侵权行为促使和导致了直接侵权行为的发生，行为人有过错，对专利权人造成了损害，与直接侵权构成了共同侵权。由于间接侵权的成立以直接侵权为前提，所以只有确定了直接侵权后，才能确认间接侵权。

3. 侵权认定的适用原则

我国现行专利法中对此没有详细规定，各级法院和专利行使部门处理专利侵权纠纷中采用以下几种判断标准：

（1）全面覆盖原则。全面覆盖原则，即全部技术特征覆盖原则或字面侵权原则。如果被控侵权物（产品或方法）的技术特征包含了专利权利要求中记载的全部必要技术特征，则纳入专利权的保护范围。这是法院判定商业侵权的基本方法，也是最简单的专利仿制，或称为相同侵权。

（2）等同原则。专利侵权认定中的等同原则，是美国法院在专利侵权的审判实践中提出来的一项原则，是法院在判定被控侵权物是否侵权时的一种判定依据。当被控侵权物的技术特征在实质上以基本相同的方式或手段，替换与专利权利要求中记载的全部必要技术特征，实现大致相同的功能，进而达到基本相同的效果，但从表面上看来只有个别不明显的区别，从而构成等同侵权。

等同原则第一次规定在2001年最高人民法院颁布的《关于审理专利纠纷案件适用法律问题的若干规定》中。2008年，第十一届全国人民代表大会常务委员会第六次会议通过了《专利法》，其中第五十九条第一款所称的“发明或者实用新型专利权的保护范围以其权利要求的内容为准，说明书及附图可以用于解释权利要求”，是指专利权的保护范围应当以权利要求书中明确记载的必要技术特征所确定的范围为准，也包括与该必要技术特征相等同的特征所确定的范围。① 但此规定并没有对等同原则的适用范围、判断标准进行规定，也没有关于等同原则适用限制的规定。

等同原则适用的判定方法包括：

①整体效果分析法。也就是“方法—功能—效果”三要素法，美国最高法院认可等同原则的首起判例是1853年的威南斯诉登米德案。最高法院认为，在适用等同理论时，可采用“权利要求及其等同物”的标准来判定是否侵权。即从结构、方式和结果三个方面比较专利产品与被控产品是否实质相同。这是“等同原则”的最初基本原则。

②逐一要素比较法。即逐一比较被控侵权物中的某些技术特征与专利权利要求书中的相应的技术特征是否实质相同。1997年的华纳·金肯逊诉希尔顿·戴维斯一案，美国联邦巡回上诉法院据此提出了辅助判断方法，将“三要素准则”适用之初采用的整体效果分析变为逐项要素比对，因为在专利权利要求书中的每一个要素在解释专利范围及实质方面都起到重要作用。

（3）禁止反悔原则。禁止反悔原则，是指禁止专利权利人将其在审批过程中通过修改或者意见陈述所表明的不属于其专利权保护范围之内的内容重新囊括到专利权的保护范围之内。禁止反悔原则的目的在于防止专利权利人的出尔反尔的策略，即在专利审批过程中为了获得专利权而对其保护范围进行了某种限制，或者强调权利要求中的某个技术特征对于确定其新颖性、创造性如何重要，而在侵权诉讼中又试图取消所做的限制，或者强调该技术特征可有可无，试图扩大其保护范围，从而两头得利。

2010年1月1日起实施的《最高人民法院关于审理侵犯专利权纠纷案件应用法律若干问题的解释》第一次对禁止反悔原则的适用作了明确规定。该解释第六条规定，专利申请人、专利权人在专利授权或者无效宣告程序中，通过对权利要求、说明书的修改或者意见陈述而放弃的技术方案，权利人在侵犯专利权纠纷案件中又将其纳入专利权保护范围的，人民法院不予支持。该条强调的是专利申请人、专利权人客观所做的限制性修改或者意见陈述，至于该修改或者陈述的动因、与专利授权条件是否有因果关系以及是否被审查员采信，均不影响该规则的适用。

（4）多余指定原则。多余指定原则，是指专利侵权司法实践中，在确定专利独立权利要求和确定专利保护范围时，将明确写明在专利独立要求中的明显附加技术特征（即多余特征）忽略掉，只以专利独立权利要求中的必要技术特征来确定专利保护范围的原则。必要技术特征是指发明或者实用新型为达到其目的和功能所必须具备的，其足以构成发明或者实用新型主题，使之区别于其他的技术方案的技术特征。

我国多余指定原则理论与非必要技术特征理论并没有本质上的不同。非必要技术

① 吴胜华. 等同原则的适用及限制 [J]. 科技与法律，2010（3）.

特征理论的产生依据是《专利法实施细则》第二十一条第二款的规定。该理论认为：在确定专利权保护范围时可以逐个甄别独立权利要求中的每一个技术特征是否为解决技术问题所不可缺少的技术特征，即必要技术特征。如果确定某一技术特征不是必要的技术特征，那么则认为是附加技术特征，在判断保护范围时可以不纳入。在独立权利要求中不应当有非必要技术特征，因为它对技术方案的形成没有实质意义。当某一项技术特征不被认定为必要技术特征，则原告需要引用多余指定原则来扩大专利权利的保护范围，从而使被告的专利技术特征归入原告的专利保护范围。

我国专利制度不够发达，专利代理水平不高。撰写权利要求书时，存在将非必要技术特征写入独立权利要求的情况。若按照全面覆盖原则判断侵权的话，只能得出不侵权的结果。多余指定原则有利于扩大专利权的保护范围，但在司法实践中应慎用。

3.8.6 专利侵权的诉讼时效

侵犯专利权的诉讼时效为 2 年，自专利权人或者利害关系人知道或者应当知道侵权行为之日起计算。权利人超过 2 年起诉的，假如侵权行为在起诉之时仍在继续，在该项专利权的有效期内，人民法院应当判决被告人停止侵权行为，侵权损害赔偿数额应当自权利人向人民法院起诉之日起向前推算 2 年计算。如果侵权人实施侵权行为结束之日起超过 2 年，专利权人将失去胜诉权。

3.8.7 专利侵权的责任

侵犯专利权是违反《专利法》的行为，侵权人应当依法承担相应的责任，使专利权人的合法权益得到保护。专利侵权的主要责任类型有民事责任、行政责任和刑事责任。

1. 侵权行为的民事责任

专利法对专利侵权主要是采用民事制裁，专利管理机关或者人民法院在处理侵权的时候，主要是责令侵权人停止侵权行为和赔偿损失。

（1）责令当事人停止侵权行为。停止侵权是最有效、最直接的防止继续侵权的方法。根据《民法通则》的有关规定，专利权人或者利害关系人可以请求停止侵权。同时，还可以请求采取预防措施，如处置已经生产出来的侵权产品等，避免扩大损失。

（2）责令侵权人赔偿损失。专利权人或利害关系人可以向法院申请合理赔偿。

（3）没收侵权人由侵权所得的产品。该制裁措施的目的在于恢复专利权人被侵害的权利。

（4）消除影响，恢复专利产品的信誉。

2. 侵权行为的行政责任

我国对侵权行为中的假冒他人专利、泄露国家机密、徇私舞弊等行为规定了行政责任。另外，我国还对侵犯发明人或者设计人合法权益的行为规定了行政责任。其目的在于维护科技人员和进行科研创造的其他人员的合法权益，以保护和激励他们进行发明创造的积极性。除此之外，还规定，以非专利产品冒充专利产品、以非专利方法冒充专利方法的，由管理专利工作的部门责令改正并予公告，可以处 5 万元以下的罚款。这样，专利管理机关可依法主动出击，有力地打击假冒专利的违法行为。

3. 侵权行为的刑事责任

根据相关法律法规规定，专利侵权主要给予民事制裁，但有时也需要刑事制裁。因为侵权不仅仅涉及专利权人的财产权，有时也涉及公共利益。对违反公共利益的侵权行为最有效的制裁是刑事制裁。我国对假冒他人专利、泄露国家机密以及徇私舞弊这三种行为规定了刑事责任。

（1）假冒他人专利是指非专利权人未经专利权人许可，在其产品或者产品包装上人为地标注专利权人的专利标志或者专利号，冒充专利权人的专利产品，以假乱真，以劣充优，在市场上销售的行为。

（2）我国法律规定，中国单位或者个人将在国内完成的发明创造向外国申请专利的，应当首先向中国专利局申请专利，并经国务院有关主管部门同意后，委托国务院指定的专利代理机构办理。规定这样的申请、审查程序，目的是保守国家的机密。对于违反法律，擅自向外国申请专利，泄露国家机密的，由行为人所在单位或者上级主管机关给予行政处分，情节严重的，比照《刑法》以泄露国家秘密罪论处。

（3）徇私舞弊是指在受理、审批专利申请的工作中或者在接受申请人委托办理专利事务的工作中，或者在处理专利纠纷工作中，明知是不符合授予专利权的条件而授予专利权，或者明知是符合授予专利权的条件而驳回申请，或者剽窃申请人的技术等行为。

4 商标权法律制度

4.1 商标的含义与特征

4.1.1 商标的含义

商标，是指用于区别不同经营者所提供的商品或者服务的标记。一般由文字、图形、字母、数字、三维标志、颜色组合，或上述要素的组合，具有显著特征，目的是帮助消费者区别同类商品或者服务项目。商标作为一种具有指代功能的标志，具有以下特征：

1. 商标是有形符号

商标由文字、图形、字母、数字、三维标记和颜色等构成，或者是这些要素的组合，是可以被感知的。《中华人民共和国商标法》（简称《商标法》）第八条规定："任何能够将自然人、法人或者其他组织的商品与他人的商品区别开的标志，包括文字、图形、字母、数字、三维标志、颜色组合和声音等，以及上述要素的组合，均可以作为商标申请注册。"

2. 商标必须与特定商品或者服务相联系

商标是以商业活动为基础，并非单纯的美术作品。脱离了商品或服务，任何有形的符号都不是商标。

3. 商标具有显著的识别性

对于生产者或服务者来说，最重要的任务是获得消费者的认同和选择，商标的识别性使得生产者或服务者与其他竞争者相区别，吸引消费者的注意；对于消费者来说，也可以在众多商品或服务中快速识别所需要的商品或者服务。

4.1.2 商标的功能

商标的功能是指由商标的自然属性决定的特有的作用。具体到商标的功能种类，通常具有商品识别功能、质量保障功能和广告宣传功能等三种功能。

1. 商品识别功能

商品识别功能即商标具有识别性，这是商标的最基本和首要的功能。商标就是要区别商品或服务的来源。商标作为区别特定产品来源的基本标志必须具有唯一性和显著性，即只能由一家企业所拥有，并且不同企业在相同商品甚至不同商品上使用的商标要能够彼此区别开来，否则就会使得消费者产生混淆、误认甚至欺骗，使厂商和消费者的利益都受到损害。

2. 质量保障功能

我国《商标法》在第一条立法宗旨部分就强调要“促使生产、经营者保证商品和服务质量”。生产者通过商标表示商品为自己所提供，服务提供者通过商标表示某项服务为自己所提供，消费者也通过商标来辨别商品或服务，对其质量做出鉴别，这种鉴别关系到生产经营者的兴衰。

3. 广告宣传功能

现代的商业宣传往往以商标为中心，通过商标发布商品信息，推介商品，突出醒目，简明易记，能借助商标这种特定标记吸引消费者的注意力，加深对商品的印象。我国《商标法》虽未明确商标的广告宣传功能，但从商标使用行为的认定及驰名商标认定的因素来看，是允许并适度保护商标的广告功能的。例如《商标法》第十四条规定，认定驰名商标应当考虑该商标的宣传的持续时间、程序和地理范围。

随着社会经济的不断发展，除了上述三种功能外，商标还逐渐衍生出其他功能，比如文化功能、表彰功能等。实际上，这些功能是商标三大基本功能产生的附加功能，是企业商标经营到一定水平的必然产物。

4.1.3 商标与其他商业标志的区别

1. 包装装潢

包装装潢是指为识别与美化商品而在商品或者其包装上附加的文字、图案、色彩及其排列组合，起到传递商品信息、表现商品特色、宣传商品、美化商品、促进销售和方便消费等作用。包装装潢与商标共同附于同一商品上，为同一商品服务，经常被混为一体。其实，两者有以下区别：

（1）使用目的不同。使用商标的目的在于区别不同的生产者、经营者生产、销售的商品，以利于消费者认牌购物。使用商品装潢的主要目的在于用丰富多彩的图案、绘画、色彩和生动的文字来装饰、美化商品，宣传商品，以刺激消费者的购买欲望，达到推销商品的目的。

（2）稳定程度不同。商标一经注册，不得随意变更，包括商标的图形和文字等要素，否则不受商标法保护。因此，有的商标可以沿用几百年，具有相当的稳定性。而包装装潢一般为了随行就市，商品的生产者或经营者可随时依市场行情的需求，不断创新，改变原来的文字、图形，以此来吸引消费者。

（3）构成要素不同。各国商标法对构成商标的文字、图形等要素都有禁止性的规定，它只能反映商品的内在形态，具有抽象性。而商品装潢所使用的文字、图形则不受商标法设定的限制，不仅不禁用表示商品的质量、功能、用途等内容，反而可采用多种直接的表达形式，昭示上述内容，反映商品的外在形态。

（4）法律保护不同。商标通过注册受到法律的限制和保护，包装装潢则不然。

2. 商号

商号，即企业名称，指用于识别在一定地域内和一定行业中不同经营者的称谓。商号作为企业名称的主要部分，具有人身权属性，商号不经登记不得使用。商号与商标往往有着十分紧密的联系，如有的经营者将其商号直接作为商标使用，也有经营者将其商号作为商标的重要组成部分。商号和商标的区别在于：

(1) 功能和作用不同。商号是用来区分不同的企业，而商标是用来区分不同的商品。一般而言一个公司和企业只能有一个商号，而对于商标而言，则可以根据不同的商品来注册商标。在一定情况下商号有些时候还能作为商标使用，而商标则在一定程度上是不可以作为商号使用的。

(2) 注册登记原则及登记机关不同。商标的注册实行的是"自愿注册与强制注册相结合"的原则，即规定除人用药品、烟草制品外，其他商品上使用的商标注册与否，听其自便。商号登记是采用"强制登记"的原则，即未经登记的商号不得使用。商标可以在国家工商总局商标局登记注册，商号的登记机关则是全国各地的工商行政管理机关。

(3) 注册登记的法律效力不同。商号进行登记后，企业所享有的名称专用权仅限于登记主管机关所辖范围；商标注册后在全国范围内享有注册商标专用权。

(4) 保护期限不同。注册商标的保护期限一般为10年，期满后可续展；商号一经登记，只要企业存在就能一直使用。

3. 商务标语

商务标语，是企业经营者为了推销商品或服务项目而使用的宣传广告用语。在商业活动中，为了推销商品，经营者在宣传推广中常常使用表达赞美含义的广告类标语。商务标语因为和商标同时出现，所以与商标有密切的联系。但商务标语既不起区别商品出处的作用，也不能独家占有使用，而且还会时常调整改变。

4.1.4 商标的种类

1. 注册商标和未注册商标

根据商标是否登记注册，商标划分为注册商标和未注册商标。注册商标是指经国家商标主管机关核准注册而使用的商标。未注册商标，又称为非注册商标，是指未经国家商标主管机关核准注册而自行使用的商标。我国实行自愿注册制度，依商标法规定，未注册商标的使用不得对抗已注册商标，未注册商标一旦被他人注册，便会被禁止使用。

2. 商品商标和服务商标

根据商标标志对象不同，商标划分为商品商标和服务商标。商品商标是用以将商品生产者或经销者的商品同他人的商品区别开来的一种标志，具有区别商品不同出处的功能，表明商品质量和特点。服务商标是用以将服务提供者的服务同他人的服务区别开来的一种标志，具有区别服务不同出处的功能，表明服务质量和特点。商品是有形的，商品商标使用在具体商品上。服务是无形的，服务商标使用在具体服务中。

3. 集体商标和证明商标

根据商标的特殊功能，商标划分为集体商标和证明商标。集体商标是指以团体、协会或者其他组织名义注册，专供该组织成员在商事活动中使用，以表明使用者在该组织中的成员资格的标志。证明商标由对某种商品或服务具有检测和监督能力的组织所控制，而由其以外的人使用在商品或服务上，以证明商品或服务的产地、原料、制造方法、质量、精确度或其他特定品质的商标。

4. 制造商标与销售商标

根据商标使用者在商品的生产、流通过程中所处的不同环节来划分，可以将商标划分为制造商标和销售商标。制造商标又称为生产商标，制造商标是产品的生产、加工或制造者为了将自己与其他生产者区别开而使用的文字、图形或其组合标记。销售商标是指商品销售者为了保证自己所销售商品的质量而使用的文字、图片或其他组合标记。销售商标的使用者并不生产商品，而是将采购来的商品用上自己的商标，或采取定牌委托生产企业加工，然后用销售商的商标统一出口或销售，以经营者的信誉担保产品质量的可靠性，如常见的“屈臣氏”“家乐福”等。

5. 等级商标和防御商标

等级商标是指在商品质量、规格、等级不同的一种商品上使用的同一商标或者不同的商标。这种商标有的虽然名称相同，但图形或文字字体不同，有的虽然图形相同，但为了便于区别不同商品质量，而是以不同颜色、不同纸张、不同印刷技术或者其他标志作区别，也有的是用不同商标名称或者图形作区别。例如青岛同泰橡胶厂生产的轮胎，因规格不同，分别使用“骆驼”“金鹿”“工农”等商标。

防御商标，是指较为知名的商标所有人在该注册商标核定使用的商品（服务）或类似商品（服务）以外的其他不同类别的商品或服务上注册的若干相同商标，为防止他人在这些类别的商品或服务上注册使用相同的商标。原商标为主商标，其余为防御商标。例如，可口可乐公司在“可口可乐”牌碳酸饮料成为驰名商标以后，又在其他33类商品上注册“可口可乐”商标。

4.2 商标注册的申请和审核

4.2.1 商标注册的申请

1. 商标申请的主体

《商标法》第四条第一款规定：“自然人、法人或者其他组织在生产经营活动中，对其商品或者服务需要取得商标专用权的，应当向商标局申请商标注册。”我国能够申请商品商标和服务商标的是自然人、法人以及其他组织。

（1）自然人。《商标法》规定，自然人在我国可申请注册商标，而不必具有从事生产经营的资格。

（2）法人。申请注册商标的法人组织包括企业法人、机关法人、事业单位法人、社会团体法人等。

（3）其他组织。其他组织是指合法成立，有一定的组织机构和财产，但又不具有法人资格的组织，包括私营独资企业、合伙组织、合伙型联营企业、中外合作经营企业、社会团体、依法设立并领取营业执照的法人的分支机构等。

(4) 共同申请人。《商标法》第五条规定："两个以上的自然人、法人或者其他组织可以共同向商标局申请注册同一商标，共同享有和行使该商标专用权。"我国《商标法》没有对共有商标使用商品或者服务的范围、使用地域附加条件限制。但是，共有商标远没有独立注册的专有商标那样可以进退自如。因此，企业应把商标的共同注册作为迫不得已情况下的选择。《中华人民共和国商标法实施条例》（简称《商标法实施条例》）第十六条规定："共同申请注册同一商标的，应当在申请书中指定一个代表人，没有指定代表人的，以申请书中顺序排列的第一人为代表人。"

(5) 外国人或者外国企业。根据《商标法》第十七条、第十八条规定，外国人或者外国企业在中国申请商标注册的，应当按其所属国和中华人民共和国签订的协议或者共同参加的国际条约办理，或者按对等原则办理。外国人或者外国企业在中国申请商标注册和办理其他商标事宜的，应当委托依法设立的商标代理机构办理。

2. 商标申请的原则

《商标法》第三十一条规定："两个或者两个以上的商标注册申请人，在同一种商品或者类似商品上，以相同或者近似的商标申请注册的，初步审定并公告申请在先的商标；同一天申请的，初步审定并公告使用在先的商标，驳回其他人的申请，不予公告。"可见，我国主要采取商标申请在先取得原则。

(1) 申请在先原则。申请在先原则又称注册在先原则，是指两个或者两个以上的商标注册申请人，在同一种商品或者类似商品上，以相同或者近似的商标申请注册的，申请在先的商标，其申请人可获得商标专用权，申请在后的商标注册申请予以驳回。如果是同一天申请，则采取使用在先原则，这种情况下，商标主管机关将初步审定并公告使用在先的商标。

(2) 自愿注册原则。自愿注册原则是指商标使用人是否申请商标注册取决于自己的意愿。但只有注册后的商标才受法律保护，享有商标专用权。未注册的商标也不得与他人的注册商标相冲突。

在实行自愿注册原则的同时，我国规定了在极少数商品上使用的商标实行强制注册原则，作为对自愿注册原则的补充。目前必须使用注册商标的商品只有烟草制品，未注册商标的烟草制品，禁止生产和销售。

4.2.2 商标注册的条件

根据《商标法》的规定，申请注册的商标必须具备以下条件，才能获得核准：

1. 具备法定的构成要素

《商标法》第八条规定："任何能够将自然人、法人或者其他组织的商品与他人的商品区别开的标志，包括文字、图形、字母、数字、三维标志、颜色组合和声音等，以及上述要素的组合，均可以作为商标申请注册。"根据该规定，我国商标的法定构成要素包括：文字、图形、字母、数字、三维标志、颜色组合和声音。

2. 具有显著特征

《商标法》第九条第一款规定："申请注册的商标，应当有显著特征，便于识别，并不得与他人在先取得的合法权利相冲突。"商标的显著特征是指特定的标识与特定的商品或者服务有着密切的联系，并将该商品或者服务与其他商品或服务区别开来的显著特征。这种显著特征可来自商标标识本身的设计，也可来自商标的使用。缺乏显著特征的标志，则不得作为商标注册。

3. 法律禁止使用的标志不得使用

法律禁止使用的标志包括绝对禁止和相对禁止。

（1）绝对禁止使用的对象。《商标法》第十条规定，禁止作为商标注册或使用的标志包括：同中华人民共和国的国家名称、国旗、国徽、军旗、勋章相同或者近似的，以及同中央国家机关所在地特定地点的名称或者标志性建筑物的名称、图形相同的；同外国的国家名称、国旗、国徽、军旗相同或者近似的，但该国政府同意的除外；同政府间国际组织的名称、旗帜、徽记相同或者近似的，但经该组织同意或者不易误导公众的除外；与表明实施控制、予以保证的官方标志、检验印记相同或者近似的，但经授权的除外；同“红十字”“红新月”的名称、标志相同或者近似的；带有民族歧视性的；夸大宣传并带有欺骗性的；有害于社会主义道德风尚或者有其他不良影响的；县级以上行政区划的地名或者公众知晓的外国地名，不得作为商标。但是，地名具有其他含义或者作为集体商标、证明商标组成部分的除外；已经注册的使用地名的商标继续有效。

（2）禁止作为注册商标使用的标志。《商标法》第十一条规定，禁止作为商标注册但可以作为未注册商标或其他标志使用的标志包括：仅有本商品的通用名称、图形、型号的；仅仅直接表示商品的质量、主要原料、功能、用途、重量、数量及其他特点的；以三维标志申请注册商标的，仅由商品自身的性质产生的形状、为获得技术效果而需有的商品形状或者使商品具有实质性价值的形状，不得注册；缺乏显著特征的。前述所列标志经过使用取得显著特征，并便于识别的，可以作为商标注册。

《商标法》第十二条对三维标志还做出了特别的限制，即“以三维标志申请注册商标的，仅由商品自身的性质产生的形状、为获得技术效果而需有的商品形状或者使商品具有实质性价值的形状，不得注册”。

4. 不得和他人的在先权相冲突或恶意抢注

不得在相同或类似商品上与已注册或申请在先的商标相同或近似；不得侵犯他人的其他在先权利，如外观设计专利权、著作权、姓名权、肖像权、商号权、特殊标志专用权、奥林匹克标志专有权、知名商品特有名称、包装、装潢专用权等；不得以不正当手段抢先注册他人已经使用并有一定影响的商标。

4.2.3 商标注册的审查和核准

1. 商标注册的审查

对符合商标法规定的商标申请，商标局应予以受理并开始对其进行审查。具体程序如下：

（1）形式审查。形式审查又称书面审查，是对申请注册商标的形式要件的审查，包括申请文件是否齐备、书写是否符合规定、手续是否办理等。经审查完毕后，商标局会依据不同情况做出不同决定：申请文件符合商标法规定的，予以受理，发给《受理通知书》；申请文件不齐备或未按规定填写的，退回申请书，申请日期不予保留；申请文件基本齐备，需补正的，通知其在15日内补正，补正后符合规定的，予以受理，保留申请日；未在规定期限内补正或超过期限补正的，予以退回，申请日期不予保留。

（2）实质审查。商标注册的实质审查是指国家商标局依照《商标法》和《商标法实施条例》的规定，对经过形式审查合格的商标注册申请，按其申请日期的先后，通过检索、分析、对比和必要的调查研究，审查其商标注册的合法性，以确定是否给予初步审定或者驳回的行为。实质审查是决定申请商标是否获得商标专用权的关键环节，商标注册的实质审查内容包括对商标注册绝对条件的审查和相对条件的审查。绝对条件的审查又称对申请注册商标自身条件的审查，它包括对申请注册商标的绝对合法性和显著性的审查；对申请注册商标的相对条件的审查又称为对商标是否与在先权利发生冲突的审查。

凡是经过实质审查，认为申请注册的商标符合商标法的有关规定并且有显著性的，予以初步审定，并予以公告。如果审核不通过，商标局会驳回申请。对驳回申请、不予公告的商标，商标局应当书面通知商标注册申请人。商标注册申请人不服的，可以自收到通知之日起15日内向商标评审委员会申请复审。商标评审委员会应当自收到申请之日起9个月内做出决定，并书面通知申请人。有特殊情况需要延长的，经国务院工商行政管理部门批准，可以延长3个月。当事人对商标评审委员会的决定不服的，可以自收到通知之日起30日内向人民法院起诉。

2. 商标注册的核准

对经过实质审查符合商标法规定的申请商标，做出初步核准的审定。此时，该商标尚未正式注册，也未取得商标专用权。《商标法》第二十八条规定："对申请注册的商标，商标局应当自收到商标注册申请文件之日起九个月内审查完毕，符合本法有关规定的，予以初步审定公告。"商标公告是对初步审定的商标，在《商标公告》上予以公布，以征求社会公众的意见。初步审定公告的目的在于使公布的事项发生法律效力，为先申请人提供保护，防止在相同或类似商品上注册相同或近似商标，避免和减少争议，同时，将商标注册置于公众的监督之下，也可提高商标注册的准确性。

4.3 商标权的取得

4.3.1 商标权及其内容

1. 商标权的概念

商标权是指商标所有人依法对其注册商标所享有的专有权。《商标法》第三条规定："经商标局核准注册的商标为注册商标，包括商品商标、服务商标和集体商标、证明商标；商标注册人享有商标专用权，受法律保护。"可见，我国商标权的取得是根据注册原则确定的，商标权实际上就是指注册商标专有权。

2. 商标权的特点

商标权与专利权、著作权统称为知识产权，商标权具有知识产权的一般属性和特征，即专有性、时间性和地域性，但商标权与专利权、著作权比较，三者有较大的区别。

（1）商标权与专利权的区别。第一，权利授予的机关不同。专利权的获得由国家知识产权局审核，而商标权则是由国家商标局授予。第二，保护的条件不同。两者有着不同的特点，其法律规定的保护条件是不同的。第三，保护的对象不同。商标权主要保护注册商标，包括商品商标、服务商标、立体商标、颜色组合商标、集体商标和证明商标等，而专利权保护的则是发明专利、外观专利和实用新型专利。第四，权利的保护期不同。注册商标的有效期为10年，而专利根据类型的不同而有不同的保护期限，发明专利保护期限是20年，实用新型专利和外观设计专利保护期限是10年。

（2）商标权与著作权的区别。第一，权利属性不同。著作权是一种具有人身属性的权利，其著作财产权虽然可以因超过法定期限而丧失效力，但作者却永久享有署名权、保护作品完整权等精神权利。商标权则只是一种财产权，不具有人身属性，它可能因法定期限不续展而整体灭失，还可能因商标权人的违法行为而被撤销。第二，取得权利的条件不同。著作权依自动保护原则自动产生，不需办理任何法律手续，即可受到法律保护。但商标权的取得必须由申请人申请，并获商标局核准注册方能产生。第三，要求保护的条件不同。著作权保护的作品要求具有独创性，禁止抄袭和剽窃他人的作品。商标是区别同类商品和服务的标志，申请注册的商标要具有识别性，并不考虑商标由谁创作。第四，保护期限不同。著作权的客体作品，专利权的客体技术方案，一旦超过法定有效期限，进入公有领域，人们即可不经过权利的许可，不支付任何报酬而使用它们。商标权则不同，我国《商标法》规定的商标权有效期为10年，期满可以续展，续展的次数不受限制。

（3）商标权的特征。第一，专有性。商标权的专有性又称为独占性或垄断性，是指注册商标所有人对其注册商标享有专有使用权，其他任何单位及个人非经注册商标所有人的许可，不得使用该注册商标。第二，时效性。商标权的时效性指商标专用权的有效期限。在有效期限之内，商标专用权受法律保护，超过有效期限不进行续展手续，就不再受到法律的保护。第三，地域性。商标权的地域性指商标专用权的保护受地域范围的限制。注册商标专用权仅在商标注册国享受法律保护，非注册国没有保护的义务。第四，财产性。商标专用权是一种无形财产权，属于工业产权。商标专用权的整体是智力成果，凝聚了权利人的心血和劳动。智力成果不同于有形的物质财富，它虽然需要借助一定的载体表现，但载体本身并无太大的经济价值，体现巨大经济价值的只能是载体所蕴含的智力成果。第五，类别性。国家工商行政管理总局商标局依照商标申请人提交的《商标注册申请书》中核定的类别和商品（服务）项目名称进行审查和核准。注册商标的保护范围仅限于所核准的类别和项目，以世界知识产权组织提供的《商标注册商品和服务国际分类》为基础，国家商标局制定的《类似商品和服务区分表》将商品和服务总共分为45个类别，在相同或近似的类别及商品（服务）项目中只允许一个商标权利人拥有相同或近似的商标，在不相同和近似的类别中允许不同权利人享有相同或近似的商标。

3. 商标权的内容

商标权的内容主要包括商标专用权、商标禁止权、商标续展权、商标转让权和商标许可权。

（1）商标专用权。商标专用权是指商标权主体对其注册商标依法享有的自己在指定商品或服务项目上独占使用的权利。《商标法》第五十六条规定："注册商标的专用权，以核准注册的商标和核定使用的商品为限。"商标专用权是商标权的核心内容，也是最基本的权利，其他商标权的权能都是专用权的派生。

（2）商标禁止权。商标禁止权是指商标权人依法享有的禁止他人不经过自己的许可而擅自使用注册商标和与之相近似的商标的权利。商标禁止权体现商标权的排他性及独占性。商标禁止权内容是禁止他人非法使用注册商标，禁止擅自印刷注册商标、伪造注册商标等行为。《商标法》第五十七条列举了7种侵犯注册商标专用权的行为。

我国规定的商标禁止权范围大于商标专用权范围。商标使用权的范围是商标权人只能在核准的商品上或服务上使用核准的注册商标，不能擅自扩大使用范围，不能随意变更注册商标标志。商标权人自己不能使用与注册商标相近似的商标，不能将注册商标使用在核定的商品之外的商品上。禁止权的范围是权利人不仅有权禁止他人擅自将与注册商标相同或者相似的商标使用在相同的商品上，还有权禁止他人在类似的商品上使用与注册商标相同或近似的商标，即禁止权可超越注册事项而发生效力。

（3）商标续展权。续展权是指商标权人在其注册商标有效期届满前，依法享有申请续展注册，从而延长其注册商标保护期的权利。《商标法》第四十条规定："注册商标有效期满，需要继续使用的，商标注册人应当在期满前十二个月内按照规定办理续展手续；在此期间未能办理的，可以给予六个月的宽展期。每次续展注册的有效期为十年，自该商标上一届有效期满次日起计算。期满未办理续展手续的，注销其注册商标。商标局应当对续展注册的商标予以公告。"

（4）商标转让权。商标转让权是指商标权人依法享有的将其注册商标依法定程序和条件，转让给他人的权利。《商标法》第四十二条规定："转让注册商标的，转让人和受让人应当签订转让协议，并共同向商标局提出申请。受让人应当保证使用该注册商标的商品质量。转让注册商标的，商标注册人对其在同一种商品上注册的近似的商标，或者在类似商品上注册的相同或者近似的商标，应当一并转让。对容易导致混淆或者有其他不良影响的转让，商标局不予核准，书面通知申请人并说明理由。转让注册商标经核准后，予以公告。受让人自公告之日起享有商标专用权。"

（5）商标许可权。商标许可权是指商标权人可以通过签订商标使用许可合同许可他人使用其注册商标的权利。《商标法》第四十三条规定："商标注册人可以通过签订商标使用许可合同，许可他人使用其注册商标。许可人应当监督被许可人使用其注册商标的商品质量。被许可人应当保证使用该注册商标的商品质量。经许可使用他人注册商标的，必须在使用该注册商标的商品上标明被许可人的名称和商品产地。许可他人使用其注册商标的，许可人应当将其商标使用许可报商标局备案，由商标局公告。商标使用许可未经备案不得对抗善意第三人。"

4.3.2 商标权取得的方式

商标权的取得，是指特定的人（包括自然人和法人），对其商标依法申请并经商标局核准注册，即为取得商标权。商标权的取得即商标权法律关系产生。作为无形财产权和有形财产权一样，其取得方式依其来源的不同，可分为原始取得和继受取得。这两种取得方式的主要区别在于商标权的取得是否以原商标所有人的商标权及其意志为依据。

1. 商标权的原始取得

原始取得又称直接取得，即以法律规定为依据，具备了法定条件并经商标主管机关核准直接取得的商标权。这种权利的取得是最初的，而不是以原商标所有人商标权及其意志为依据而产生的。商标权的原始取得主要有三种形式：注册取得、使用取得和混合取得。

（1）注册取得。注册取得是指商标权必须通过注册方式才能获得。世界上多数国家都规定，商标必须经过注册才能取得商标权。采用注册取得的国家又分为两种情形：自愿注册和强制注册。多数国家实行自愿注册。采用注册原则确定商标权的归属问题，并不排除使用原则在特定条件下所具有的意义。《商标法》第三十一条规定："两个或者两个以上的商标注册申请人，在同一种商品或者类似商品上，以相同或者近似的商标申请注册的，初步审定并公告申请在先的商标；同一天申请的，初步审定并公告使用在先的商标，驳回其他人的申请，不予公告。"

（2）使用取得。按使用商标的先后来确定商标权的归属，即谁先使用该商标，这一商标的商标权就属于谁，并可以"使用在先"为由对抗使用在后的人，要求撤销其注册商标。采用这一原则确认商标权的取得有利于使用在先的人，但不利于使用在后的注册商标所有人。这种做法会使注册商标长期处于不稳定状态，这不仅不利于商标管理工作，而且一旦发生争议又不易查明谁是最先使用人，不利于争议的处理。因而，目前世界上采用这种取得原则的国家很少。

（3）混合取得。混合取得是指注册取得和使用取得并行，两种途径都可以获得商标权。根据这一原则，一个企业或一个人只要首先使用了某一商标，虽然没有注册，都可以在规定的期限内，以使用在先为理由，对抗他人相同或近似的注册商标。如这种对抗成立，已注册的商标就会被撤销，如对抗不能成立，商标注册人即取得了无可辩驳的稳定的商标专用权。

2. 商标权的继受取得

商标权的继受取得又称传来取得，是指商标权的取得是以原商标所有人的商标权及其意志为依据，通过一定的法律事实实现商标权的转移。继受取得有两种方式：第一，依据商标权转让合同，由受让人向出让人有偿或无偿地取得商标权；第二，依据继承法的相关规定，由合法继承人继承被继承人的商标权。

4.3.3 商标权保护期限、续展和终止

1. 商标权保护期限

商标权保护期限是指商标专用权受法律保护的有效期限。世界各国对商标专用权期限规定的方式和期限长短不同，多数国家规定为10年，如日本、法国、瑞典、丹麦、比利时等国。各国商标有效期开始计算的时间也不同，如法国为自提出申请之日起计算，英国则自核准注册之日起计算。我国《商标法》第三十九条规定：“注册商标的有效期为十年，自核准注册之日起计算。”

2. 商标权续展

商标权的续展是指注册商标所有人为了在注册商标有效期满后，继续享有注册商标专用权，按规定申请并经批准延续其注册商标有效期的一种制度。商标权的续展制度有利于商标所有人根据自己的经营情况来进行选择。

《商标法》第四十条规定：“注册商标有效期满，需要继续使用的，商标注册人应当在期满前十二个月内按照规定办理续展手续；在此期间未能办理的，可以给予六个月的宽展期。每次续展注册的有效期为十年，自该商标上一届有效期满次日起计算。期满未办理续展手续的，注销其注册商标。商标局应当对续展注册的商标予以公告。”注册商标的续展，实际上是商标权限的延长，只要商标权人按照规定及时办理注册手续，商标权就可以永久存在，商标权就成为一种相对的永久权。

3. 商标权终止

商标权终止是指由于法定事由的发生，注册商标权人丧失其商标专用权，不再受法律保护的制度。注册商标可基于注销和撤销两种情况导致商标专用权终止。

（1）因注销而终止。注销是指注册商标所有人自愿放弃其注册商标的注册，由商标局备案，并予以公告。具体内容包括：第一，未申请续展注册或申请续展注册但未获核准。第二，主动放弃，即商标权人通过办理注销注册商标的登记手续，放弃商标权。第三，其他事由，即注册商标因其他原因被注销而导致商标权终止，如注册人已死亡。

（2）因撤销而终止。撤销是指商标权人未按法律规定的要求使用注册商标，商标局依职权撤销该注册商标的制度。《商标法》第四十九条规定：“商标注册人在使用注册商标的过程中，自行改变注册商标、注册人名义、地址或者其他注册事项的，由地方工商行政管理部门责令限期改正；期满不改正的，由商标局撤销其注册商标。注册商标成为其核定使用的商品的通用名称或者没有正当理由连续三年不使用的，任何单位或者个人可以向商标局申请撤销该注册商标。商标局应当自收到申请之日起九个月内做出决定。有特殊情况需要延长的，经国务院工商行政管理部门批准，可以延长三个月。”

4.4 商标权的限制与行使

4.4.1 商标权的限制

商标权作为一种排他性的专有权，对其保护不能没有任何限制，否则将可能侵害社会公众的利益。

1. 合理使用

商标权的合理使用是指是指商标权人以外的人在一定条件下使用他人的商标而不构成侵权的行为。《商标法》第五十九条第一款和第二款列出两种合理使用的情形：①注册商标中含有的本商品的通用名称、图形、型号，或者直接表示商品的质量、主要原料、功能、用途、重量、数量及其他特点，或者含有的地名，注册商标专用权人无权禁止他人正当使用。②三维标志注册商标中含有的商品自身的性质产生的形状、为获得技术效果而需有的商品形状或者使商品具有实质性价值的形状，注册商标专用权人无权禁止他人正当使用。

2. 商标先用权

商标先用权是指在他人获得商标权之前已经使用该商标的所有人，享有在原有范围内继续使用该商标的权利。《商标法》第五十九条第三款规定："商标注册人申请商标注册前，他人已经在同一种商品或者类似商品上先于商标注册人使用与注册商标相同或者近似并有一定影响的商标的，注册商标专用权人无权禁止该使用人在原使用范围内继续使用该商标，但可以要求其附加适当区别标识。"

3. 商标权利用尽

商标权利用尽又称商标权利穷竭，是指商标权商品如经包括商标权所有人和被许可人在内的商标权主体以合法的方式销售或转让，主体对该特定商品上的商标权即告穷竭，无权禁止他人在市场上再行销售该产品或直接使用。

4.4.2 商标权的行使

1. 商标权使用

商标权人有权将核准注册的商标在核定的商品或服务上使用。商标权人对商标的使用是商标专有权的体现，权利人有权将商标用于商品、商品包装或者容器以及商品交易文书上，或者为了商业目的将商标用于广告宣传、展览以及其他业务。

2. 商标权转让

商标权转让是商标注册人在注册商标的有效期内，依法定程序，将商标专用权转让给另一方的行为。商标转让的实质是商标主体的变更，是一种双方的法律行为。商标的转让通常有两种形式：一是通过合同转让，双方通过签订合同进行商标权的转让；二是通过继承转让，自然人通过继承、遗赠方式取得商标权。

我国的商标转让采取登记生效主义。《商标法》第四十二条第四款规定："转让注册商标经核准后，予以公告。受让人自公告之日起享有商标专用权。”

3. 商标权许可

商标权许可是商标权人以订立合同的方式允许他人在一定时间和地域范围内以一定方式使用其注册商标的行为。使用许可有以下三种类型：

（1）独占使用许可。独占使用许可即在规定地域范围内，被许可人对授权使用的注册商标享有独占使用权。许可人不得再将同一商标许可给第三人，许可人自己也不得在该地域内使用该商标。独占使用许可可以对抗商标所有人的独家使用。

（2）排他使用许可。排他使用许可即商标注册人在约定的期间、地域和以约定的方式，将该注册商标仅许可一个被许可人使用，商标注册人依约定可以使用该注册商标但不得另行许可第三人使用。

（3）普通使用许可。普通使用许可即许可人允许被许可人在规定的地域范围内使用合同项下的注册商标。同时，许可人保留自己在该地区内使用该注册商标和再授予第三人使用该注册商标的权利，这是一种“薄利多销”的形式。

4. 商标权质押

商标质押权是指债务人或第三人为了担保债权人债权的实现，以其享有的商标权出质，在债务人到期不履行债务的情况下，债权人有权就该注册商标拍卖所得的价款优先受偿。商标权人可以将注册商标质押，向金融机构申请贷款，以获得更多的资金，加大对商品生产的投入，更好地为企业创造经济效益和社会效益。

商标权的质押属于权利质押。依据《中华人民共和国担保法》（简称《担保法》）的规定，商标权质押应当签订书面合同，并向管理部门办理出质登记。商标专有权质押登记机关是国家工商行政管理总局。

4.5 商标权的保护

4.5.1 概述

1. 商标权的保护范围

《商标法》第五十六条规定：“注册商标的专用权，以核准注册的商标和核定使用的商品为限”，这样就为核准注册的商标的权利范围作了界定：

（1）注册商标专用权，以核准注册的商标为限。注册人使用的商标应当与核准注册的商标在文字、图形、组合或其他构成要素上相一致，若不一致，可能产生四种后果：一是构成自行改变注册商标的文字、图形或其组合的违法行为；二是在自行改变的商标与核准注册的商标有明显区别，同时又标明注册标记的情况下，构成冒充注册商标的违法行为；三是若改变后的商标同他人的注册商标近似，会构成侵犯他人商标专用权的行为；四是因连续三年不使用，导致注册商标被撤销。

（2）注册商标专用权，以核定使用的商品为限。商标权人使用的商标应当和商标局核定使用的商品相一致，若不一致，可能产生三种后果：一是超出核定商品范围使用注册商标，构成冒充注册商标的违法行为；二是因连续三年未在核定的商品上使用，导致注册商标被撤销；三是因超出核定商品范围（与核定使用的商品类似的除外）使用注册商标，构成侵犯他人商标专用权的行为。

2. 商标侵权行为及其构成要件

商标侵权行为是指行为人未经商标权人许可，违反《商标法》的规定，在相同或类似商品上使用与其注册商标相同或近似的商标，或者其他干涉、妨碍商标权人使用其注册商标，损害商标权人合法权益的行为。

商标侵权行为的构成要件基本上适用一般民事侵权要件，包括以下四个方面：

（1）行为违法性。行为违法性即行为人实施了商标侵权行为，如行为人有销售假冒注册商标商品等行为。

（2）有损害后果。有损害后果即指行为人实施的销售假冒商标商品的行为造成了商标权人一定的损害后果。如使相关公众对商品或服务的来源产生混淆或者妨害了商标权人对商标的正常使用。

（3）行为人实施行为时的主观状态。商标侵权的判定与一般民事侵权的判定有所不同，如权利人要求行为人承担停止侵权行为的民事责任时，侵权判定采取的是无过错责任原则，权利人无需证明行为人相关行为具有过错；而在权利人要求行为人承担损害赔偿责任时，侵权判定采取的是过错责任原则，行为人只有在有过错的情况下才须承担损害赔偿责任。

（4）行为与损害后果有因果关系。行为人实施的商标侵权行为与商标权人的损害结果之间存在前因后果的关系。

4.5.2 商标侵权行为的表现形式

根据《商标法》第五十七条、《商标法实施条例》以及最高人民法院《关于审理商标民事纠纷案件适用法律若干问题的解释》的规定，商标侵权行为主要有以下几种类型：

1. 未经商标注册人的许可，在相同商品或者类似商品上使用与其注册商标相同或者近似的商标，可能造成混淆的行为

这种行为属于使用侵权行为，《商标法》第五十七条第一款和第二款作了规定，在实践中主要表现为四种情形：

（1）未经许可，在同一种商品上使用与他人注册商标相同的商标。

（2）未经许可，在同一种商品上使用与他人注册商标相近似的商标，容易导致混淆的。

（3）未经许可，在类似商品上使用与他人注册商标相同的商标，容易导致混淆的。

（4）未经许可，在类似商品上使用与他人注册商标相近似的商标，容易导致混淆的。

使用侵权行为是数量最多、最常见的商标侵权行为，它会混淆商品来源，损害消费者及商标权人利益。

2. 销售侵犯注册商标专用权的商品的行为

这种行为属于销售侵权行为，销售侵犯注册商标权的商品的行为应认定为侵犯注册商标专用权。《商标法》第五十七条第三款作了规定。同时，《商标法》第六十四条第二款规定，销售不知道是侵犯注册商标专用权的商品，能证明该商品是自己合法取得的并说明提供者的，不承担赔偿责任。结合两个条款规定，销售侵犯注册商标专用权的商品的行为，构成商标侵权行为，在销售者主观上存在“知道或应当知道”的过错时，才承担损害赔偿责任，否则只承担停止侵权等民事责任。

3. 伪造、擅自制造他人注册商标标识或者销售伪造、擅自制造的注册商标标识的行为

这类行为属于标识侵权行为，侵犯了商标专用权中关于商标印制的专有权，《商标法》第五十七条第四款作了规定。伪造他人注册商标标识，是指仿造他人的商标图案和物质载体而制造出的商标标识。擅自制造他人注册商标标识，是指未经商标权人的同意而制造其注册商标标识，在自己生产的相同或类似商品上使用。销售伪造、擅自制造的注册商标标识，是指未经商标权人同意，以其注册商标标识作为买卖对象。这类行为不仅损害了商标权人的合法利益，也为侵犯商标专用权的行为提供了便利条件。

4. 未经商标注册人同意，更换其注册商标并将该更换商标的商品又投入市场的行为

这类行为在国外称为商标的反向假冒，《商标法》第五十七条第五款作了规定。商标反向假冒有两个构成要件：

（1）未经过商标权人的同意，擅自将原来的注册商标替换为侵权人自己的注册商标。

（2）侵权人将替换商标后的商品再一次投入流通领域。

5. 故意为侵犯他人商标专用权行为提供便利条件，帮助他人实施侵犯商标专用权行为的

这类行为在学理上称为间接侵权，《商标法》第五十七条第六款作了规定。即使第三人没有直接实施侵权行为，但只要有引诱、教唆或者有意帮助他人侵权，应当与直接侵权者承担连带责任。

6. 给他人的注册商标专用权造成其他损害的行为

《商标法》第五十七条第七款对商标侵权行为的类型进行了兜底性规定。《商标法实施条例》及最高人民法院颁布的与商标法适用相关的司法解释对侵权行为作了补充性规定，具体包括：

（1）在同一种或类似商品上，将与他人注册商标相同或近似的标志作为商标名称或者商标装潢使用，误导公众的。

（2）将与他人注册商标相同或者相近似的文字作为企业的字号在相同或者类似商品上突出使用，容易使相关公众产生误认的。

（3）复制、摹仿、翻译他人注册的驰名商标或其主要部分在不相同或者不相类似的商品上作为商标使用，误导公众，致使该驰名商标注册人的利益可能受到损害的。

（4）将与他人注册商标相同或者相近似的文字注册为域名，并且通过该域名进行

相关商品交易的电子商务，容易使相关公众产生误认的。

4.5.3 商标侵权的法律责任

依法核准注册的商标，商标注册人享有该商标的专用权，受法律保护。商标注册人的专有权受到侵害时，根据《商标法》《商标法实施条例》《中华人民共和国刑法》（简称《刑法》）的规定，侵权行为人应承担相应的民事责任、行政责任或刑事责任。

1. 行政责任

行政责任是工商行政管理部门依照商标管理规定，对商标侵权行为所做的行政制裁。《商标法》第六十条规定："有本法第五十七条所列侵犯注册商标专用权行为之一，引起纠纷的，由当事人协商解决；不愿协商或者协商不成的，商标注册人或者利害关系人可以向人民法院起诉，也可以请求工商行政管理部门处理。工商行政管理部门处理时，认定侵权行为成立的，责令立即停止侵权行为，没收、销毁侵权商品和主要用于制造侵权商品、伪造注册商标标识的工具，违法经营额五万元以上的，可以处违法经营额五倍以下的罚款，没有违法经营额或者违法经营额不足五万元的，可以处二十五万元以下的罚款。对五年内实施两次以上商标侵权行为或者有其他严重情节的，应当从重处罚。销售不知道是侵犯注册商标专用权的商品，能证明该商品是自己合法取得并说明提供者的，由工商行政管理部门责令停止销售。对侵犯商标专用权的赔偿数额的争议，当事人可以请求进行处理的工商行政管理部门调解，也可以依照《中华人民共和国民事诉讼法》（简称《民事诉讼法》）向人民法院起诉。经工商行政管理部门调解，当事人未达成协议或者调解书生效后不履行的，当事人可以依照《民事诉讼法》向人民法院起诉。"

2. 民事责任

民事责任是指人民法院依照民事诉讼法程序对侵权注册商标专用权的行为所做的民事制裁。根据《民法通则》第一百一十八条的规定，行为人应当承担停止侵害、消除影响、赔偿损失的民事责任。

（1）停止侵权。商标权人有权要求侵权行为的实施者停止其侵权行为。

（2）损害赔偿。行为人实施侵权行为给权利人造成损害时，权利人有权要求法院判令行为实施人支付一定的金钱作为赔偿。

《商标法》第六十三条规定："侵犯商标专用权的赔偿数额，按照权利人因被侵权所受到的实际损失确定；实际损失难以确定的，可以按照侵权人因侵权所获得的利益确定；权利人的损失或者侵权人获得的利益难以确定的，参照该商标许可使用费的倍数合理确定。对恶意侵犯商标专用权，情节严重的，可以在按照上述方法确定数额的一倍以上三倍以下确定赔偿数额。赔偿数额应当包括权利人为制止侵权行为所支付的合理开支。人民法院为确定赔偿数额，在权利人已经尽力举证，而与侵权行为相关的账簿、资料主要由侵权人掌握的情况下，可以责令侵权人提供与侵权行为相关的账簿、资料，侵权人不提供或者提供虚假的账簿、资料的，人民法院可以参考权利人的主张和提供的证据判定赔偿数额。权利人因被侵权所受到的实际损失、侵权人因侵权所获得的利益、注册商标许可使用费难以确定的，由人民法院根据侵权行为的情节判决给予三百万元以下的赔偿。”

《商标法》第六十四条规定：“注册商标专用权人请求赔偿，被控侵权人以注册商标专用权人未使用注册商标提出抗辩的，人民法院可以要求注册商标专用权人提供此前三年内实际使用该注册商标的证据。注册商标专用权人不能证明此前三年内实际使用过该注册商标，也不能证明因侵权行为受到其他损失的，被控侵权人不承担赔偿责任。销售不知道是侵犯注册商标专用权的商品，能证明该商品是自己合法取得并说明提供者的，不承担赔偿责任。”

3. 刑事责任

刑事责任是指人民法院依照《刑法》对假冒注册商标的犯罪行为所做的刑事制裁。

《刑法》第二百一十三条规定：“未经注册商标所有人许可，在同一种商品上使用与其注册商标相同的商标，情节严重的，处三年以下有期徒刑或者拘役，并处或者单处罚金；情节特别严重的，处三年以上七年以下有期徒刑，并处罚金。”

《刑法》第二百一十四条规定：“销售明知是假冒注册商标的商品，销售金额数额较大的，处三年以下有期徒刑或者拘役，并处或者单处罚金；销售金额数额巨大的，处三年以上七年以下有期徒刑，并处罚金。”

《刑法》第二百一十五条规定：“伪造、擅自制造他人注册商标标识或者销售伪造、擅自制造的注册商标标识，情节严重的，处三年以下有期徒刑、拘役或者管制，并处或者单处罚金；情节特别严重的，处三年以上七年以下有期徒刑，并处罚金。”

4.6 驰名商标的法律保护

4.6.1 驰名商标的概念

驰名商标是指为相关公众所熟知的商标。2014 年 7 月 3 日，国家工商总局发布了《驰名商标认定和保护规定》，使我国驰名商标的认定和管理工作法制化和规范化，对其保护程度达到了国际先进水平。根据《驰名商标认定和保护规定》的规定，我国驰名商标是指在中国为相关公众所熟知的商标。

4.6.2 驰名商标的认定

1. 认定机关

根据《商标法》第十四条的规定，有权认定驰名商标的机关主要包括：

（1）商标局。《商标法》第十四条第二款规定：“在商标注册审查、工商行政管理部门查处商标违法案件过程中，当事人依照本法第十三条规定主张权利的，商标局根据审查、处理案件的需要，可以对商标驰名情况作出认定。”

（2）商标评审委员会。《商标法》第十四条第三款规定：“在商标争议处理过程中，当事人依照本法第十三条规定主张权利的，商标评审委员会根据处理案件的需要，可以对商标驰名情况作出认定。”

（3）人民法院。《商标法》第十四条第四款规定："在商标民事、行政案件审理过程中，当事人依照本法第十三条规定主张权利的，最高人民法院指定的人民法院根据审理案件的需要，可以对商标驰名情况作出认定。"

2. 认定标准

我国《商标法》第十四条对驰名商标规定了以下认定标准：

（1）相关公众对该商标的知晓程度。"为相关公众所知晓"是指在一国的地域范围内被使用、销售、经营该商标的商品或服务的人们所知晓，而不是人人皆知。

（2）该商标使用的持续时间，包括最早使用及连续使用的时间。

（3）该商标的任何宣传工作的持续时间、程度和地理范围。

（4）该商标作为驰名商标受保护的记录，如该商标在国内外注册情况以及曾被认定为驰名商标等。

（5）该商标驰名的其他因素，包括商品的质量、销售量和销售地区等。

3. 认定程序及证据材料

驰名商标的认定方式有主动认定与被动认定两种。主动认定，又称为事前认定，是指国家有关主管机关对当事人的商标是否驰名依职权认定。被动认定，又称为事后认定，是指依据当事人的请求，由商标主管机关或司法部门依职权对商标是否驰名作出认定。我国《驰名商标认定和保护规定》第四条规定："驰名商标认定遵循个案认定、被动保护的原则。"

《驰名商标认定和保护规定》第八条规定："当事人请求驰名商标保护应当遵循诚实信用原则，并对事实及所提交的证据材料的真实性负责。"

《驰名商标认定和保护规定》第九条对证明商标驰名的材料作了有关规定：

（1）证明相关公众对该商标知晓程度的材料。

（2）证明该商标使用持续时间的材料，如该商标使用、注册的历史和范围的材料。该商标为未注册商标的，应当提供证明其使用持续时间不少于五年的材料。该商标为注册商标的，应当提供证明其注册时间不少于三年或者持续使用时间不少于五年的材料。

（3）证明该商标的任何宣传工作的持续时间、程度和地理范围的材料，如近三年广告宣传和促销活动的方式、地域范围、宣传媒体的种类以及广告投放量等材料。

（4）证明该商标曾在中国或者其他国家和地区作为驰名商标受保护的材料。

（5）证明该商标驰名的其他证据材料，如使用该商标的主要商品在近三年的销售收入、市场占有率、净利润、纳税额、销售区域等材料。

4.6.3 驰名商标的保护

1. 对未在中国注册的驰名商标的保护

《商标法》第十三条第二款规定："就相同或者类似商品申请注册的商标是复制、摹仿或者翻译他人未在中国注册的驰名商标，容易导致混淆的，不予注册并禁止使用。"

2. 扩大对注册的驰名商标的保护范围

《商标法》第十三条第三款规定：“就不相同或者不相类似商品申请注册的商标是复制、摹仿或者翻译他人已经在中国注册的驰名商标，误导公众，致使该驰名商标注册人的利益可能受到损害的，不予注册并禁止使用。”

3. 驰名商标所有人享有特殊期限的排他权

《商标法》第四十五条第一款规定：“已经注册的商标，违反本法第十三条第二款和第三款、第十五条、第十六条第一款、第三十条、第三十一条、第三十二条规定的，自商标注册之日起五年内，在先权利人或者利害关系人可以请求商标评审委员会宣告该注册商标无效。对恶意注册的，驰名商标所有人不受五年的时间限制。”

4. 禁止将他人的驰名商标作为企业的名称使用

《商标法》第五十八条规定：“将他人注册商标、未注册的驰名商标作为企业名称中的字号使用，误导公众，构成不正当竞争行为的，依照《中华人民共和国反不正当竞争法》处理。”

5 商标与地理标志权法律制度

5.1 地理标志及其特征

5.1.1 地理标志的概念及沿革

认识地理标志，首先要了解地理标志的概念。早在1883年的《巴黎公约》第一条即开宗明义："工业产权的保护对象有专利、实用新型、外观设计、商标、服务标记、厂商名称、货源标记或原产地名称和制止不正当竞争"。该条明确将"货源标记或原产地名称"纳入工业产权保护范围，中间用"或"字连接，将两者无区别地并列。

由此，地理标志从广义上讲，包含货源标记和原产地名称两个概念。

"货源标记"也称为产地标记，用来标记商品是在某个国家、地区或场所生产、制造或加工而使用的。它关注的只是商品出厂的地理区域和让消费者知晓其所购产品或接受的服务的来源。比如"中国制造""德国制造"等。

"原产地名称"的概念在1925年《巴黎公约》海牙文本首次出现，到1958年《保护原产地名称与国际注册里斯本协定》（以下简称《里斯本协定》）第二条中对原产地名称做出明确定义：原产地名称系指一个国家、地区或地方的地理名称，用于指示一项产品来源于该地，其质量或特征完全或主要取决于地理环境，包括自然和人文因素。

1994年，《与贸易有关的知识产权协定》签订，它没有沿用"货源标记"或"原产地名称"的概念，而是在第二十二条将两者统一命名为"地理标志"：在本协议中，地理标记是指示出一种商品是在一缔约国的领土内或者在上述领土的一个地区或地点所生产的原产产品的标记。而该产品的某种质量、声誉或者其他特性在本质上取决于其产地。

"货源标记""原产地名称"和"地理标志"这三个概念既有联系，也有区别。"货源标记"的范围最广，它没有限制所使用标记的类型，就是标明了商品的来源国或来源地，与其产品的特征、质量没有关联；"原产地名称"的范围最窄，因为它要求产品必须具有其地理来源的质量和特征；"地理标志"则居于二者之间，不仅是商品的质量和特征，连同商品的声誉都与该地理来源有关联，包括自然因素或者人文因素。由此，地理标记从狭义上讲，更接近"原产地名称"的概念。

5.1.2 地理标志的特征和作用

1. 地理标志的特征

(1) 商品识别性。

识别性是地理标志与其他商品标志所共有的特征，都是为了维护市场经济秩序和维护权利人和消费者的知情权，从而维护其正当利益。由于商品上的地理标志将来源于“原产地”的商品与其他地区的同种商品相区别，这使得消费者在购买商品时有了识别和选择的方向。从“识别功能”来看，地理标志指原产地名称，与货源标记具有相似之处。但地理标志的“区别功能”比较笼统，消费者根据地理标志只能知道该产品来源于哪一个国家、地区或地方，不能仅凭商品上的地理标志确定该商品具体是由哪个厂商生产制造的。可见，地理标志的识别性“只能表明商品来源于何地，而不能表明商品来源于何人”。

(2) 品质证明性。

地理标志是一种表明商品的特定品质的标志。识别性是地理标志的一般特征，品质证明才是地理标志最本质的特征，即地理标志能够表明被标志产品的一定品质。根据公约和法律的规定，地理标志除表明商品来源于某地之外，还必须表明该商品不同于异地商品的特定质量、信誉或者其他特征。如中国“景德镇陶瓷”产品、新疆的“吐鲁番葡萄”之所以与众不同而被消费者青睐，是因为这些产品的制造与产地的“自然因素或人文因素”有着密切的关系，如“吐鲁番葡萄”独特的品质特征与产地的气候和充分的日照有直接的关联，而“景德镇陶瓷”的高品质声誉是由其独特的传统制作工艺技术和悠久的历史文化背景造就的。正是由于地理标志具有表明产品品质特征的功能，因此，地理标志在某种程度上相当于具有普遍消费影响力的“质量证书”。

地理标志表明产品“品质特征”的功能主要取决于特定的自然因素或人文因素。而一个商标能够表明其所标志产品的品质特征，这主要是由于商标使用人通过改进生产技术和产品售后服务等措施，不断提高产品质量，为消费者真诚服务的结果。

(3) 地名真实性。

地理标志的构成核心是客观存在的“地理名称”。地理名称是指商品来源的具体地名，如“山西老陈醋”“北京烤鸭”“景德镇陶瓷”等地理标志中的“山西”“北京”“景德镇”等都是客观存在的具体地理名称，而不是臆造或者虚构的。

地理标志的构成主要有两种形式：一是地理标志由具体的地理名称和商品名称组合而成，比如“北京烤鸭”；二是具体的地理名称直接表示地理标志，如“香槟”，既是法国的一个省名，又是该省一种起泡白葡萄酒的地理标志。

2. 地理标志的作用

地理标志的特征决定了地理标志的作用。

(1) 促进地理标志所指地区的区域经济的发展。

由于地理标志是在一个范围内极具特色的，因此受到地理标志保护的产品更加具有知名度和信誉度，相当于广告作用，长期的使用会在消费者心目中形成稳定的品牌形象，成为消费者选择的依据，从而保证和增加该产品的销售，有效地带动该区域的经济不断地发展。

（2）促进地理标志所指地区的区域文化的发展。

基本上，受到地理标志保护的商品在文化上都具有深厚的文化内涵，当这种产品在市场上被不断地宣传推广的时候，无形之中就促进了当地的文化发展，让更多的人了解到该区域的文化内涵，进而推动文化的发展。

（3）提高地理标志产品的竞争力。

一般而言，受到地理标志保护的产品意味着高品质和高声誉，往往更容易被消费者接受。这样，产品就可以利用这个优势提高市场竞争力，从而在市场上争取更加有力的地位，类似于驰名商标的作用。

5.1.3 地理标志与商标的异同

地理标志与商标的关系非常密切，从一般意义上讲，地理标志对消费者而言，其作用类似于驰名商标。但从法律意义上看，两者并不能等同，它们之间既存在着相同的法律特征，也存在着不同之处，它们是不同的两种知识产权客体。

1. 地理标志和商标的相同点

（1）两者都属于知识产权的客体，是一种无形财产，并且都属于工业产权客体范畴。地理标志和商标都属于信息类无体物，而且都属于产业领域的无形财产。

（2）两者都具有识别功能。它们都是商品的来源方、经营方或者服务方提供为了表明这部分商品或者服务有别于其他，而在其商品上或者服务中所使用的可视性标志。

（3）两者都具有品质显示功能。这点与它们的识别功能有直接关系。正因为商标和地理标志都具有识别功能，所以都直观地代表了商品的来源方、经营方或者服务方提供的商品品质和声誉。

2. 地理标志和商标的差别

（1）识别功能的内容不同。地理标志是识别商品来源地的，而商标则是识别商品来源人的。也就是说，通过地理标志，消费者只能知道商品来源于“何地”，而通过商标，消费者则能够知道商品来源于“何人”。

（2）形式要件的构成不同。地理标志可以用文字、图形及其他具有标示意义的符号加以表达，但这种表达必须达到能使消费者推断出其所代表的特定的客观存在的地理区域，而一般都含有商品的名称。商标虽然也可以用文字、图形及其他具有标示意义的符号加以表达，但除此之外，商标则还可以用三维标志和颜色组合，以及颜色与文字、图形、符号的组合等形式加以表达。商标所表达的，在绝大多数情况下并不代表商品的来源地，消费者一般也不可能通过商标辨识商品的来源地，更为重要的是，在法律没有例外规定的情况下，商标中不得含有本商品的通用名称。

（3）内含品质的要因不同。地理标志内含商品品质的要因，是商品来源地的自然因素或者人文因素。这些自然因素或者人文因素决定着商品的内含品质。商标内含商品品质的要因，则是该商品或者服务提供者在该商品或者服务形成过程中投入的各种劳动。这些劳动决定着该商品的质量、信誉、对消费者的影响力等内含品质，它与商品来源地的自然因素或者人文因素无关。

（4）使用主体的范围不同。地理标志的使用者，只能是商品来源地生产、制造该商品的主体，而且这些“主体”并不限于法律上的单一主体，只要生产、制造同类商品，而且都是来源地的厂商，都可以使用同一地理标志。

（5）转让性和保护时限不同。地理标志与来源地自然因素或人文因素密切关联，因此，不允许转让或者许可非来源地的厂商进行使用。同时，地理标志的保护一般不规定明确期限，可以永久保护。商标在其未获准注册前，可由多人使用；在其获准注册后，其使用人由注册商标专用权人决定。注册商标专用权人可以自己使用、转让使用或许可他人使用。商标的保护期限一般是法律明确规定了的，如我国规定注册商标保护期限为10年。

5.2 地理标志的法律保护

5.2.1 地理标志权

1. 概念和性质

地理标志权是指基于地理标志产生的专有权利。地理标志是工业产权的对象之一，地理标志权属于工业产权的范畴。《巴黎公约》第一条第二款明确规定，工业产权的保护对象有专利、实用新型、外观设计、商标、服务标记、厂商名称、货源标记或原产地名称以及禁止不正当争。同时，地理标志属于无形财产，是信息类无体物。根据《与贸易有关的知识产权协议》第一条第二款的规定，地理标志权属于知识产权的类别范畴。地理标志权既具有知识产权的一般特征，如地域性、时间性等，同时作为一种特殊的标志权，与商标权、企业名称权等标志权相比，又有自己独有的特点。

2. 地理标志权的特征

（1）地理标志权的特殊共有性。

任何地理名称不可能由某个特定的企业或者个人专有，而是属于某个国家、地区或地方的所有生产同类产品的经济主体或自然人共同享有。因此，任何经济主体不得将地理标志作为商标申请注册而垄断使用。凡是对此地理标志享有地理标志权的经济主体均可使用。比如“山西老陈醋”，所有享有山西地理标志权的经济主体生产的陈醋均可使用“山西老陈醋”这个地理标志，其他主体则都无权使用。

（2）地理标志权使用人的范围“限制性”。

地理标志权的使用者除具备生产特定品质产品的条件外，还必须是地理标志所指范围之内的生产者，即必须同时满足两个条件。原产地内不符合条件的生产者和原产地之外的生产者均不可申请要求使用以该原产地为地理名称的地理标志。如山东某地的陈醋生产商不可能申请使用“山西老陈醋”这一地理标志。对地理标志权使用人的范围限制，这是由地理标志的法律内涵所决定的。

（3）地理标志权的无期限性和不可转让性。

从权利的性质而言，知识产权本身具有一定的时间性和可转让性。但地理标志权作为一项特殊的标志权，其特殊性由地理标志的特征所决定。因此，地理标志权与地理标志一样，具有保护时限的无期限性和不可转让性。

5.2.2 地理标志保护模式

世界范围内，地理标志法律的保护模式主要有三种，分别是：专门法保护模式、商标法保护模式以及反不正当竞争法保护模式。

1. 专门法保护模式

专门法保护模式，又称为特别法保护模式，是指通过专门立法来保护地理标志。比如法国，它的专门法保护模式历史悠久，早在1919年就颁布了《原产地名称法》（1990年和1996年两次作了修改），这与法国拥有丰富的地理标志资源有关。法国的地理标志保护制度有以下三个特点：第一，地理标志是一项被视为国家遗产的集体性权利，它属于该地理区域内的全体生产者，永久存在；第二，原产地名称不仅标识产品来源，而且代表了产品质量、声誉以及其他特性与该来源的自然因素和人文因素之间的关系；第三，专门法保护地理标志的显著标志就是，设立了专门机构来监督和保护原产地名称。

2. 商标法保护模式

商标法保护模式将地理标志作为证明商标或者集体商标，通过商标法来进行保护。一般来讲，一国的商标法对于地理标志的保护从两个方面加以规定：一方面禁止将地理标志注册成为一般商标；另一方面则遵循注册集体商标或证明商标。如果某标志中含有地理标志，但由于无法确认该地理标志中的经济个体的关系，与商标保护的显著性要求明显冲突，所以普遍情况下，这种地理标志是不能注册为商标的。对于集体商标和证明商标来说，恰好满足了多个权利主体的要求，也符合地理标志对商品品质的证明条件，是保护地理标志较好的模式。

美国是商标法保护模式的典范，其《商标法》第四条规定，集体商标和证明商标，包括原产地标记，可按一般商标注册规定，与普通商标一样依本法注册并具有同样效力。

3. 反不正当竞争法保护模式

《巴黎公约》《与贸易有关的知识产权协定》都明确规定了从反不正当竞争的角度对原产地标志的保护。反不正当竞争法在知识产权制度中有着重要的保底作用，对地理标志的保护也相应起到重要作用。

第一，反不正当竞争法应当向地理标志权主体人提供法律手段以防止在商品的标志或证明中，以任何方式明示或默示该商品来源于非其真实来源地的地理区域，而在商品的地理来源上误导公众。

第二，反不正当竞争法保护公众利益。商标法保护的侧重点在于保护权利人的权益；而反不正当竞争法侧重于国家权力的介入，维护其他社会公众的利益，因此其保护的利益范围远远广于商标法。反不正当竞争法是从禁止虚假表示或虚假宣传的角度保护地理标识的，即从提供真实信息的角度对来源地标识的保护，禁止虚假的或引人误解或致人混淆的行为，以保证地理标识的合法使用，最终建立公平的竞争秩序，从而保护竞争者、消费者的利益乃至社会的公共利益。

第三，反不正当竞争法保护维权主体。反不正当竞争法的特点决定了国家力量直接介入争议的处理是其主要特征。为防止将识别的地理标识用于并非来源于该地理标识所表明的地方的产品，如果商标包含识别产品的地理标识或由此类地理标识所构成，而该产品并非有如此来源，则有关机关依职权或应利害关系的请求，将拒绝该商品的注册或宣告其无效。对于利用地理标志进行不正当竞争的行为，有关机关有权予以行政处罚。不论直接或者间接使用都属于不正当竞争行为。反不正当竞争法保护还可以对未注册地理标志进行保护。

1994 年，德国的《反不正当竞争法》第三条明确规定，该法的立法目的就是保护城市经营以及消费者对真实产地标记的信赖。日本采用防御性的保护模式来对地理标志进行法律保护，主题就是禁止欺骗性和虚假的原产地来源标示，它规定地理标志的法律主要是《商标法》和《不正当竞争防止法》。

地理标志的三种保护模式，并不是完全对立冲突的，各个不同的国家选择了不同的一种或多种保护混合的模式，与其本国所拥有的资源、政治、经济以及文化上有直接密切的关联。

5.3 我国地理标志保护制度

我国对地理标志权的法律保护采取多种保护混合的模式，在我国的《商标法》《地理标志产品保护规定》《中华人民共和国反不正当竞争法》（简称《反不正当竞争法》）和《中华人民共和国消费者权益保护法》（简称《消费者权益保护法》）等现行法规中，都以商标法、专门法和反不正当竞争法三种模式对我国的地理标志权进行了法律保护。

5.3.1 我国《商标法》对地理标志的保护制度

1. 历史沿革

我国在《商标法》第二次修改之前，在实践中早就对地理标志权给予了一定的保护：如 1987 年国家工商行政管理局公布停止使用“丹麦牛油曲奇”商品名称的通知；1989 年国家工商行政管理局又就法国著名原产地名称发布《关于停止在酒类商品上使用香槟或 Champagne 字样的通知》，并指出，香槟是法文“Champagne”的译音，指产于法国香槟省的一种起泡白葡萄酒，它不是酒的通用名称，是原产地名称。因此要求我国企业、事业单位和个体工商户以及在中国的外国（法国除外）企业不得在酒类商品上使用“香槟”（包括大香槟、小香槟、女士香槟）或“Champagne”字样。而国家工商行政管理局于1994年公布的《集体商标、证明商标注册和管理办法》，则为地理标志权的保护提供了通过注册为证明商标的途径。

2001年，我国《商标法》第二次修改后，将保护地理标志权纳入到了法律体系内。《商标法》第十六条第一款规定，地理标志是指标示商品来源于某地区，该商品的特定质量、信誉或者其他特征主要由该地区的自然因素或者人文因素所决定的标志。这一规定表明，只有来源于该地区的、具备一定“品质特征”的商品才能使用地理标志。2013年，我国《商标法》进行了第三次修改，依然在第十六条规定了商品的地理标志。

2. 地理标志权的取得

1994年，国家工商行政管理局公布《集体商标、证明商标注册和管理办法》之后，就将“原产地标志”纳入证明商标的保护范围，因此，有关证明商标的规定应适用地理标志的规定。根据2003年国家工商行政管理局新公布的《集体商标、证明商标注册和管理办法》规定，以地理标志作为集体商标申请注册的，应当附送主体资格证明文件并应该详细说明其所具有的或者其委托的机构所具有的专业技术人员、专业检测设备等情况，以表明其具有监督使用该地理标志商品的特定品质的能力。申请以地理标志作为集体商标注册的团体、协会或者其他组织，应该由来自该地理标志标示的地区范围内的成员组成。商标局依照《商标法》和《商标法实施条例》的有关规定进行审查，对真实表示证明商标特定品质的文字、图形及组合，应当予以核准。

3. 地理标志权的保护

地理标志权也是一种商标权，因此，我国《商标法》关于对“注册商标专用权的保护”规定应适用于对地理标志权的保护。当地理标志权被他人侵犯，地理标志权人（注册权人和使用权人）有权根据《商标法》的有关规定，请求工商行政管理机关处理，或者直接向人民法院起诉。《中华人民共和国产品质量法》（简称《产品质量法》）规定的“禁止伪造产品的产地”、《反不正当竞争法》规定的经营者不得“伪造产地”和《消费者权益保护法》中规定的“伪造商品的产地”，上述“产地”均应包括“地理标志和货源标记”。如果经营者伪造产地的行为侵犯了他人的地理标志权，则应依照《商标法》的有关规定制裁侵权人，以保护地理商标权人的权益；如果经营者伪造产地的行为只是假冒货源标记，则应依照《产品质量法》《反不正当竞争法》或《消费者权益保护法》的有关规定予以制裁。

5.3.2 《地理标志产品保护规定》对地理标志的保护

1999年，国家质量监督检验检疫总局发布了《原产地域产品保护规定》。2005年，又通过国家质量监督检验检疫总局第78号令，发布了《地理标志产品保护规定》，该规定自2005年7月15日起施行。

1. 目的和范围

《地理标志产品保护规定》的总章程第一条明确其目的是：为了有效保护我国的地理标志产品，规范地理标志产品名称和专用标志的使用，保证地理标志产品的质量和特色。这里所说的“地理标志产品”，是指产自特定地域，所具有的质量、声誉或其他特性本质上取决于该产地的自然因素和人文因素，经审核批准以地理名称进行命名的产品，包括：①来自本地区的种植、养殖产品。②原材料全部来自本地区或部分来自其他地区，并在本地区按照特定工艺生产和加工的产品。

2. 申请和管理

《地理标志产品保护规定》适用于对地理标志产品的申请受理、审核批准、地理标志专用标志注册登记和监督管理工作。国家质量监督检验检疫总局（以下简称“国家质检总局”）统一管理全国的地理标志产品保护工作。各地出入境检验检疫局和质量技术监督局（以下简称各地质检机构）依照职能开展地理标志产品保护工作。申请地理标志产品保护，应依照本规定经审核批准。使用地理标志产品专用标志，必须依照本规定经注册登记，并接受监督管理。

3. 保护和监督

各地质检机构依法对地理标志保护产品实施保护。对于擅自使用或伪造地理标志名称及专用标志的，不符合地理标志产品标准和管理规范要求而使用该地理标志产品的名称的，或者使用与专用标志相近、易产生误解的名称或标识及可能误导消费者的文字或图案标志，使消费者将该产品误认为地理标志保护产品的行为，质量技术监督部门和出入境检验检疫部门将依法进行查处。社会团体、企业和个人可监督、举报。

各地质检机构对地理标志产品的产地范围，产品名称，原材料，生产技术工艺，质量特色，质量等级、数量、包装、标识，产品专用标志的印刷、发放、数量、使用情况，产品生产环境、生产设备，产品的标准符合性等方面进行日常监督管理。

获准使用地理标志产品专用标志资格的生产者，未按相应标准和管理规范组织生产的，或者在2年内未在受保护的地理标志产品上使用专用标志的，国家质检总局将注销其地理标志产品专用标志使用注册登记，停止其使用地理标志产品专用标志并对外公告。

违反本规定的，由质量技术监督行政部门和出入境检验检疫部门依据《中华人民共和国产品质量法》《中华人民共和国标准化法》《中华人民共和国进出口商品检验法》等有关法律予以行政处罚。

5.3.3 国家行政机关对地理标志的保护

国家行政机关通过法律法规对原产地域产品保护。国家工商行政管理总局商标局根据我国《商标法》规定，负责对原产地证明商标的注册和管理工作。国家质量监督检验检疫总局负责对原产地域产品的申请进行审核，确认保护地域范围、产品注册登记的管理工作，成为原产地域产品保护工作的主管部门。也就是说，我国在地理标志保护上存在两种途径：一是国家工商行政管理总局商标局进行的原产地证明商标保护，二是国家质量监督检验检疫总局进行的原产地域产品保护。但在这种管理模式下，有可能造成原产地名称被注册为普通商标或证明商标后，根据《原产地域产品保护规定》申请了原产地域产品保护，形成普通商标权或证明商标权与原产地名称权并存的局面。

5.4 地理标志的国际保护制度

5.4.1 欧盟对地理标志的保护

众所周知，欧盟历来重视农业，具有浓厚的农业保护传统，因而欧盟以特别立法的形式制定了与农产品和食品密切相关的地理标志保护规则。其保护的对象主要是产地标志和地理标志两类。二者主要区别在于，产地标志要求该农产品或食品从制备、生产到加工等全部需要在注册商标所标示的区域范围内完成；地理标志则要求该农产品或食品其制备、生产及加工是发生在指定的地理区域内即可，而不要求全过程均在指定区域内。

但自世界贸易组织成立以来，欧盟地理标志规则不断受到其他世界贸易组织成员的指责，指控其违反世界贸易组织规则。为此，欧盟地理标志规则自实施以来历经多次修订。早在《与贸易有关的知识产权协定》（简称 TRIPS）协议谈判中，美国、澳大利亚和加拿大等世界贸易组织成员就与欧盟对地理标志保护问题存在较大分歧。其主要原因是，美国、澳大利亚和加拿大的居民大多来自欧洲移民，这些移民将欧洲的传统工艺带到当地，加之思乡之情，因而将许多欧洲地名移至当地，进而产生了多年的地理标志争夺战。1999 年和 2003 年，美国和澳大利亚分别指控欧盟地理标志规则违反 TRIPS 协议，影响其输欧产品的利益，并向世界贸易组织多次提起争端解决申请。

5.4.2 美国对地理标志的商标法保护

美国没有专门的地理标志保护法，其关于地理标志的法律保护主要是通过商标法来实现的，即在商标法中规定地理标志可以作为集体商标或证明商标获准注册，并取得保护。注册人可依据商标法的有关规定，对假冒产地等行为追究其侵权责任。

《美国商标法》第四节、《美国注释法典》第十五编第一千零五十四条允许证明商标，包括地域来源标志的注册。《美国商标法》第四十五节、《美国注释法典》第十五编第一千一百二十七条将证明商标定义为：证明商标是指所有人以外的其他人使用，或者所有人具有善意的允许他人进行商业使用的意图，并申请注册于主注册簿上的字词、名称、符号、设计或者其组合，以证明某人商品或者服务的地域或者其他来源、原材料、生产工艺、质量、精确度或者其他特征，或者商品或服务上的工作或者劳务由联合会或其他组织的成员完成。

美国对地理标志提供了强有力的保护，通常作为证明商标进行登记（商标的一种）。地理标志作为证明商标被保护的例子有：印度大吉岭茶、意大利帕尔马火腿、瑞士巧克力等。有关这些信息和所有其他美国商标登记可以从美国专利商标局的网站上通过商标申请信息搜寻体系找到。可以看出，无论是国内的还是国外的地理标志，美国均给予保护。

5.4.3 TRIPS 协议

世界贸易组织的TRIPS协议将地理标志纳入知识产权的保护范围，使得地理标志保护问题在上百个世界贸易组织成员之间得到较为系统、明确的规范。但其与欧盟地理标志规则有所不同。TRIPS协议对地理标志采取两种不同的保护标准：一是基本保护标准，即TRIPS协议规定，为避免对公众误导和制止不公平竞争，世界贸易组织成员应对地理标志加以保护；二是对葡萄酒和烈性酒地理标志的特殊保护标准，即TRIPS协议规定，除少数例外以外，即使不当使用酒类产品地理标志也不会导致公众的混淆，或不会构成不公平竞争时，这样的地理标志仍然应加以禁止。与地理标志基本保护标准相比，对酒类产品地理标志的保护是一个高标准的保护。换言之，TRIPS协议对酒类产品地理标志的保护，首先是增加了禁止使用酒类产品地理标志的限制条件，其次是延伸了酒类产品地理标志的保护范围。

6 工商企业名称与商号权法律制度

6.1 企业的名称——商号

自然人因出生而获得其民事权利能力，商事主体因登记而产生。自然人有取名的权利，商事主体亦有起名的权利，这毫无疑问。只不过自然人可用其“昵称”、绰号等代替他的名字，即使他不取名字也不能否认他作为人所应享有的权益，而商事主体的名称则非起不可且非经登记不生效力。

6.1.1 商号的概念与功能

商号是社会经济发展的产物。在我国古代，商号是对一个人或者组织的尊称。春秋战国时期就已出现了商品生产者为区分同类产品的不同产地和生产者，在产品上刻上自己的姓名和记号。在13世纪的欧洲，也出现了作为商业标记使用的特殊标记，加入行会的人必须在其产品上刻有一定标记。到了现代社会，商号的形式更加丰富，如“百事可乐”“阿里巴巴”等都是商号。

对于商号的含义，有不同观点：一是认为所谓商号，亦称商业名称，简单地说，是商事主体在从事以营利为目的的营业时所使用的表示自己的名称，是商事主体在营业活动中表彰自己的名称，因现代经济社会中的商事主体是企业，所以商号即通常意义上的企业名称。二是将其与字号作同一解释，商业名称，俗称“商号”“字号”，它不仅用来表明商人的营业主体名称，而且用以区别各个商事营业主体。我国企业名称登记管理规定采纳的是这种观点。三是汉语中固有的概念：即“商店”。我国台湾法学界认为商号是商事主体用以经营商业的名称，台湾“商业登记法”中使用了“商号名称”一语，从而商号遂可指商业组织体本身。四是广义的商号，即有关商业的名称。它不限于指商业主体的名称，还指产品的名称等具有商业价值的名称。以上四种观点具有代表性，当然观点不限于此。

商号作为公司特定化的标志，是公司的重要标志，是公司具有法律经营权的表现。一旦商号经工商局登记、注册后，就具有商号权，便可以用在商品包装、合同和挂在牌匾等商业上，其专有使用权不具有时间限制性。在有些厂商中，某些图形、文字既用来当作商号又用来当作商标。但大多数的厂商的商号和商标还是有所区别的。一般来说，商标和商事主体的产品是相关联的，而商号则是与生产该产品的厂商或与经营该产品的特定厂商相关联的。

目前，对商号权没有明确的规定，但是《民法通则》里对企业名称有明确的保护规定。我国《企业名称登记管理规定》（1991 年 9 月 1 日起施行，2012 年 11 月 9 日修订）第七条规定，企业名称应当由以下部分依次组织：字号（或者商号，下同）、行业或者经营特点、组织形式。企业名称应当冠以企业所在地省（包括自治区、直辖市，下同）或者市（包括州，下同）或者县（包括市辖区，下同）行政区划名称。据此，商号是企业名称的组成部分，是商事主体在商事活动中用于将自己与其他商事主体相区分的识别性标志。

商号的主要功能包括：第一，帮助消费者和经营者识别自己的企业。商号是企业对外交流的名片，特别是同一行业，更便于消费者识别。第二，商号可以累积一定的信誉，有财产价值，如知名商号在企业做资产评估时，会作为一项重要的无形资产计入企业的资产总额。

6.1.2 商号与相关概念的区别

1. 商号与姓名

姓名是指人的姓氏与名。姓名由监护人命名，需要到公安机关登记备案，每个公民都可以使用自己的名字。商号是识别自然人或法人的企业名称或牌号，虽由经营者自行设定，但是必须到工商行政管理机关进行登记后才能使用并受到法律保护。

2. 商号与商标

商标是表彰商品的标志。商标的功能除了表示商品来源和出处以外，亦有表彰自己的商品与他人商品之区别，并作为广告促销手段的功能。商号与商标的差异在于：第一，功能和作用不同。商号是用来区分不同的企业，而商标是用来区分不同的商品；第二，注册登记原则及登记机关不同。商标的注册实行的是“自愿注册与强制注册相结合”的原则。商号登记是采用“强制登记”的原则。商标可以在国家工商行政管理总局商标局登记注册，商号的登记机关是全国各地的工商行政管理机关。第三，注册登记的法律效力不同。商号进行登记后，企业所享有的名称专用权仅限于登记主管机关所辖范围；而商标注册后在全国范围内享有注册商标专用权。第四，保护期限不同。注册商标的保护期限一般为 10 年，期满后可续展；商号一经登记，只要企业存在就能一直使用。

3. 商号与地理标志

世界贸易组织在 TRIPS 协议中，对地理标志的定义为：地理标志是鉴别原产于一成员国领土或该领土的一个地区或一地点的产品的标志，但标志产品的质量、声誉或其他确定的特性应主要决定于其原产地。因此，地理标志主要用于鉴别某一产品的产地，即是该产品的产地标志。地理标志也是知识产权的一种。地理标志与商号的区别在于地理标志不是登记形成的。

4. 商号与域名

域名（Domain Name），是由一串用点分隔的名字组成的 Internet 上某一台计算机或计算机组的名称，用于在数据传输时标识计算机的电子方位（有时也指地理位置，地理上的域名，指代有行政自主权的一个地方区域）。域名是一个 IP 地址上的“面具”。域名是便于记忆和沟通的一组服务器的地址（网站，电子邮件，FTP 等）。世界上第一个注册的域名是在1985年1月注册的。域名的取得是向域名管理机构申请，国外的域名管理机构多是民间组织，个别国家规定由政府机关管理域名。商号与域名的区别在于：第一，两者的设计目的不同，域名的设计是为了便于记忆和沟通，商号的设计是为了识别自然人或法人的名称或牌号；第二，两者的取得方式不同，域名通过注册获得，商号是企业或个人向工商行政管理机关申请获得。

6.2 商号权的概念、性质与权利的取得

6.2.1 商号权的概念和性质

商号是商事主体进行商事活动中用于将自己与其他商事主体相区分的识别性标记，商事主体对商号所享有的专有权利就是商号权。

1. 商号权是知识产权

我国的法律没有对商号权在事实上认定，这就使得商号权性质的争论一直在进行。理论界的观点可以归纳为以下几种：

（1）知识产权说。对商号权权利属性，我国有人认为“商号权就是商品产生经营者依法对其注册的商号所享有的专用权，其内容具有人身权和财产权双重属性，在权利类型上属于知识产权”。商号权应作为知识产权规定于有关知识产权法中而不是作为人身权规定于民法人身权部分。而且《保护工业产权巴黎公约》也将商号权纳入知识产权之列加以保护。

（2）财产权说。该学说认为商号权是一种主要以财产权为内容的民事权利。商业名称权取得后，权利人既取得商号的专用权，这种商号权不但可以给其使用人直接带来经济上的利益，而且该权利可以转让和继承，成为转让和继承的客体，权利人也可以享有转让利益。因此，商号权应属于无形财产权的一种，而不能被认为是人格权。因为属于人格权的公民姓名是不能被作为转让或继承的标的的。

（3）商事人格权说。该学说认为商事主体应该具有自己的独立法律人格，其人格权内容的具体表现是商号权、姓名权、荣誉权、商业形象权等。商号是准确反映商事主体的特殊属性的指称，并凭借其名义参与社会活动，只是因为商事主体的营利性，该名称之上附加了财产的属性。由于商事主体的经营所形成的信用与名誉附加于商号上，使其成为信用与名誉的载体，但这没有改变商号最主要的功能，即商事主体的名义标识。①

2. 商号权是一种特殊的知识产权

商号权与其他知识产权相比，具有一定的特殊性，体现为：

（1）商号权的客体具有无形性。商号凝结了商事主体经营管理水平、资信状况以及市场竞争力等多种经营要素，这具有无形性特征。在市场经济中，商号是企业市场

① 范健，王建文. 商法基础理论专题研究［M］. 北京：高等教育出版社，2005：229-252.

形象的代表，同时也是企业对外交往以及表示其自身财产价值的标志。公众选择商号所标识的商品或服务，就是选择商事主体的商业信誉。

（2）商号权具有一定的专有性。商号与其他知识产权一样具有排他性。商号必须在主管机关登记注册以后才能使用，且在商号登记的辖区内，具有排他效力，享有一定的专有性。一些知名商号的影响力和消费群体都超出了其登记管辖区的范围。

（3）商号权没有时间性。商号权与企业共存亡，商号权依附于企业无限期地受法律保护。商号的主体具有单一性。商号是商事主体资格的表征，由其主体识别功能所决定，同一商号在核准注册范围内只能为一个商品生产经营者所拥有，而不存在几个商事主体共有一个商号权的情况。

（4）商号权转让的特殊性。商号权转让的特殊性表现为：第一，商号权的转让不可以重复进行，只能转给一家企业。第二，商号权不得单独转让。商号权的转让须与企业全部资产的转让一并进行，否则将出现受让人与出让人之间的竞业局面，对受让人不公平，也不利于保护消费者的权益。第三，商号权的转让只能在同一注册地域内的同行企业之间进行，这是由商号权的行使范围决定的。

6.2.2 商号权的取得

对于商号权的取得，我国采取登记生效原则。商号的取得与商标权类似，即必须经过登记才能享有商号权，具有排他性。为保障商号权的取得，需要遵循的基本原则有：

1. 真实性原则

真实性原则是指法律对商事主体的商号选定加以严格限制，要求商号须与商事主体的姓名、营业种类、经营范围以及资金状况等相符合，商号的使用不得给公众造成误解或迷惑，否则，法律禁止使用。采取这种原则的国家主要有德国、法国、瑞士等。我国《企业名称登记管理规定》也采用了这一原则。《企业名称登记管理规定》第十一条规定，企业应当根据其主营业务，依照国家行业分类标准划分的类别，在企业名称中标明所属行业或者经营特点。

2. 单一性原则

单一性原则是指商事主体原则上只允许使用一个商号，在同一工商行政管理机关辖区内，新登记的商号不得与已经登记注册的同行业的商号相同或近似，如有特殊需要，经省级以上行政管理机关批准，商事主体可以在规定的范围内使用一个从属商号。

3. 一企业一商号原则

一企业一商号原则是指一个企业只能使用一个商号，不得同时使用多个商号。一方面，商号由文字组成，文字作为一种资源，如果一个企业申请多个商号，则会垄断社会信息资源，妨碍公共利益；另一方面，企业拥有多个商号，易造成市场混乱，有损社会利益。

我国《企业名称登记管理规定》第九条明确规定，商号的内容和文字涉及法律所列举的不得使用的事项，这类商号将被禁止使用：①有损于国家和社会公共利益的商号；②可能对公众和社会造成欺骗或误解的商号；③以外国国家（地区）名称、国际组织名称作为内容的商号；④以党政名称、党政机关名称、群众组织名称、社会团体名称及部队番号作为内容的商号；⑤以汉语拼音字母（外文名称中使用的除外）、数字作为文字的商号；⑥其他法律、行政法规禁止使用的商号。

4. 公开性原则

公开性原则是指商号必须经过登记而公布，让社会公众知晓。商号公开原则，有利于社会公众对企业商号的使用进行监督，有利于保护先取得商号权人的利益。我国《企业名称登记管理规定》规定了企业在设立时要进行名称登记，企业名称变更或者终止时也应进行商号登记。

5. 先申请原则

先申请原则是指两个以上企业向同一登记主管机关申请相同的符合规定的企业名称，登记主管机关依照申请在先原则核定。先申请原则，有利于督促企业早日申请商号，也便于国家主管机关依据登记情况解决纠纷。根据我国《企业名称登记管理规定》，属于同一天申请的，应当由企业协商解决；协商不成的，由登记主管机关做出裁决。两个以上企业向不同登记主管机关申请相同的企业名称，登记主管机关依照受理在先原则核定。属于同一天受理的，应当由企业协商解决；协商不成的，由各该登记主管机关报共同的上级登记主管机关做出裁决。

6.3 商号权的内容

商号权的内容，即商号权人对商号所享有的专有权利的内容。国内的相关立法并未规定商号权的内容，但国内学者对商号权利的内容意见比较一致，大都认为商号权应当包括商号专用权、商号许可使用权、商号转让权、商号变更权等内容。

6.3.1 商号专用权

商号专用权是指商号权人对其商号享有的独占使用的权利，他人不得干涉和非法使用。专用权体现的是一种使用上的排他性、独占性。商号专用权包括积极权利和消极权利。

积极权利，即商号使用权，商号权人有权合法使用其已经登记的商号，其他人不得妨害权利人行使权利。从国外立法上看，各国的商法在商号使用方面的通常规定是，商事主体在其经营活动中的法律行为应以其商号来标识；而对于经营活动以外的行为，不得使用商号。日常生活中对商号的使用也存在着不同的方式，例如：在其生产的产品上标识商号、在商品外包装上使用商号、在办公机构悬挂商号的牌匾等。

消极权利是在核准登记的地域范围内，若商号已登记，没有经过商号权利人的允许，则其他人就不可以对该商号做出类似或者相同的使用。擅自相同或类似地使用其他商事主体已经登记的商号构成不正当竞争。若商号权利人发现有人盗用其商号或使用易混淆的商号时，商号权人可以请求侵权人停止使用并要求赔偿损失。

6.3.2 商号许可使用权

商号许可使用权是指商号权人不仅自己可以使用商号，亦可以授权给他人全部或部分地使用其所拥有的商号之权利。许可使用在一些商法教材中被称为“商号的出借”。不过，即使在将商号使用权全部让与他人时，出借人仍然可以根据协议而享有对其商号的“所有权”。日常生活中商号的许可使用方式多种多样，较常见的例如：“连锁经营”“特许经营”等。

6.3.3 商号转让权

各国法律一般都规定了企业有权依法转让其商号。当商号权人欲停止经营或者以转让获得经济利益时，可以将商号权利全部转让给他人，转让的最终结果就是商号权主体的变更，原商号权人丧失商号权，商号权主体变更为受让人。转让权亦展示出商号的商业价值以及经济利益内涵。各国对商号转让的规则有不同的规定，主要有不得单独转让和可单独转让两种规则：不得单独转让原则，即商号只能与其营业一起转让，不得与营业分离，或在其营业废止时转让；可单独转让原则，即商号可以与营业相分离转让。企业可以单独转让商号，多处营业可以使用同一商号，转让人仍享有商号的使用权和其他权利。①

6.3.4 商号变更权

通常情况下，商号一经登记即具有稳定性，商号权人不得擅自对商号进行改变。因而，如果商号所有人欲变更商号的名称，则其必须向商号管理部门提出变更登记申请。未经商号登记机关批准的任何变更均得不到法律的认可及保护。商号的变更权有利于商事主体在市场经济条件下根据自身的经营特色积极调整商号，以更好地适应激烈的市场竞争，获取更多的经济利益。根据我国《企业法人登记管理条例及其实施细则》的规定，企业法人变更名称，应经所属主管部门或审批单位同意，并应在取得同意后的30天内向登记主管机关提出申请。经登记主管机关审核，符合条件的予以核准。

6.4 我国商号权的法律保护

6.4.1 我国商号权法律保护的现状

我国还没有建立起相关的商号权保护法。涉及商号保护的法律规范主要有《民法通则》《企业名称登记管理规定》《企业名称登记管理实施办法》《企业法人登记管理条例》《反不正当竞争法》等，没有形成完整的法律保护系统。

---

① 范健，王建文. 商法论［M］. 北京：高等教育出版社，2003：484.

1. 民法

我国《民法通则》第二十六条、第三十三条涉及商号权的保护，其中采用的是“字号”一词。《民法通则》规定了个体工商户和个人合伙可以起字号，依法经核准登记后，在其核准登记的经营范围内从事经营。由此可见，民法意义上的商号权是指商事主体对商号设定、变更和专用的人格权，仅系就其人格权的意义而言的。[①]《民法通则》对商号权保护的确定忽略了商号权的财产权权能。我们认为应当立足于知识产权法加强对商号权的保护。

2. 行政法律法规

《企业名称登记管理规定》《企业名称登记管理实施办法》《企业法人登记管理条例》均是以行政法的形式对涉及企业名称的问题予以规定。其存在的问题主要有：一方面，立法层次较低，且使用的是“企业名称”“字号”，缺乏对商号具体、详细、系统的规定；另一方面，有关商号权的保护仅仅局限于商号权人选择商号时的使用限制，应该从保护商号权人的角度出发，对商号权的定义权能做出界定，以法律对抗侵害商号权的第三人，从而实现对商号权人利益的保护。

3. 反不正当竞争法

《反不正当竞争法》第五条将“擅自使用他人的企业名称或姓名，引人误认为是他人的商品”的行为认定为不正当竞争行为。当前，将他人注册商标申请为企业字号等造成市场混淆的不正当竞争行为较为普遍，不仅损害了经营者的合法权益，而且对消费者造成误导和损害。这类案件只能在诉讼中适用基本原则予以处理，行政执法机关无法具体实施。针对实践中存在的“傍名牌”现象，《反不正当竞争法修订草案》2017年2月22日首次提交全国人民代表大会常务委员会审议，这是现行法自1993年实施以来的首次修订。与商标法相衔接，《反不正当竞争法修订草案》增加了属于不正当竞争行为的规定。将他人注册商标、未注册驰名商标作为企业名称中的字号使用，涉及笔名、艺名、社会组织名称及其简称、域名主体部分、网站名称、网页以及频道、栏目、节目等的名称标识，不管这些误导公众的行为如何改头换面，今后都有望被认定为不正当竞争。

6.4.2 商号权法律保护的完善

1. 立法上，增加商号权的法律保护内容

（1）结合目前我国法律法规对商号权的保护现状，在民商法中，将商号权作为与著作权、专利权、商标权平行的知识产权，明确商号权的法律地位。

（2）调整商号的权利取得、行使过程中产生的各种社会关系，明确知名企业商号专用权的法律保护范围、商号的商号权和概念，适时制定单行的商号法。制定单行商号法要注意与现行有关法律的关系协调，妥善处理与这些法律的关系，维护法律体系的统一。从正面确定商号权，摒除商事主体行政干预商号权过程，应付予不同商事主体平等的竞争地位，遵循市场经济基本法则制定单行商号法。

① 张俊浩. 民法学原理［M］. 北京：中国政法大学出版社，1998：143.

2. 在商号的管理体制上，我们可以借鉴全国统一审查制

在商标申请方面，我国《商标法》统一审查、统一管理商标的申请注册，即由国家商标局对全国范围内的商标注册申请负责受理，同时统一审查申请注册的商标，商标局有权不批准和之前注册商标类似的商标注册申请。这样使得国家对商标的统一管理更加方便，预防出现侵犯他人在先权利现象，同时，避免不同行政区域的企业在全国范围内拥有相同商标的现象。因此，在商号的注册登记管理方面，我们可考虑采取相似的措施，如：在各级工商行政管理机关都对商号进行登记注册的同时，对这些商号考虑借鉴在法律程序上商标法规定的异议撤销程序，实行全国联网，统一审查、统一检索，这样才可以避免很多企业在不同行政区域内拥有相同商号的现象。

6.5 商号权与相关权利冲突

从实践中看，由于我国商号法律体系的不完善，通过保护企业名称权来保护商号权，而使商号权只在“同区域、同行业、同名”受到一定范围的保护，导致了商号、企业名称争议问题日益突出，主要有以下三类。

6.5.1 商号权与商标权的冲突

对于企业来说，企业名称权和商标权都是十分重要的权利，与企业的信誉息息相关。但在我国法律制度下，对两者的保护却是相互分离的。根据我国法律规定，国家商标局是授予商标权的唯一机构，而企业名称登记却是由各地区的工商行政管理局来承担，各个不同级别的工商行政管理局与国家商标局没有实现信息共享，也无法进行交叉检索，这两种不同的注册管理体制形成了法律真空，在商标领域对企业名称不予保护，在企业名称领域则只对驰名商标予以保护，商标权和企业名称权的冲突成为必然。

这种冲突主要表现为两种形式：一是登记在先的企业字号被作为商标注册；二是注册在先的商标被作为企业名称的一部分进行登记。这种冲突的主要原因是商标注册与企业名称的主管部门不同。这种冲突的结果使企业面临这样的风险：一种风险是在申请商标时并不考虑已登记在先的企业名称，企业名称的一部分一旦被他人注册为商标，企业只能在商标公告发出后提出异议或是商标核准注册后申请裁定撤销该商标，从而给企业带来不必要的麻烦。另一种风险则是根据1996年8月14日国家工商行政管理局发布实施的《驰名商标认定和管理暂行规定》，自驰名商标认定之日起，他人将与该驰名商标相同或相似的文字作为企业名称一部分使用，且可能引起公众误认的，工商局不予核准登记；已经登记的，驰名商标注册人可以自知道或者应当知道之日起两年内，请求工商行政管理机关予以撤销。根据上述规定，只有当该商标是驰名商标时，才能制止其他企业将其作为企业名称的一部分进行登记。这样就要首先证明其商标的知名程度并得到商标注册管理机关的认定，这又是一个复杂而繁琐的过程。两种风险所带来的后果就是企业经营的成果可能被他人分享。

6.5.2 国内企业商号之间的冲突

由于我国企业名称登记注册是采用分级注册、区域管理的原则，各地的工商登记管理机关不可能掌握其他地区企业名称登记的情况，对于在本地区申请注册登记字号与其他地区企业名称中的企业字号相同的企业名称，也有可能给予批准。这种情况被一些不正当竞争者所利用，借他人之名气推广自己的产品，并常常在受到调查时把已获工商登记作为抗辩理由。这类企业名称之间的冲突主要有四种情况：①注册在不同行政区域，同商号、同行业；②从事不同行业，获得了同一商号；③商号混同或近似；④由于变更而引起商号冲突。

6.5.3 国内企业与国外企业商号之间的冲突

随着我国对外开放的进一步深化，众多国外知名企业进入中国市场。由于国外企业来华投资时都很重视保护自己的知识产权，其商标专利大多已经在我国注册并得到相应的法律保护，国内一些企业在经营同类商品时，便利用我国企业名称保护制度的不足之处，将国外企业的字号（商号）注册为自己企业的名称，或是直接使用在自己的产品上。同样，改革开放初期，不少中国企业走出国门，把产品销往海外，由于保护知识产权的意识不足，出口时才发现一些在国内享有盛名的老字号已经被国外的企业作为企业名称或商标注册了，直接影响了国内产品走向国际市场。这样的例子不胜枚举，“同仁堂”“王致和”等老字号都遇到过在国外被抢注的情况。

7 植物新品种权法律制度

7.1 植物新品种的概念和特征

7.1.1 植物新品种的概念

植物新品种是指经过人工培育的或者对发现的野生植物加以开发，具备新颖性、特异性、一致性、稳定性，并有适当命名的植物新品种。

7.1.2 植物新品种的特征

1. 新颖性

新颖性是指申请品种权的植物新品种在申请日前该品种的繁殖材料未被销售，或者经育种者许可，在中国境内销售该品种繁殖材料未超过1年，在中国境外销售藤本植物、林木、果树和观赏树木品种繁殖材料未超过6年，销售其他品种繁殖材料未超过4年。

2. 特异性

特异性是指一个植物品种有一个以上性状明显区别于已知品种。

3. 一致性

一致性是指一个植物品种的特性除可预期的自然变异外，群体内个体间相关的特征或者特性表现一致。

4. 稳定性

稳定性是指一个植物品种经过反复繁殖后或者在特定繁殖周期结束时，其主要性状保持不变。

7.2 植物新品种权的取得程序

植物新品种权，是工业产权的一种类型，是指完成育种的单位或个人对其授权的品种依法享有的排他使用权。

完成育种的单位和个人对其授权的品种，享有排他的独占权，即拥有植物新品种权。

取得植物新品种权必须经过申请、受理、审批程序，经主管部门批准后，才能取得。

7.2.1 申请

中国的单位和个人申请品种权的，可以直接或者委托代理机构向审批机关提出申请。中国的单位和个人申请品种权的植物新品种涉及国家安全或者重大利益需要保密的，应当按照国家有关规定办理。外国人、外国企业或者外国其他组织在中国申请品种权的，应当按其所属国和中华人民共和国签订的协议或者共同参加的国际条约办理，或者根据互惠原则，依照我国《植物新品种保护条例》办理。申请品种权的，应当向审批机关提交符合规定格式要求的请求书、说明书和该品种的照片。申请文件应当使用中文书写。

7.2.2 受理

对符合要求的品种权申请，审批机关应当予以受理，明确申请日，给予申请号，并自收到申请之日起1个月内通知申请人缴纳申请费。对不符合或者经修改仍不符合的品种权申请，审批机关不予受理，并通知申请人。

7.2.3 审查

（1）初步审查。申请人缴纳申请费后，进入初步审查阶段。审批机关在初步审查阶段，对植物新品种权申请的下列内容进行审查：第一，客体审查。审查申请的植物品种是否属于植物品种保护名录列举的植物属或者种的范围；审查申请的植物品种是否符合新颖性的规定；第二，申请主体审查。对外国申请主体资格进行审查，审查向我国申请植物新品种权的外国人、外国企业或者其他组织是否属有资格在我国提出申请；第三，命名审查。审查植物新品种的命名是否适当。

初步审查应自受理植物新品种权申请之日起6个月内完成。对于通过初步审查的申请，审批机关应予以公告，并通知申请人在3个月内缴纳审查费；对未通过的申请，审批机关应当通知申请人在3个月内陈述意见或者予以修改；逾期未答复或者修正后仍然不合要求的，驳回申请。

（2）实质审查。申请人按照规定缴纳审查费后，进入实质审查阶段。审批机关在实质审查阶段，对植物新品种权申请的特异性、一致性和稳定性进行审查。实质审查主要依据申请文件和其他有关书面材料进行。审查机关认为必要时，可以委托指定的测试机构进行测试或考察业已完成的种植或者其他实验的结果。因审查需要，申请人应当根据审批机关的要求提供必要的资料和该植物新品种的繁殖材料。

对符合实质审查条件的申请，审查机关应当做出授予植物新品种权的决定，颁发植物新品种权证书，并予以登记和公告。对不符合实质审查条件的申请，审批机关应予以驳回，并通知申请人。

7.2.4 授权和公告

对经实质审查符合本条例规定的品种权申请，审批机关应当做出授予品种权的决定，颁发品种权证书，并予以登记和公告。对经实质审查不符合本条例规定的品种权申请，审批机关予以驳回，并通知申请人。对审批机关驳回品种权申请的决定不服的，申请人可以自收到通知之日起 3 个月内，向植物新品种复审委员会请求复审。植物新品种复审委员会应当自收到复审请求书之日起 6 个月内做出决定，并通知申请人。申请人对植物新品种复审委员会的决定不服的，可以自接到通知之日起15日内向人民法院提起诉讼。

7.3 植物新品种权的内容

根据《植物新品种保护条例》，植物新品种权有以下权利内容：

（1）控制权。控制权指植物新品种权人对植物新品种的繁殖材料享有排他性的控制权，未经植物新品种权人的同意，任何人都不得以商业目的生产或者销售该新品种的繁殖材料，不得为商业目的将该植物新品种的繁殖材料重复使用于生产另一品种的繁殖材料。

（2）使用权。使用权指植物新品种权人有权对该植物新品种的繁殖材料进行生产或销售，以获得商业利润。有权将该植物新品种的繁殖材料重复使用于生产另一品种的繁殖材料。

（3）转让权。植物新品种的育种人有权将植物新品种权依法转让。继受取得的植物新品种权的权利人，也可将植物新品种权再次转让。

（4）许可他人使用权。植物新品种权人可以许可他人在一定的范围内使用。权利人和受许可人通过订立许可使用协议，明确双方的权利和义务。

（5）授权品种名称的永久使用权。不论该植物新品种的保护期是否届满，植物新品种权人都有权要求销售该授权品种的单位或个人使用注册登记的名称。

（6）追偿权。植物新品种权被授予后，在自初步审查合格公告之日起至被授予植物新品种权之日止的期间，对未经申请人许可，为商业目的生产或者销售该授权品种的繁殖材料的单位和个人，植物新品种权人享有追偿的权利。

7.4 植物新品种权的限制

7.4.1 合理使用

法律允许他人在有些情况下，可以不经植物新品种权人的同意，不向植物新品种权人支付使用费，就可利用该植物新品种。我国《植物新品种保护条例》规定了两种情形：一是利用授权品种进行育种及其他科研活动的；二是农民自繁自用授权品种的繁殖材料的。但我国法律同时规定，合理使用人在合理使用期间不得侵犯植物新品种权人的其他权利。

7.4.2 强制许可使用

审批机关为了国家利益或者公共利益，可以做出实施植物新品种强制许可的决定，并予以登记和公告。取得实施强制许可的单位或个人，应当付给植物新品种权人合理的使用费。使用费的数额，由双方协商；不能达成协议的，由审批机关裁决。植物新品种权人对强制许可决定或强制许可使用费的裁决不服的，可以自收到通知之日起3个月内向人民法院提起诉讼。

7.5 植物新品种权的期限、终止和无效

植物新品种权的保护期限是自授权之日起，藤本植物、林木、果树和观赏树木为20年，其他植物为15年。

有下列情形之一的，品种权在其保护期限届满前终止：

（1）品种权人以书面声明放弃品种权的；

（2）品种权人未按照规定缴纳年费的；

（3）品种权人未按照审批机关的要求提供检测所需的该授权品种的繁殖材料的；

（4）经检测该授权品种不再符合被授予品种权时的特征和特性的。

品种权的终止，由审批机关登记和公告。自审批机关公告授予品种权之日起，植物新品种复审委员会可以依据职权或者依据任何单位或者个人的书面请求，对不符合规定的植物新品种权宣告品种权无效。宣告品种权无效的决定，由审批机关登记和公告，并通知当事人。对植物新品种复审委员会的决定不服的，可以自收到通知之日起3个月内向人民法院提起诉讼。被宣告无效的品种权视为自始不存在。

7.6 植物新品种权的保护

7.6.1 临时保护

品种权被授予后，在自初步审查合格公告之日起至被授予品种权之日止的期间，对未经申请人许可，为商业目的生产或者销售该授权品种的繁殖材料的单位和个人，品种权人享有追偿的权利。

7.6.2 商业利用的禁止

未经品种权人许可，以商业目的生产或者销售授权品种的繁殖材料的，品种权人或者利害关系人可以请求省级以上人民政府农业、林业行政部门依据各自的职权进行处理，也可以直接向人民法院提起诉讼。

省级以上人民政府农业、林业行政部门依据各自的职权，根据当事人自愿的原则，

对侵权所造成的损害赔偿可以进行调解。调解达成协议的，当事人应当履行；调解未达成协议的，品种权人或者利害关系人可以依照民事诉讼程序向人民法院提起诉讼。

省级以上人民政府农业、林业行政部门依据各自的职权处理品种权侵权案件时，为维护社会公共利益，可以责令侵权人停止侵权行为，没收违法所得和植物品种繁殖材料；货值金额5万元以上的，可处货值金额1倍以上5倍以下的罚款；没有货值金额或者货值金额5万元以下的，根据情节轻重，可处25万元以下的罚款。

7.6.3 假冒授权品种的禁止

假冒授权品种的，由县级以上人民政府农业、林业行政部门依据各自的职权责令停止假冒行为，没收违法所得和植物品种繁殖材料；货值金额5万元以上的，处货值金额1倍以上5倍以下的罚款；没有货值金额或者货值金额5万元以下的，根据情节轻重，处25万元以下的罚款；情节严重，构成犯罪的，依法追究刑事责任。省级以上人民政府农业、林业行政部门依据各自的职权在查处品种权侵权案件和县级以上人民政府农业、林业行政部门依据各自的职权在查处假冒授权品种案件时，根据需要，可以封存或者扣押与案件有关的植物品种的繁殖材料，查阅、复制或者封存与案件有关的合同、账册及有关文件。

8 集成电路布图设计权法律制度

8.1 集成电路布图设计权的概念和特征

8.1.1 集成电路布图设计权的概念

我国《集成电路布图设计保护条例》第二条规定，集成电路，是指半导体集成电路，即以半导体材料为基片，将至少有一个是有源元件的两个以上元件和部分或者全部互连线路集成在基片之中或者基片之上，以执行某种电子功能的中间产品或者最终产品。集成电路布图设计，是指集成电路中至少有一个是有源元件的两个以上元件和部分或者全部互连线路的三维配置，或者为制造集成电路而准备的上述三维配置。

布图设计需要投入相当的资金和人力，而仿造却比较容易、成本低、耗时短。因此，为了保护开发者的积极性，保护微电子技术及行业的发展，有必要以法律形式对集成电路布图设计予以保护。

8.1.2 集成电路布图设计权的特征

集成电路布图设计具有工业版权的性质，基本特征表现为：

1. 独创性

我国《集成电路布图设计保护条例》第四条第一款规定，受保护的布图设计应当具有独创性，即该布图设计是创作者自己的智力劳动成果，并且在其创作时该布图设计在布图设计创作者和集成电路制造者中不是公认的常规设计。

2. 无形性

布图设计是确定用以制造集成电路的电子元件在一个传导材料中的排列和连接的布局设计。布图设计可以固定在磁盘或掩膜上，也可以固定在集成电路产品中，但这些磁盘或集成电路只是它的物质载体，布图设计本身是无形的。这就如同作品可以固定在书本或磁盘上，而作品本身是无形的。布图设计的无形性特点是它成为知识产权客体的主要原因。

3. 可复制性

布图设计虽然是无形的，但它也同其他无形财产一样，具有客观表现形式和可复制性。布图设计若要得到法律的保护，也必须具有一定的表现形式，必须固定于某种物质载体上，为人们感知，并可以复制。在集成电路产品的生产中，布图设计被固定于磁盘或掩膜中，并被大量复制于集成电路产品内。

8.1.3 集成电路布图设计权与著作权、工业产权的区别

集成电路布图设计权具有其独特性，与著作权和工业产权相对照，有其自身的特点。

1. 集成电路布图设计权的产生方式与著作权不同，只有在履行一定的法律程序后才能产生

集成电路作为一种工业产品，一旦投放市场将被应用于各个领域，性能优良的集成电路可能会因其商业价值引来一些不法厂商的仿冒。另一方面，由于集成电路布图设计受到诸多因素的限制，其表现形式是有限的，这就可能存在不同人完全独立地设计出具有相同实质性特点的布图设计的情况。这就是说，集成电路布图设计具有一定的客观自然属性，其人身性远不及普通著作权客体那样强。所以法律在规定集成电路布图设计权的产生时，必须对权利产生方式做出专门规定，否则便无法确认集成电路布图设计在原创人和仿冒人之间，以及不同的独立原创人之间的权利归属。

2. 集成电路布图设计权中的复制权，与著作权中的复制权相比，受到更多的限制

翻开各国集成电路技术的发展史，反向工程在技术的发展中有着不可取代的作用。如果照搬著作权法中关于复制权的规定，实施反向工程将被认为是侵权行为。为了电子工业和集成电路技术的发展，应当对复制权加以一定的限制，允许在一定条件下或合理范围内实施反向工程。

3. 与工业产权相比，集成电路布图设计权产生的实质性条件也有所不同

专利法中“创造性”条件要求申请专利的技术方案具备“实质性特点”，而大多数集成电路达不到这一要求。比如，在设计专用集成电路时，常将一些已为人所熟知的单元电路加以组合，这种拼凑而成的集成电路大多难以满足专利法的创造性要求，这使得大量集成电路得不到专利法的保护，这正是传统专利制度与集成电路这一新型客体之间不协调的一面。所以集成电路保护法在创造性方面的要求不应像专利法要求那么严，但也不能像著作权法完全不要求任何创造高度要求，因为布图设计的价值毕竟体现在工业应用上。

8.2 集成电路布图设计权的内容

依据我国《集成电路布图设计保护条例》的规定，集成电路布图设计权包含三个方面的内容。

8.2.1 复制权

复制权是指对受保护的集成电路布图设计的全部或者其中任何具有独创性的部分进行复制的专有权。复制是指重复制作布图设计或者含有该布图设计的集成电路的行为。

8.2.2 商业利用权

商业利用权是指将受保护的集成电路布图设计、含有该设计的集成电路或者含有该集成电路的物品投入商业利用的专有权。商业利用是指为商业目的进口、销售或者以其他方式（如出租、展览、陈列等）提供受保护的集成电路布图设计、含有该设计的集成电路或者含有该集团电路的物品的行为。

8.2.3 处分权

处分权是指将集成电路布图设计权出让给他人或许可他人使用的权利。我国《集成电路布图设计保护条例》第二十二条的规定，布图设计权利人可以将其专有权转让或者许可他人使用其布图设计。转让布图设计专有权的，当事人应当订立书面合同，并向国务院知识产权行政部门登记，由国务院知识产权行政部门予以公告。布图设计专有权的转让自登记之日起生效。许可他人使用其布图设计的，当事人应当订立书面合同。

8.3 集成电路布图设计权的取得、限制和保护

8.3.1 集成电路布图设计权的取得

1. 主体资格

我国《集成电路布图设计保护条例》第三条规定，中国自然人、法人或者其他组织创作的布图设计，依照本条例享有布图设计专有权；外国人创作的布图设计首先在中国境内投入商业利用的，依照本条例享有布图设计专有权；外国人创作的布图设计，其创作者所属国同中国签订有关布图设计保护协议或共同参加国际条约的，依照本条例享有布图设计专有权。

2. 客体资格

集成电路布图设计必须具备独创性。布图设计应当是作者依靠自己的脑力劳动完成的，设计必须是突破常规的设计或者即使设计者使用常规设计但通过不同的组合方式体现出独创性时，都可以获得法律保护。

3. 方式和程序

目前，世界各国主要采取三种取得方式：自然取得，登记取得，使用与登记取得。大多数国家采取登记取得制，我国也采取登记取得制度。《集成电路布图设计保护条例》第八条规定，布图设计专有权经国务院知识产权行政部门登记产生。

国务院知识产权行政部门负责布图设计登记工作，受理布图设计登记申请。申请登记的布图设计涉及国家安全或者重大利益，需要保密的，按照国家有关规定办理。申请布图设计登记，应当提交布图设计登记申请表，布图设计的复制件或者图样，布图设计已投入商业利用的，提交含有该布图设计的集成电路样品，国务院知识产权行

政部门规定的其他材料。布图设计自其在世界任何地方首次商业利用之日起 2 年内，未向国务院知识产权行政部门提出登记申请的，国务院知识产权行政部门不再予以登记。布图设计登记申请经初步审查，未发现驳回理由的，由国务院知识产权行政部门予以登记，发给登记证明文件，并予以公告。布图设计登记申请人对国务院知识产权行政部门驳回其登记申请的决定不服的，可以自收到通知之日起 3 个月内，向国务院知识产权行政部门请求复审。国务院知识产权行政部门复审后，做出决定，并通知布图设计登记申请人。布图设计登记申请人对国务院知识产权行政部门的复审决定仍不服的，可以自收到通知之日起 3 个月内向人民法院起诉。布图设计获准登记后，国务院知识产权行政部门发现该登记不符合本条例规定的，应当予以撤销，通知布图设计权利人，并予以公告。布图设计权利人对国务院知识产权行政部门撤销布图设计登记的决定不服的，可以自收到通知之日起 3 个月内向人民法院起诉。在布图设计登记公告前，国务院知识产权行政部门的工作人员对其内容负有保密义务。

8.3.2 集成电路布图设计权的限制

为平衡权利人与社会公众之间的利益，集成电路布图设计权受到一定的限制。

1. 合理使用

我国《集成电路布图设计保护条例》第二十三条规定，下列行为可以不经布图设计权利人许可，不向其支付报酬：①为个人目的或者单纯为评价、分析、研究、教学等目的而复制受保护的布图设计的；②在依据前项评价、分析受保护的布图设计的基础上，创作出具有独创性的布图设计的；③对自己独立创作的与他人相同的布图设计进行复制或者将其投入商业利用的。

2. 权利用尽

权利用尽又称为权利穷竭，是指布图设计权利人或经其授权的人将布图设计或含有该布图设计的集成电路产品投放市场后，对与该布图设计有关的商业利用行为，不再享有控制权。从此，任何人无须征求布图设计权利人或其授权人的许可，即进口、销售或以其他方式来使用该布图设计。就此而言，该原则限制了布图设计人在产品销售后的控制权，便利产品的购买者自由处理手中的产品，从而有利于市场中商品的正常流通。

3. 强制许可

强制许可，是指国家主管机关根据法律规定的情形，不经布图设计权人的许可，授权他人布图设计的一种法律制度。规定强制许可的目的一般是为了维护社会公共利益，使公众有机会利用先进的集成电路产品。我国《集成电路布图设计保护条例》第二十五条至第二十九条规定，在国家出现紧急状态或者非常情况时，或者为了公共利益的目的，或者经人民法院、不正当竞争行为监督检查部门依法认定布图设计权利人有不正当竞争行为而需要给予补救时，国务院知识产权行政部门可以给予使用其布图设计的非自愿许可。国务院知识产权行政部门做出给予使用布图设计非自愿许可的决定，应当及时通知布图设计权利人。给予使用布图设计非自愿许可的决定，应当根据非自愿许可的理由，规定使用的范围和时间，其范围应当限于为公共目的非商业性使用，或者限于经人民法院、不正当竞争行为监督检查部门依法认定布图设计权利人有不正当竞争行为而需要给予的补救。非自愿许可的理由消除并不再发生时，国务院知识产权行政部门应当根据布图设计权利人的请求，经审查后做出终止使用布图设计非自愿许可的决定。取得使用布图设计非自愿许可的自然人、法人或者其他组织不享有独占的使用权，并且无权允许他人使用。取得使用布图设计非自愿许可的自然人、法人或者其他组织应当向布图设计权利人支付合理的报酬，其数额由双方协商；双方不能达成协议的，由国务院知识产权行政部门裁决。布图设计权利人对国务院知识产权行政部门关于使用布图设计非自愿许可的决定不服的，布图设计权利人和取得非自愿许可的自然人、法人或者其他组织对国务院知识产权行政部门关于使用布图设计非自愿许可的报酬的裁决不服的，可以自收到通知之日起3个月内向人民法院起诉。

4. 善意购买

如果一个人不知情购买了含有非法复制的受保护的布图设计的集成电路产品，而将该产品进口、销售或从事其他商业利用，不追究其法律责任。这是因为布图设计具有高度的集成化特点，非常复杂和微小，普通买主很难辨认出自己购买的集成电路产品中是否含有非法复制的受保护的布图设计。为了保护集成电路经销者的积极性，维护贸易的正常进行，各国集成电路产品的保护法一般都对不知情侵权者的责任不予追究。尽管法律对善意买主不追究法律责任，但是，当善意买主在知道购买了含有非法复制的受保护的布图设计的集成电路产品后，应当向布图设计权人支付其原本应该支付的费用，才能继续将该产品进口、销售或从事其他商业利用，否则该原则不再适用。我国《集成电路布图设计保护条例》第三十三条规定，在获得含有受保护的布图设计的集成电路或者含有该集成电路的物品时，不知道也没有合理理由应当知道其中含有非法复制的布图设计，而将其投入商业利用的，不视为侵权。前款行为人得到其中含有非法复制的布图设计的明确通知后，可以继续将现有的存货或者此前的订货投入商业利用，但应当向布图设计权利人支付合理的报酬。

8.3.3 集成电路布图设计权的保护

1. 集成电路布图设计权的保护期限

我国《集成电路布图设计保护条例》第十二条规定，布图设计专有权的保护期为10年，自布图设计登记申请之日或者在世界任何地方首次投入商业利用之日起计算，以较前日期为准。但是，无论是否登记或者投入商业利用，布图设计自创作完成之日起15年后，不再受本条例保护。

我国《集成电路布图设计保护条例》第十三条规定，布图设计专有权属于自然人的，该自然人死亡后，其专有权在本条例规定的保护期内依照继承法的规定转移。布图设计专有权属于法人或者其他组织的，法人或者其他组织变更、终止后，其专有权在本条例规定的保护期内由承继其权利、义务的法人或者其他组织享有；没有承继其权利、义务的法人或者其他组织的，该布图设计进入公有领域。

2. 集成电路布图设计权的侵权责任

我国《集成电路布图设计保护条例》规定，未经布图设计权利人许可，复制受保护的布图设计的全部或者其中任何具有独创性的部分的，或为商业目的进口、销售或者以其他方式提供受保护的布图设计、含有该布图设计的集成电路或者含有该集成电路的物品的，属于侵犯布图设计专有权的行为，行为人必须立即停止侵权行为，并承担赔偿责任。

根据侵权类型和损害后果，布图设计侵权人应当承担民事责任和行政责任。

民事责任包括停止侵害和赔偿损失两种方式。侵犯布图设计专有权的赔偿数额为侵权人所获得的利益或者被侵权人所受到的损失，包括被侵权人为制止侵权行为所支付的合理开支。布图设计权利人或者利害关系人有证据证明他人正在实施或者即将实施侵犯其专有权的行为，如不及时制止将会使其合法权益受到难以弥补的损害的，可以在起诉前依法向人民法院申请采取责令停止有关行为和财产保全的措施。

我国《集成电路布图设计保护条例》第三十一条对行政责任做出了规定，国务院知识产权行政部门处理因侵权而引起的纠纷时，认定侵权行为成立的，可以责令侵权人立即停止侵权行为，没收、销毁侵权产品或者物品。当事人不服的，可以自收到处理通知之日起15日内依照《中华人民共和国行政诉讼法》向人民法院起诉；侵权人期满不起诉又不停止侵权行为的，国务院知识产权行政部门可以请求人民法院强制执行。

9 商业秘密权法律制度

9.1 商业秘密概述

知识经济时代，商业秘密已经成为人类智力劳动最重要的成果之一，它关乎企业的竞争力，是企业取得竞争优势的重要手段，对企业的发展至关重要，甚至可以直接影响到企业的生存，加强对商业秘密的法律保护和对商业秘密保护法的理论研究已经成为社会的共识。

9.1.1 商业秘密的概念

国际公约及各国的法律从不同视角对“商业秘密”进行了表述，虽然表面上不一致，但实质是一样的。世界贸易组织《与贸易有关的知识产权协议》对商业秘密的规定是：“其在某种意义上属于秘密，即其整体或者要素的确切体现或组合，未被通常涉及该信息有关范围的人普遍所知或者容易获得；由于是秘密而具有商业价值；并且，是在特定情势下合法控制该信息之人的合理保密措施的对象。”

美国法律协会于1939年制定《侵权法重述》中，采取了非穷尽的列举方式来表述商业秘密：“商业秘密可以包括任何配方、式样、设置和信息之汇集，并且被用于某人的商业，给他以机会，获得高于不知或不使用它的竞争者的优势。它可以是某种化学合成物的配方，一种加工或处理材料的制造方法，一种机器或其他设置的式样，或者一份客户名单。”1979年，美国统一州法委员会发布了《统一商业秘密法》，对商业秘密所下的定义是：“商业秘密意指信息，包括配方、式样、汇编、程序、设置、方法、技术和工艺。”美国法学会在1995年公布的《反不正当竞争法重述》（也称《不公平竞争法第三次重述》）对商业秘密的表述是：“商业秘密是可用于商业或其他产业活动的信息，而且具有足够的价值性和秘密性，产生实际的或潜在的高于其他人的经济优势。”其中关于“保护客体”认为，商业秘密可以包括配方、式样、数据汇编、计算机程序、设置、方法、技术、工艺或其他形式或载体的有经济价值的信息，一项商业秘密可以与技术主题有关，也可以与商业活动的其他方面有关。美国《1996年经济间谍法》将商业秘密广泛地界定为下列信息：①所有人采取了“合理的措施”保护其秘密性；②因“不为普遍知悉”以及公众不易“通过正当手段获取”，而具有“独立的经济价值”。商业秘密包括符合这两项要件的任何金融的、商业的、科学的、技术的、经济的或者工程的信息。加拿大《统一商业秘密法》第一条规定：“商业秘密意指特定信息，该信息：①已经或将要用于行业和业务之中；②在该行业或业务中尚未公知；

③因为尚未公知，因而具有经济价值，并且是在特定情势下为防止其被公知已尽合理保密努力的对象。”日本《不正当竞争防止法》第二条规定：“本法所称的商业秘密是指作为秘密进行管理，尚未众所周知的生产方法、销售方法及其他经营活动中实用的技术上和经营上的情报。”

1991年4月9日颁布的《中华人民共和国民事诉讼法》规定，涉及商业秘密的证据，需要在法庭出示的，不得在公开开庭时出示；涉及商业秘密的案件，当事人申请不公开审理的，可以不公开审理。在这里，首次使用了“商业秘密”这一法律术语，1993年9月2日通过的《反不正当竞争法》第十条第三款明确了商业秘密的概念，即“商业秘密，是指不为公众所知悉、能为权利人带来经济利益、具有实用性并经权利人采取保密措施的技术信息和经营信息”。国家工商行政管理局于1995年公布、1998年修订的《关于禁止侵犯商业秘密行为的若干规定》对商业秘密概念中的相关术语进行了解释，即“不为公众所知悉”，是指该信息是不能从公开渠道直接获取的；“能为权利人带来经济利益、具有实用性”，是指该信息具有确定的可应用性，能为权利人带来现实的或者潜在的经济利益或者竞争优势；“权利人采取保密措施”，包括订立保密协议，建立保密制度及采取其他合理的保密措施；“技术信息和经营信息”，包括设计、程序、产品配方、制作工艺、制作方法、管理诀窍、客户名单、货源情报、产销策略、招投标中的标底及标书内容等信息；“权利人”，是指依法对商业秘密享有所有权或者使用权的公民、法人或者其他组织。2015年2月4日通过的《最高人民法院关于适用〈中华人民共和国民事诉讼法〉的解释》对“商业秘密”进行了解释：“民事诉讼法第六十八条、第一百三十四条、第一百五十六条规定的商业秘密，是指生产工艺、配方、贸易联系、购销渠道等当事人不愿公开的技术秘密、商业情报及信息。”

9.1.2　商业秘密的范围

商业秘密的涵盖范围相当广阔，任何与生产活动、经营活动有关的商业信息，都可能构成商业秘密。有学者主张用否定式的定义方式，即除了与国计民生有重要关系的国家秘密和涉及个人生活及隐私的私人秘密之外，其他所有秘密都属于商业秘密的保护范围。还有学者认为，除了当事人愿意以申请专利形式公开换取专利保护的信息，和以作品形式公开换取著作权保护的信息之外，任何其他信息都可以商业秘密形式加以保护。

按照我国《反不正当竞争法》和国家工商行政管理总局的《关于禁止侵犯商业秘密行为的若干规定》的有关规定，商业秘密包括技术信息和经营信息两个方面。

技术信息是指在生产经营过程中所总结或发现的某种技术性成果，如图纸、计算机软件、质量控制、应用试验、制作工艺、技术样品、工业配方、化学配方、技术设计等。技术信息类的商业秘密，有时也被称作技术秘密、非专利技术、专有技术，在国际贸易领域被称作Know-How。

经营信息是指具有竞争优势的用于经营的信息。如客户名单、原材料供应商名单、价格表、成本核算表、折扣或回扣计算表、各种明细表、特殊的簿记方法、会计方法、市场销售方面的调查材料和技术窍门，甚至包括办公室的管理办法，等等。总之，能够带来竞争优势的任何具体商业信息，都可构成商业秘密。

9.1.3 商业秘密的构成要件

从商业秘密的范围看，商业秘密包括技术信息和经营信息，但市场竞争中涉及的技术信息和经营信息形形色色，所有的这些信息是否都可以得到法律保护，并不尽然。这就要求这些信息需具备一定的条件，也就是说，要符合法律规定的商业秘密构成要件。从国际公约及各国立法来看，商业秘密的构成要件一般包括以下几个方面：

1. 秘密性

秘密性是商业秘密最基本的、核心的构成要件。从有关条文的表述中可以看出，商业秘密的秘密性体现在作为商业秘密的信息没有被公众了解或不能从公开渠道直接获得。如果能够从公共渠道自由获得，或者可以为任何人自由使用，那么，这样的信息就不属于商业秘密范畴。《与贸易有关的知识产权协议》规定中指出，未披露的信息，在一定意义上“属于秘密”，即该信息“并非通常从事有关该信息工作之领域的人们所普遍了解或容易获得的”；《反不正当竞争示范条款》规定“秘密信息”应“不为那些通常涉及此类信息的同业者所共知或易于获得”；我国《反不正当竞争法》规定商业秘密应符合“不为公众所知悉”这一要件，即该信息是不能从公开渠道直接获取的。秘密性是商业秘密与专利技术、公知技术相区别的最显著特征，也是商业秘密维系其经济价值和法律保护的前提条件。

同时，要注意到，商业秘密的秘密性是相对的，并不是除了权利人之外绝对没有其他人知晓，只要不为众所周知即可。常见知悉商业秘密的特定人群一般包括：①负责实施权利人商业秘密的雇员或员工，包括过去和现在与权利人产生过雇佣关系或劳动关系的人；②合同约定下负有保密义务的人，如技术合同的受让方；③法律规定或者行为的性质决定了其负有保密义务的人，如参加学术研讨会、成果鉴定会、法庭庭审等活动而知悉商业秘密的人。另一方面，“公众”在地域范围上具有相对性。不同地区经济发展、科学技术的发展很不平衡，有的技术在经济发达地区已成为公知技术在应用，而在偏远地区和经济落后地区可能还不为人知，属于先进技术。和国外相比，中国与世界先进国家在科技方面存在着差距。某些在国外广为应用的技术，被我国企业当作先进技术引进之后，具有秘密性。由此可见，秘密性的地域范围有一确定的空间标准，随着个案中涉及的有利益冲突的主体的性质的不同而不同。例如当所涉及的是两个跨国公司的竞争关系时则应考虑世界范围内的相关公众，如果涉及的是一个国家的两大企业之间的竞争关系，则应考虑这个国家的公众。

2. 价值性

商业秘密的价值性是指该项技术信息或经营信息能够为权利人带来现实的或者潜在的经济利益或竞争优势，具有确定的应用性。具有实用性且能够为权利人带来经济利益，这是实现商业秘密价值性的必然要求。如《与贸易有关的知识产权协议》中提出的“未披露的信息”必须符合的条件之一即“因其属于秘密而具有商业价值”。《反不正当竞争示范条款》对“秘密信息”做出了同样的规定。美国《侵权法重述》在为商业秘密所下定义中的“获得高于不知或不使用它的竞争者的优势”，即指商业秘密的价值性。《统一商业秘密法》则将这种商业价值明确为“经济价值”，即“由于不为他人广泛所知，他人用正当手段不能轻易获得，因而具有实际的或潜在的独立经济价值，并且他人因其披露或使用也能获得经济价值。”我国《反不正当竞争法》规定商业秘密的构成应当包括“能为权利人带来经济利益”这一要件，根据《关于禁止侵犯商业秘密行为的若干规定》，“能为权利人带来经济利益”是指该信息“能为权利人带来现实的或者潜在的经济利益或者竞争优势”。

商业秘密的价值性从一定程度上说明了对商业秘密给予法律保护的内在原因。维持商业秘密的秘密状态，追求经济利益，是权利人取得商业秘密并努力维护所享有的商业秘密权的内在动力，这样，可以获得并维持高于竞争对手的竞争优势；同样，从维持良好的市场竞争秩序来看，势必促使国际条约及各国立法保护商业秘密，维护权利人的经济利益和市场有序竞争。商业秘密的价值性既包括现实的经济利益或竞争优势，也应包括潜在的价值。同时，商业秘密的价值性需要通过其实用性体现出来，即一项商业秘密必须能够在生产经营中实际应用，其价值性才能得以体现。如我国《反不正当竞争法》规定，商业秘密应当具有实用性，即作为商业秘密的信息必须具有确定的可用性。实用性条件要求技术信息、经营信息具有确定性，对于确定性的理解，它应该是个相对独立完整的、具体的、可操作性的方案或阶段性技术成果。零星的、散逸的知识、经验或者处于纯理论阶段的原理、概念或范畴，不具有实用价值，因而不构成商业秘密。另外，商业秘密必须有一定的表现形式，如一个化学配方、一项工艺流程说明书和图纸、制造产品的技术方案、管理档案等等。但实用性要求并非要求某项商业秘密已在实际中应用，而只要求其满足应用的现实可能性即可。

3. 保密性

商业秘密的保密性，又称作秘密管理性或采取保密措施，是指权利人为保持商业秘密的秘密性采取合理的保密措施。具体来讲，权利人主观上要有对相关商业信息进行保护的意识，客观上又采取了具体的保密措施，使信息处于独占状态，这样的商业秘密信息才能获得法律认可。《与贸易有关的知识产权协议》及《反不正当竞争示范条款》对商业秘密要件的规定中均提出了保密措施的要求。我国《反不正当竞争法》也规定，商业秘密必须经权利人采取保密措施，包括订立保密协议，建立保密制度及采取其他合理的保密措施。《最高人民法院关于审理不正当竞争民事案件应用法律若干问题的解释》第十一条第一款规定，权利人为防止信息泄露所采取的与其商业价值等具体情况相适应的合理保护措施，应当认定为反不正当竞争法第十条第三款规定的“保密措施”。第二款规定，人民法院应当根据所涉信息载体的特性、权利人保密的意愿、保密措施的可识别程度、他人通过正当方式获得的难易程度等因素，认定权利人是否采取了保密措施。第三款规定，具有下列情形之一，在正常情况下足以防止涉密信息泄漏的，应当认定权利人采取了保密措施：①限定涉密信息的知悉范围，只对必须知悉的相关人员告知其内容；②对于涉密信息载体采取加锁等防范措施；③在涉密信息的载体上标有保密标志；④对于涉密信息采用密码或者代码等；⑤签订保密协议；⑥对于涉密的机器、厂房、车间等场所限制来访者或者提出保密要求；⑦确保信息秘密的其他合理措施。这些规定强调了保密措施与“被保密”信息之间的“适应性”，或者说是“合理性”，并说明了考虑保密措施合理性的有关因素。实践中，我国的行政执法机关和司法机关判定保密措施所采取的都是合理性标准，从各国的立法和实践来看，权利人只要采取了合理的保密措施即认为是合适的，要求万无一失的保密措施不切合实际，权利人也难以做到。

9.2 商业秘密保护的法律规定

市场经济中，商业秘密是参与市场竞争的秘密武器，是在同行业中取得优势的一大法宝。随着世界经济一体化发展，商业秘密的地位和作用将会显得愈来愈重要。市场竞争在一定意义上说，是商业秘密的争夺战。谁能及时掌握各种商业秘密，并能通过对其分析形成正确的决策和竞争策略，谁就能在市场竞争中处于有利地位，获取更大的利益。在市场经济运行过程中，正当竞争与不正当竞争始终并存。商业秘密被泄露或被他人盗用，就会给权利人造成无法估量的损失。因此，在法律上给予商业秘密充分有效的保护，维持市场经济秩序，是每一个商业秘密权利人都十分关心的问题。可是，在绝大多数国家中，商业秘密的实体法保护显得相对较弱。从各国的司法实践看，部分国家与地区制定了专门的商业秘密保护法之外，多数国家尚未制定保护商业秘密的专门性法律，对商业秘密的保护还处于不断完善的进程中。

目前，我国主要通过反不正当竞争法、合同法、劳动法及刑法中的有关规定对商业秘密实施保护，并以民事保护为主，刑事只是作为一种补充性保护手段。

9.2.1 商业秘密的反不正当竞争法保护

《反不正当竞争法》第十条规定，经营者不得采用下列手段侵犯商业秘密：①以盗窃、利诱、胁迫或者其他不正当手段获取权利人的商业秘密；②披露、使用或者允许他人使用以前项手段获取的权利人的商业秘密；③违反约定或者违反权利人有关保守商业秘密的要求，披露、使用或者允许他人使用其所掌握的商业秘密。第三人明知或者应知前款所列违法行为，获取、使用或者披露他人的商业秘密，视为侵犯商业秘密。《最高人民法院关于审理不正当竞争民事案件应用法律若干问题的解释》第九条规定，有关信息不为其所属领域的相关人员普遍知悉和容易获得，应当认定为《反不正当竞争法》第十条第三款规定的“不为公众所知悉”。具有下列情形之一的，可以认定有关信息不构成不为公众所知悉：①该信息为其所属技术或者经济领域的人的一般常识或者行业惯例；②该信息仅涉及产品的尺寸、结构、材料、部件的简单组合等内容，进入市场后相关公众通过观察产品即可直接获得；③该信息已经在公开出版物或者其他媒体上公开披露；④该信息已通过公开的报告会、展览等方式公开；⑤该信息从其他公开渠道可以获得；⑥该信息无需付出一定的代价而容易获得。

9.2.2 商业秘密的合同法以及劳动法保护

合同在现代社会具有重要的意义，能给权利人带来财富的商业秘密同样需要以合同的形式加以保护。合同是商业秘密权利人加强管理，发挥商业秘密竞争优势，实现其经济效益的重要手段。通过签订合同，在合同中加入保护商业秘密的条款，用于约束合同当事人，从而起到保护商业秘密的作用。合同法主要是通过规定合同当事人的保守商业秘密义务来保障商业秘密权利人的合法权益。《合同法》第四十三条规定，当事人在订立合同过程中知悉的商业秘密，无论合同是否成立，不得泄露或者不正当地使用。泄露或者不正当地使用该商业秘密给对方造成损失的，应当承担损害赔偿责任。《中华人民共和国劳动法》（简称《劳动法》）第二十二条规定，劳动合同当事人可以在劳动合同中约定保守用人单位商业秘密的有关事项。《中华人民共和国劳动合同法》（简称《劳动合同法》）第二十三条规定，用人单位与劳动者可以在劳动合同中约定保守用人单位的商业秘密和与知识产权相关的保密事项。对负有保密义务的劳动者，用人单位可以在劳动合同或者保密协议中与劳动者约定竞业限制条款，并约定在解除或者终止劳动合同后，在竞业限制期限内按月给予劳动者经济补偿。劳动者违反竞业限制约定的，应当按照约定向用人单位支付违约金。《劳动合同法》第二十四条规定，竞业限制的人员限于用人单位的高级管理人员、高级技术人员和其他负有保密义务的人员。竞业限制的范围、地域、期限由用人单位与劳动者约定，竞业限制的约定不得违反法律、法规的规定。在解除或者终止劳动合同后，前款规定的人员到与本单位生产或者经营同类产品、从事同类业务的有竞争关系的其他用人单位，或者自己开业生产或者经营同类产品、从事同类业务的竞业限制期限，不得超过二年。

9.2.3 商业秘密的刑法保护

《刑法》第二百一十九条规定，有下列侵犯商业秘密行为之一，给商业秘密的权利人造成重大损失的，处三年以下有期徒刑或者拘役，并处或者单处罚金；造成特别严重后果的，处三年以上七年以下有期徒刑，并处罚金：①以盗窃、利诱、胁迫或者其他不正当手段获取权利人的商业秘密的；②披露、使用或者允许他人使用以前项手段获取的权利人的商业秘密的；③违反约定或者违反权利人有关保守商业秘密的要求，披露、使用或者允许他人使用其所掌握的商业秘密的。明知或者应知前款所列行为，获取、使用或者披露他人的商业秘密的，以侵犯商业秘密论。本条所称商业秘密，是指不为公众所知悉，能为权利人带来经济利益，具有实用性并经权利人采取保密措施的技术信息和经营信息。本条所称权利人，是指商业秘密的所有人和经商业秘密所有人许可的商业秘密使用人。《刑法》第二百二十条规定，单位犯本节第二百一十三条至第二百一十九条规定之罪的，对单位判处罚金，并对其直接负责的主管人员和其他直接责任人员，依照本节各该条的规定处罚。

《关于办理侵犯知识产权刑事案件具体应用法律若干问题的解释》第七条规定，实施《刑法》第二百一十九条规定的行为之一，给商业秘密的权利人造成损失数额在五十万元以上的，属于“给商业秘密的权利人造成重大损失”，应当以侵犯商业秘密罪判处三年以下有期徒刑或者拘役，并处或者单处罚金。给商业秘密的权利人造成损失数额在二百五十万元以上的，属于《刑法》第二百一十九条规定的“造成特别严重后果”，应当以侵犯商业秘密罪判处三年以上七年以下有期徒刑，并处罚金。第十五条规定，单位实施《刑法》第二百一十三条至第二百一十九条规定的行为，按照本解释规定的相应个人犯罪的定罪量刑标准的三倍定罪量刑。

9.2.4 商业秘密的其他法律的保护

《中华人民共和国促进科技成果转化法》第十一条规定，国家建立、完善科技报告制度和科技成果信息系统，向社会公布科技项目实施情况以及科技成果和相关知识产权信息，提供科技成果信息查询、筛选等公益服务。公布有关信息不得泄露国家秘密和商业秘密。对不予公布的信息，有关部门应当及时告知相关科技项目承担者。第三十条规定，科技中介服务机构提供服务，应当遵循公正、客观的原则，不得提供虚假的信息和证明，对其在服务过程中知悉的国家秘密和当事人的商业秘密负有保密义务。第四十一条规定，科技成果完成单位与其他单位合作进行科技成果转化的，合作各方应当就保守技术秘密达成协议；当事人不得违反协议或者违反权利人有关保守技术秘密的要求，披露、允许他人使用该技术。第四十二条规定，企业、事业单位应当建立健全技术秘密保护制度，保护本单位的技术秘密。职工应当遵守本单位的技术秘密保护制度。企业、事业单位可以与参加科技成果转化的有关人员签订在职期间或者离职、离休、退休后一定期限内保守本单位技术秘密的协议；有关人员不得违反协议约定，泄露本单位的技术秘密和从事与原单位相同的科技成果转化活动。

9.3 侵犯商业秘密权的行为及法律救济

9.3.1 商业秘密权的性质

在英美法系国家，特别是美国，将商业秘密视为权利人的私有财产，认为商业秘密权是财产权。大陆法系国家对于商业秘密的保护一般依据的是合同法或侵权行为法，不认为商业秘密是财产权。但在日本，对商业秘密的保护，给予了商业秘密的权利人以排除妨害的请求权。这种类似物权的保护方法的出现，意味着日本承认商业秘密包含有财产利益。其实，20世纪60年代，国际商会已经率先将商业秘密视为知识产权。其后，在一些正式文件中也出现了认同商业秘密具有知识产权属性的趋向。如1992年中美知识产权谅解备忘录就是将商业秘密归入知识产权范围的。在《与贸易有关的知识产权协定》中，商业秘密被明确作为一种财产权利，作为知识产权的客体加以规定。我国长期以来深受大陆法的影响，对商业秘密的保护一般是作为契约关系、竞争手段加以规定的。作为一种社会关系，商业秘密可以被不同的法律从不同的角度加以规范和保护，商业秘密也可以作为一种财产权纳入知识产权保护体系。

商业秘密权具有知识产权的本质特征，又不同于知识产权而具有自己的特征：①商业秘密权的权利主体不是单一的，同样的商业秘密可以为不同主体所控制，并且二者都采取了保密措施，这样，多个权利主体可以对同一个商业秘密进行占有、使用、处分和收益。只要相互独立的主体之间通过其独立研发、创造或其他的合法手段，取得相同或类似的技术，只要不向外界公布，均可以成为商业秘密权的权利人。②作为商业秘密权客体的技术信息和经营信息自身具有个性特征。技术信息具有创造性，并且不同的技术信息的水平不同，而经营信息无明显的创造性，具有秘密性特点，因而，在确定一项信息是否属于商业秘密时，必须从其商业秘密构成要件去看。③商业秘密的保护期是不确定的，如果能永久保密，则享有无限的保护期，如果在短时期内就泄了密，那么保护期也随之结束，这不同于知识产权中各种权利都是有保护期限的特点。④权利的产生方式不需审批。商业秘密的取得属于原始取得，基于权利人自身的智力劳动成果，智力劳动成果一经产生即已获得，无须经他人约束。商业秘密不需申请，更无须授权。权利人只要对其尚未公开的技术采取了保密措施，商业秘密便随即产生。

9.3.2 侵犯商业秘密权的行为

综合《反不正当竞争法》第十条以及国家工商行政管理局《关于禁止侵犯商业秘密行为的若干规定》第三条归纳侵犯商业秘密权包括以下几种形式：①以盗窃、利诱、胁迫或者其他不正当手段获取权利人的商业秘密；②披露、使用或者允许他人使用以前项手段获取的权利人的商业秘密；③与权利人有业务关系的单位和个人违反合同约定或者违反权利人保守商业秘密的要求，披露、使用或者允许他人使用其所掌握的权利人的商业秘密；④权利人的职工违反合同约定或者违反权利人保守商业秘密的要求，披露、使用或者允许他人使用其所掌握的权利人的商业秘密；⑤第三人明知或者应知前款所列违法行为，获取、使用或者披露他人的商业秘密，视为侵犯商业秘密。

从定义上看，商业秘密是指不为公众所知悉，能为权利人带来经济利益、具有实用性并经权利人采取保密措施的技术信息和经营信息。它既包括那些凭技能或经验产生的，在实际中尤其是工业中适用的技术信息（如化学配方、工艺流程、技术秘诀、设计图纸等），也包括那些具有秘密性质的经营管理方法及与经营管理方法密切相关的经营信息（如管理方法、产销策略、客户名单、货源情报等）。但并不是所有的技术信息和经营信息都是商业秘密。认定是否构成侵权，必须首先依法确认商业秘密确实存在，只有符合基本构成要件的技术信息和经营信息，才是商业秘密，即：这些信息必须是不为公众所知悉的；这些信息必须具有实用性，能够为权利人带来实际的或潜在的经济利益和竞争优势；权利人必须为这些信息采取了适当的保密措施。上述三个条件，可以说是构成商业秘密的三个要件，缺一不可。

侵权行为主体可以是经营者，也可以是其他人。反不正当竞争法规范的各种不正当竞争行为的实施者，绝大多数要求其具有经营者的身份，而侵犯商业秘密的人则不受该限制。客观上，行为主体实施了侵犯他人商业秘密的行为，实施的方式有盗窃、利诱、胁迫或不当披露、使用等。其中，盗窃商业秘密既包括内部知情人员盗窃权利人的商业秘密，也包括外部人员盗窃权利人的商业秘密。以利诱手段获取权利人的商业秘密，是指行为人通过向掌握或了解商业秘密的有关人员直接提供财物或提供更优厚的工作条件或对此做出某些承诺，而从其处获取权利人的商业秘密。以胁迫手段获取权利人的商业秘密，是指行为人通过威胁、强迫掌握或了解权利人的商业秘密的有关人员，而从其处获取权利人的商业秘密。以非法手段获取、披露或者使用他人商业秘密的行为已经或可能给权利人带来损害后果，也是侵权行为要点之一。以其他不正当手段获取权利人的商业秘密，是指行为人除了采取上述手段外，采用其他不正当手段获取权利人的商业秘密。例如，通过虚假陈述而从权利人处骗取商业秘密，通过所谓“洽谈业务”“合作开发”“学习取经”等活动套取权利人的商业秘密等。所有这些行为，都是以不正当手段获取权利人商业秘密的不正当竞争行为。

根据有关法律规定，不构成对商业秘密的侵犯行为有：①使用或许可他人使用自己独立开发所获得的商业秘密。这是因为侵犯商业秘密的行为所涉及的商业秘密均源于不合法的渠道。②善意第三人的使用。比如，第三人不知道他所使用的信息是他人商业秘密的，就不是侵犯商业秘密的行为。③通过信息所有人自己泄密或者通过反向工程获得有关信息。我们知道，信息要成为商业秘密的条件之一是采取了合理的保密措施。倘若因所有人自己的疏忽而导致信息的泄露，则该信息不复为商业秘密，即进入公有领域而可以为公众自由使用。所谓反向工程，根据《最高人民法院关于审理不正当竞争民事案件应用法律若干问题的解释》第十二条的规定，是指通过技术手段对公开渠道取得的产品进行拆卸、测绘、分析等而获得该产品的有关技术信息。由此获得的商业秘密不构成对权利人商业秘密的侵犯。但需要注意的是，如果当事人以不正当手段知悉了他人的商业秘密之后，又以反向工程为由主张获取行为合法的，法院是不会支持的。

9.3.3 商业秘密权的法律救济

1. 民事救济

我国现行立法主要通过责令侵犯商业秘密的行为人承担违约责任或侵权责任以实现对商业秘密权的民事法律救济。《反不正当竞争法》第十条列举了侵犯商业秘密行为，其中包括违反约定披露、使用或者允许他人使用其所掌握的商业秘密行为。同时，根据该法第二十条的规定，行为人违反保守商业秘密的约定给商业秘密权利人造成损害的，应当承担损害赔偿责任。《关于禁止侵犯商业秘密行为的若干规定》进一步明确了与权利人有业务关系的单位和个人以及权利人的职工违反合同约定，披露、使用或者允许他人使用其所掌握的权利人的商业秘密，给商业秘密权利人造成损害时，权利人可以直接向人民法院起诉，请求损害赔偿。《劳动合同法》第二十三条规定，负有保密义务的劳动者，用人单位可以在劳动合同或者保密协议中与劳动者约定竞业限制条款，并约定在解除或者终止劳动合同后，在竞业限制期限内按月给予劳动者经济补偿。劳动者违反竞业限制约定的，应当按照约定向用人单位支付违约金。

通过责令违约方承担损害赔偿等违约责任，对于与对方签订保守商业秘密约定的权利人来说不失为一种有效的民事救济形式，原告（即商业秘密权利人）在诉讼过程中承担较轻的举证责任，一般情况下只需举证证明对方违约即可。但违约责任的责任形式有限，且这种救济形式须以双方当事人之间有保守商业秘密的约定作为前提，不能及于合同之外的第三人。

《民法通则》第六章第三节“侵权的民事责任”中规定了侵犯知识产权的民事责任。《民法通则》第一百一十八条规定，公民、法人的著作权（版权）、专利权、商标专用权、发现权、发明权和其他科技成果权受到剽窃、篡改、假冒等侵害的，有权要求停止侵害，消除影响，赔偿损失。商业秘密是权利人的智力劳动成果，属于商业秘密权这一知识产权的权利客体，因此应当认为商业秘密可归属于“其他科技成果”的范畴，对于侵犯商业秘密的侵权行为，可以根据《民法通则》的上述规定，追究侵权人的民事责任。同时，根据《反不正当竞争法》第二十条的规定，行为人侵犯商业秘密权利人的商业秘密，给其造成损害的，应当承担损害赔偿责任。这里的“行为人”，不仅包括与商业秘密权利人有业务关系并签订有关保守商业秘密合同的单位、个人以及权利人的职工等合同一方当事人，还包括与权利人不存在合同关系的第三人，而且从责任承担方式来看，“损害赔偿”既属于违约责任形式，也属于侵权责任形式。《关于禁止侵犯商业秘密行为的若干规定》进一步明确了侵犯商业秘密行为的“侵权行为”性质，规定权利人在遭受损害后，可以直接向人民法院起诉，请求损害赔偿。因而，对于侵犯商业秘密的行为，也可根据《反不正当竞争法》以及《关于禁止侵犯商业秘密行为的若干规定》的相关规定追究行为人的侵权责任。

与违约责任不同的是，商业秘密侵权责任的责任主体不限于与商业秘密权利人签订合同的当事人，还可以及于合同之外侵犯权利人商业秘密的第三人，较之违约责任，其保护范围更广，责任形式更为多样化。但在诉讼过程中，受害人（即商业秘密权利人）需要举证证明行为人实施了侵犯商业秘密的违法行为，由于该违法行为使自己遭受了损害（即损害事实和因果关系两个要件），还须证明行为人主观上有过错，其举证责任的负担重于违约之诉。

违约责任与侵权责任同属于民事责任，两者从不同角度对商业秘密权利人因商业秘密被侵犯而遭受的损失提供了法律救济。如果行为人与商业秘密权利人事先签订了有关保守商业秘密的合同，行为人违反该约定披露、使用或者允许他人使用其所掌握的商业秘密时，行为人的行为可能同时构成了侵犯商业秘密的侵权行为，即构成侵权责任与违约责任的竞合。《合同法》第一百二十条规定，因当事人一方的违约行为，侵害对方人身、财产权益的，受损害方有权依《合同法》要求其承担违约责任或者依其他法律要求其承担侵权责任。根据该规定，当行为人同一侵犯商业秘密的行为既符合违约责任构成要件又符合侵权责任构成要件时，应当允许商业秘密权利人选择提起违约之诉或侵权之诉。在选择请求权时，商业秘密权利人应考虑到提起两种诉讼的诉讼管辖，赔偿范围、举证责任、责任构成要件和免责条件等方面的区别，从有利于自己利益的角度进行选择。

2. 行政救济

《反不正当竞争法》第二十五条规定，对于违反该法第十条规定侵犯商业秘密的，监督检查部门应当责令停止违法行为，可以根据情节处以一万元以上二十万元以下的罚款。根据《关于禁止侵犯商业秘密行为的若干规定》第四条的规定，监督检查部门为县级以上工商行政管理机关。应权利人的申请，工商行政管理机关可以根据申请人提供的有关证据，对被申请人是否有侵权行为做出认定。同时根据该规定，工商行政管理机关在依照《反不正当竞争法》第二十五条的规定予以处罚时，对侵权物品可以作如下处理：①责令并监督侵权人将载有商业秘密的图纸、软件及其他有关资料返还权利人。②监督侵权人销毁使用权利人商业秘密生产的、流入市场将会造成商业秘密公开的产品。但权利人同意收购、销售等其他处理方式的除外。《关于禁止侵犯商业秘密行为的若干规定》第八条指出，对侵权人拒不执行处罚决定，继续实施侵犯商业秘密行为的，视为新的违法行为，应从重予以处罚。

此外，根据《关于禁止侵犯商业秘密行为的若干规定》，对被申请人违法披露、使用、允许他人使用商业秘密将给权利人造成不可挽回的损失的，应权利人的请求，工商行政管理机关可以责令被申请人停止销售使用权利人商业秘密生产的产品，前提是权利人必须出具自愿对强制措施后果承担责任的书面保证。

3. 刑事救济

我国《反不正当竞争法》第四章“法律责任”中并未规定侵犯商业秘密的侵权人的刑事责任。《刑法》分则第三章“破坏社会主义市场经济秩序罪”第七节专节规定了“侵犯知识产权罪”，其中第二百一十九条第一款规定，有下列侵犯商业秘密行为之一，给商业秘密的权利人造成重大损失的，处三年以下有期徒刑或者拘役，并处或者单处罚金；造成特别严重后果的，处三年以上七年以下有期徒刑，并处罚金：①以盗窃、利诱、胁迫或者其他不正当手段获取权利人的商业秘密的；②披露、使用或者允许他人使用以前项手段获取的权利人的商业秘密的；③违反约定或者违反权利人有关保守商业秘密的要求，披露、使用或者允许他人使用其所掌握的商业秘密的。第二款规定，明知或者应知前款所列行为，获取、使用或者披露他人的商业秘密的，以侵犯商业秘密论。第三款、第四款分别规定了商业秘密的定义及权利人的范围，即本条所称商业秘密，是指不为公众所知悉，能为权利人带来经济利益，具有实用性并经权利人采取保密措施的技术信息和经营信息。本条所称权利人，是指商业秘密的所有人和经商业秘密所有人许可的商业秘密使用人。由于侵犯商业秘密罪的犯罪主体既可能是自然人，也可能是单位，因而上述规定只适用于自然人犯罪的情况。单位犯侵犯商业秘密的，依照《刑法》第二百二十条的规定，对单位判处罚金，并对其直接负责的主管人员和其他直接责任人员，依照自然人犯罪的规定处罚。

10 市场秩序规范与反不正当竞争法

10.1 市场秩序规范

10.1.1 市场经济与秩序

建立规范的市场经济秩序，是保证经济正常运行的客观需要。我国处于不断完善的社会主义市场经济体制和深度改革的重要时期，建立良好的市场经济秩序，对于经济建设和精神文明建设，巩固我国改革开放成果，促进市场的健康发育，维护市场有序竞争，实现国家对经济发展的宏观调控和对企业实行微观调控都具有十分重要的意义。

在一定的经济环境下，经济主体按照一定的经济规则从事经济活动，所呈现的经济运行状态，就是经济秩序。一般认为，经济秩序由经济环境、经济主体、经济规则、经济客体和经济目标五要素构成。所谓市场经济秩序是指在市场经济环境下，有明确产权的经济主体按照市场经济规则从事经济活动所呈现的经济运行状态，它包括市场经济环境、市场经济主体、市场经济客体、市场经济规则和市场经济目标等要素。这里，对“规制”的理解，从经济学视角来看表现为交易规制，从法学视角来看就是市场主体必须遵循的行为规则，主要是市场竞争规则。市场竞争规则，是指国家依法确立的维护各市场主体之间的平等交换、公平竞争的规则，为相互竞争的各市场主体提供公平交易、机会均等、公平竞争的市场环境。

竞争是市场经济的灵魂和源泉，追逐利润是任何经营者的行为目标，为了获取更高利润，在合法的竞争范围里不能满足其要求时，一些不诚实、不守法的经营者总会不惜践踏法律，运用种种不正当竞争方法，排挤竞争对手，抢占市场，争夺交易机会，进行不正当的竞争。这是市场竞争关系必然存在的现象。市场竞争规则约束和规范市场经营主体竞争的行为，反映了市场竞争秩序的内在要求，对市场竞争秩序的形成起着至关重要的作用。

1. 市场经济是法治经济

我国自提出建立社会主义市场经济体制以来，不断建立和完善社会主义市场经济体制，制定了一系列规范市场经济行为、调整市场经济关系的法律法规，使整个经济运行逐渐步入制度化、规范化、法治化轨道，“市场经济是法治经济”的理念日益深入人心。市场经济的自由性特点，要求实现市场交易有效有序进行的一个前提条件就是法治。法治是建立现代市场经济的重要基石，完备的法律制度和法治建设是市场良好运作的保障。社会主义市场经济的发展离开法治，市场就会混乱，经济就不可能持续健康稳定地发展，这是我国改革开放30多年来的重要经验启示。

从历史发展过程来看，市场经济与法治不是同步出现的。例如英国等西欧国家，由于历史条件，其法治发展远远早于市场经济制度的确立，并因此促进了市场经济的形成。新加坡等国家及我国香港地区，通过首先引入先进的法治观念和制度，为市场经济体制的移植开辟了道路。苏联及东欧转轨国家，采用了休克疗法，全盘私有化并引入市场经济制度，由于法治体系的缺乏，转型过程困难重重，目前仍然在恢复和制度建设之中。拉美国家和其他一些欠发达国家也都比较普遍存在类似情况。尽管世界上采用市场经济体制的国家很多，但失败者也甚多，其失败原因大都是制度不匹配，尤其是缺乏法治权威。从历史发展中可以看出，法治先行往往是一条普遍的成功经验，进而得出结论是，市场经济必须是法治的市场经济。世界上没有任何一个国家可以在法治长期缺乏的情况下，实现经济的可持续发展。

市场经济的有效有序运行，法治是基本条件。市场主体地位的确立离不开法治。市场经济要求明确产权、充分尊重和平等保护各类市场主体的财产权，没有法治保障，产权就是不安全的，市场主体就不可能自主经营、自负盈亏，就不可能形成高效有序的市场竞争环境，就难以实现经济健康发展。市场经济公平竞争规则离不开法治。市场竞争是市场经济的基本特征。马克思说“社会分工则使独立的商品生产者互相独立，他们不承认任何别的权威，只承认竞争的权威，只承认他们互相利益的压力加在他们身上的强制”。在市场经济条件下，企业从各自的利益出发，为取得较好的产销条件、获得更多的市场资源而竞争。通过竞争，实现企业的优胜劣汰，进而实现生产要素的优化配置，这是市场经济的特点，也是其优越性之所在。但是，市场主体为了追求和实现自身的经济利益，在竞争中会存在采取一些不规范的市场行为，如欺诈、违约、虚假广告等，这不仅妨碍了市场竞争的正常运行，也会使市场活动陷入混乱无序的状态。只有实行法治，才能形成公平竞争的规则和秩序，才能维护市场交换中的合同和信用关系，才能防止不正当市场行为，保障市场经济活动正常进行。市场失灵的状况需要政府进行适当的干预和纠偏，市场经济进行宏观调控离不开法治手段。市场活动需要遵循法治规范，比如实事求是、法治精神、市场规律以及符合社会公共利益和最广大人民的长远和根本利益，只有把宏观调控纳入法治轨道，才能提高宏观调控的科学性和有效性，从而保证市场经济正常运行和健康发展。

2. 市场经济秩序的意义

市场经济是法治经济。市场秩序混乱，不仅严重影响市场经济的健康运行，给国家和人民利益造成重大损失，而且败坏国家信誉和形象。市场经济秩序混乱的一个重要原因是法制不健全。任何经济活动都需要有监控机制来制约和规范。除开国家管制、国家垄断、行政干预和道德约束的情况，法治就成为维护经济活动秩序的重要手段。环顾市场经济发达的国家，一个共同特点就是法制都相当健全，只有在健全的法制的支撑和保障下，才能发挥市场经济秩序的作用。

中国改革开放所面临的法治环境不同于任何其他国家，中国采用的基本属于市场经济体制改革先行，法治建设跟随发展的变革方式，与大多数转轨国家的变革路径有很多相似的地方。从各个国家历史发展经验来看，这种模式比法治先行模式面临更大的风险和挑战。如果市场经济秩序不规范，长期缺乏法治支撑，这种变革模式可能就会陷入停滞甚至倒退，国家经济就难以实现整体跃升。法治的市场经济，既是深化改革的目标，也是国家经济进一步发展的基础保障。如果不能顺应形势大力推进法治建设，构建法治的市场经济，已经取得的改革成果就有可能会消失殆尽。整顿和规范市场经济秩序的重要意义在于：其一，有利于完善社会主义市场经济体制。社会主义市场经济是公平竞争的法治经济、信用经济。整顿和规范市场经济秩序，健全公平竞争规则，强化社会法治、社会信用建设，按社会主义市场经济的"游戏规则"办事，才能真正建成社会主义市场经济体制。其二，有利于提升国际竞争力。我国已经加入了世界贸易组织（WTO），要在世界贸易组织非歧视原则、市场开放原则、公平贸易原则下，实现贸易自由化。市场经济秩序混乱有违世界贸易组织的规则，会严重损害我国改革开放形象和国际声誉，恶化投资环境，导致我国商品在国际市场上遭受歧视性对待，软化出口竞争力。只有大力整顿市场经济秩序，对外开放才能取得令人满意的效果。其三，有利于促进国民经济的良好发展。扩大内需是促进我国经济发展的重要举措。而扩大内需的一个重要前提，就是要使人民群众对市场商品质量信得过，促进消费意愿提升。假冒伪劣商品充斥市场，恶意竞争大行其道，扩大内需就没有基础，消费者的消费意愿就会降低，进而转向国际市场，这样，势必严重影响守法经营企业的生产和导致"劣币驱逐良币"的现象。只有大力整顿市场经济秩序，才能实现国民经济长期稳定和健康发展。其四，有利于推进社会文明进步。市场经济秩序混乱，不仅破坏生产力发展，而且毒化社会风气，败坏社会公德，滋生消极腐败。市场经济秩序混乱同时会导致资源浪费、环境污染等一系列问题产生，严重阻碍了产业结构调整和规模经营发展。现代化的大企业和企业集团难以成长起来，国民经济整体水平就难以提高，中国经济就会长期处于落后地位。

10.1.2 我国对市场经济秩序的监管

市场经济自身存在诸多缺陷，不能自动生成和谐、稳定、有序的经济秩序，必须借助于政府的力量对经济活动实施宏观调控和微观规制。而对市场经济秩序的监管是政府通过具体的管理体制和管理方式贯彻实施的，因而必须选择合适的管理体制和方式。政府监管市场经济秩序的体制和方式是政府实施市场监管的载体和途径，其体制设置是否科学合理，运用手段是否先进恰当，直接影响到市场监管效能的高低和优劣。

市场监管是政府通过制定和实施法律法规对市场经济活动进行监督管理，使其规范运行的行政管理行为，是市场经济条件下政府管理经济的一项重要内容和调控经济运行的重要方式。市场监管的目的主要是防止各种损害社会公共利益和市场主体合法权益的行为产生，保证和促进国民经济的健康发展，维护市场经济和谐、稳定、有序发展。在我国，市场监管是由政府职能部门依据法律、法规、规章及规范性文件对市场经营主体及其从事的市场经济活动进行监督和管理，防止危害社会和他人利益、扰乱经济秩序的行为产生，保障经济和谐、有序、健康、平稳运行和发展的行政管理活动。市场监管的主要内容包括：制定市场监管规则；对市场经营主体的资格进行确认和验证；对市场经营主体的交易对象、交易行为进行监督和检查；对违反市场监督管理规定的行为进行行政处罚等。

充分发挥行业协会等组织间接管理市场的作用。行业协会等组织作为政府、市场、企业联系的纽带和桥梁，在维护市场秩序中具有政府行政管理不可取代的作用：一是维护公平竞争。行业协会充当市场经济中的裁判员、调解员，发挥沟通、协调、公证和监督作用，维护各类市场主体在平等条件下的公平竞争。二是保护合法权益。在市场经济条件下，各种经济关系、法律关系纷繁复杂，而大量的尚不足以诉诸法院的经济纠纷，则需要行业协会、商会、消费者协会进行调解，靠市场中介组织为企业提供各种法律服务。三是改善市场管理。市场经济的经济成分复杂化，市场经营主体多冗化，市场监管的任务异常繁重，政府部门不能事无巨细、事必躬亲，由中介组织介入微观管理，特别是行业协会、商会等机构依据市场交易规则制定行规公约，进行行业自律，反对不公平竞争，反垄断，反倾销，保障正常的生产和销售秩序，改善市场管理。

10.2　不正当竞争与反不正当竞争法概述

10.2.1　不正当竞争的概念

从自然界到人类社会，竞争无处不在。市场经济体制下，竞争在我们生活中出现的频率越来越高。那么，何谓竞争？竞争者，“竞”为比赛，“争”为夺取，是指两个以上主体为各自利益而互相争胜的活动。不正当竞争是正当竞争的反称。早期的商人和商品生产者诚实、体面地从事经营活动，“正当”两字也表明早期的不正当竞争带有很强的伦理色彩，不正当竞争也往往不是法律评价的对象。直到 19 世纪，西方国家才开始对不正当竞争行为作法律界定。“反不正当竞争”的概念于 1850 年首先在法国出现。

竞争是激发市场经济活力的内在动力，为满足消费者多元化需求和对商品价廉物美的要求，竞争促进了企业生产经营行为的不断改良和提高。但是，竞争又随之而来地带给竞争者间的优胜劣汰结果。在科学技术不断进步、全球信息网络和全球化市场形成及技术变革加速的时代大背景下，围绕新产品的市场竞争也日趋激烈。企业要对不断变化的市场做出快速反应，缩短交货期、提高产品质量、降低成本和改进服务，争取占领更大的市场，不因竞争失利而被市场所淘汰。企业要想在市场中得以生存与发展，必然要努力改善经营管理，提高生产率，使自己的个别劳动时间低于同类商品的其他企业所耗费的劳动时间，并不断提高产品和服务的质量。市场机制中，产品的价格和质量是决定竞争胜负的关键。在强大竞争压力下，企业落后必然会被市场淘汰，有的企业为了规避市场劣汰的命运，采取种种手段来扭曲应由价格和质量决定竞争胜负的机制，以获取不当的竞争优势和利益。这种故意扭曲或妨碍市场中的竞争胜负决定机制，以规避市场优胜劣汰评判法则的行为，即为不正当竞争。不过，作为法律概念的“不正当竞争”的含义却要抽象得多。一般认为，“不正当竞争”一词出自1883年的《保护工业产权巴黎公约》，该公约规定：任何在工商业事务中违反诚实惯例的竞争行为均构成不正当竞争，并在其后列举了三种被禁止的不正当竞争行为。西方多数国家，采用了与《保护工业产权巴黎公约》相同或类似的定义。

我国《反不正当竞争法》对不正当竞争采用了定义式和列举式的双重规定，该法第二条规定，本法所称的不正当竞争，是指经营者违反本法规定，损害其他经营者的合法权益，扰乱社会经济秩序的行为。同时，该法第二章第五条至第十五条列举了11种具体的不正当竞争行为。

10.2.2 不正当竞争行为的特征

我国《反不正当竞争法》规定，不正当竞争行为是指违反法律的规定，损害其他经营者的合法权益，扰乱社会经济秩序的行为。依据该规定以及其他相关条款蕴涵的精神，不正当竞争行为应当具有以下基本特征：

（1）不正当竞争行为的主体是经营者。这是不正当竞争行为的主体特征。《反不正当竞争法》第二条第三款规定，本法所称的经营者，是指从事商品经营或者营利性服务的法人、其他经济组织和个人。根据《反不正当竞争法》第七条的规定，政府及其所属部门实施的限制竞争行为和地区封锁行为也属于不正当竞争行为之列。这样，政府及其所属部门会成为不正当竞争行为的特殊主体。但是，严格地讲，政府及其所属部门只是市场的管理者和监督者，不可能从事竞争行为，也不可能是经营者。《反不正当竞争法》第七条规定的行为实质上不是一种不正当竞争，而是一种行政性限制竞争行为，可理解为属于最广泛意义上的不正当竞争行为。

（2）不正当竞争行为是违法行为。不正当竞争行为的违法性，主要表现在违反了反不正当竞争法的规定。《反不正当竞争法》第一章第二条规定了不正当竞争行为的概念。经营者的某些行为虽然表面上难以确认为该法明确规定的不正当竞争行为，但是只要违反了《反不正当竞争法》第二条第一款的规定，即“经营者在市场交易中，应当遵循自愿、平等、公平和诚实信用原则，遵守公认的商业道德”，损害了其他经营者的合法权益，扰乱了社会经济秩序，就应认定为不正当竞争行为。

从实质意义上讲，不正当竞争破坏了市场公平竞争的“游戏规则”，使商品或服务本来在价格和质量上具有的优劣不能相应反映在竞争的优胜劣汰中。比如，《反不正当竞争法》第五条规定的主体混同行为和商品质量虚假表示行为都是行为人盗用了本属于他人的劳动成果，搭乘人家的商业信誉便车，使自己获得的竞争优势高于自己在产品价格和质量上做出的努力和结果，同时该类行为也妨碍了购买者依据竞争的本来成果应做出的合理选择。

（3）不正当竞争行为既损害了其他经营者的合法权益，又扰乱了社会经济秩序。这是不正当竞争行为从危害后果上所表现出的一种特征。任何通过不正当手段获取竞争优势，相对于市场中的其他诚实竞争者而言都是不公平的，他人应得的商业利益无不因此受到损害。反不正当竞争法属行为规制法，一般不具体明示或设定经营者拥有什么权益，而且受保护的私利益并未直接赋予私法上的“权利”，只是对侵害到他人合法利益的各特定行为予以限制，对侵害者课以相应的不利益而已。不过，在理论研究上，也可把不正当竞争侵害的“其他经营者的合法权益”理解为两类：一类是绝对权，如注册商标权、知名商标的特有标志权、企业名称权、姓名权、商业信誉权、商业秘密权等；另一类是公平竞争权，这主要是在对虚假广告、商业贿赂、违法有奖销售、低价倾销、搭售、串通投标等的理解中体现。当然，不正当竞争作为一类违法的竞争行为，对社会经济秩序的破坏较大。反不正当竞争法是重要的竞争法之一，其最终目的就是通过制止各类不正当竞争行为，校正经营者之间的竞争关系，确保正当竞争的机制正常运行，营造并维护公平竞争的秩序。

10.2.3 反不正当竞争法的概述

反不正当竞争法是调整市场交易活动中经营者之间因不正当竞争行为而产生的社会关系的法律规范的总称。一般而言，反不正当竞争法是指制止经营者采用欺骗、胁迫、利诱以及其他违背诚实信用原则的手段从事市场交易的各种不正当竞争行为，维护公平竞争的商业道德和交易秩序的法律制度。

“反不正当竞争法”这个概念与“不正当竞争行为”这个概念具有类似的广义和狭义之分。不正当竞争行为，从广义上讲包括垄断、限制竞争和其他违反商业道德的行为在内的所有破坏竞争的行为，具体指三类行为：一是垄断行为，主要是指经营者本人或者通过企业兼并等方式，形成对一定市场的独占或控制；二是限制竞争行为，主要是指经营者滥用经济优势或几个经营者通过协议等联合方式损害竞争对手的行为；三是不正当竞争行为，主要是指经营者用欺骗、胁迫、利诱以及其他违背诚实信用原则的手段从事市场交易的行为。狭义的不正当竞争行为，是指除垄断和限制竞争行为之外的第三类行为。与上述理解相对应，狭义的反不正当竞争法，仅以狭义的不正当竞争行为作为规范对象，而广义的反不正当竞争法，则以广义的不正当竞争行为作为规范对象，即是指包括反垄断法或反对限制竞争法和狭义的反不正当竞争法在内的所有规范市场主体的竞争行为、制止各类违法竞争行为的法律部门，简言之，广义的“反不正当竞争法”等同于竞争法。

从法所调整的这种社会关系看，反不正当竞争法主要包括两个方面，一方面是经营者之间因不正当竞争行为而产生的不正常的竞争关系；另一方面是国家作为公权力的代表对此的干预关系。在传统的公私法划分中，前者因主体的平等性而属于私法的范畴，后者因主体的非对等性而属于公法的范畴。因此，反不正当竞争法将私法规范和公法规范融为一体，跨越了私法和公法两大领域，具有明显的诸法合体的综合性，甚至有的学者认为反不正当竞争法属于第三法域即社会法法域的领域。

10.2.4 我国《反不正当竞争法》的基本特征和原则

1.《反不正当竞争法》的立法宗旨

《反不正当竞争法》第一条规定，立法的目的是为了保障社会主义市场经济的健康发展，鼓励和保护公平竞争，保护经营者和消费者的合法权益。

保护消费者的合法权益，是现代反不正当竞争法新增的内容之一。早期的反不正当竞争法只调整经营者之间的竞争关系，着眼于公平竞争秩序。在处理不正当竞争案件时，也可能涉及消费者权益的问题，但只是作为附带的问题加以处理。但随着社会的发展，各国反不正当竞争法逐步增加了保护消费者的规定，特别是消费者运动在世界范围内兴起并迅速发展之后，更形成一个趋势。从本质上来说，保护公平竞争秩序与保护消费者的利益根本上是一致的，即保护了公平竞争秩序也就保护了消费者自由选择商品、接受服务并获得合理价格的权利。

2.《反不正当竞争法》的基本原则

（1）自愿原则。

自愿原则，是指经营者能够根据自己内心的真实意愿来参与特定的市场交易活动，设立、变更和终止特定的法律关系。自愿原则是包括市场交易在内的一切民事活动的主要前提。市场交易是在不同的经营者之间进行的，经营者为了达到最佳决策，必须选择最有利的交易条件与他人进行商品交换以实现最大的经济利益。只有在排除了对经营者的意志自由限制的情况下，这一选择和交换才能合理达成。自愿交易意味着市场竞争中的优胜劣汰，违背自愿原则而限制经营者的交易自由，必然导致保护落后、限制公平竞争、扭曲交易关系等结果。

自愿原则包括了三层含义：一是经营者可以自主决定是否参与某一市场交易活动，这是经营者的权利和自由，他人无权干预；二是经营者可以根据自己的意愿自主地选择交易对象、交易内容和交易条件以及终止或变更交易的条件；三是经营者之间的交易关系反映了双方真实的意思表示。因此，以胁迫、强制手段进行交易，或者利用自己的优势地位强迫对方接受不合理的条件，都违背了自愿原则。我国《反不正当竞争法》在许多条款里都做了具体规定。

（2）平等原则。

平等原则是指任何参与市场交易活动的经营者的法律地位平等，享有平等的权利能力，在平等的基础上平等协商，任何一方都不得将自己的意志强加给对方。《反不正当竞争法》中对平等原则的规定，与我国《民法通则》相一致。

平等原则与自愿原则一样，都是经营者主体性的体现，只有平等才有真正的自愿，而自愿往往是主体平等的表现。经营者一旦进入市场，不论其规模大小、所有制形式如何，在法律上都应该是平等的。基于这一原则，那些在市场交易中滥用经济优势或依法具有的独占经济地位排挤其他竞争者的行为，某些地方政府或所属部门运用行政权力进行市场分割和封锁，限制商品流通的做法，都是与平等原则相背离的。

（3）公平原则。

公平原则一般是指在市场交易中应当公平合理、权利与义务相一致。一般来讲，公平、公正等属于社会道德观念，在实践中人们常用它来对某种法律没有明确规定的行为进行评价和判断。而且，对公平的内涵会随着时间的推移而不断地变化和充实。在市场竞争中，公平原则与平等原则常常联系在一起。只有在平等的基础上开展的竞争才有可能谈得上是平等的竞争。

《反不正当竞争法》的公平原则主要有两个方面的含义：第一，交易条件的公平。交易条件应该是真实的并且交易机会是平等的，反对任何采取非法的或不道德的手段获取竞争优势的行为。第二，交易结果的公平。交易双方交易以后对权利和义务的设定大致相当，不能显失公平，更不能一方只享有权利，另一方只承担义务，形成这种不公平的结果，往往是由于无自愿可谈，至多也只是形式上的自愿，所以就没有公平。

（4）诚实信用原则。

诚实信用原则可以简称为“诚信原则”。诚实信用原则既是现代市场经济中公认的商业道德，同时也是道德规范在法律上的表现。我国《反不正当竞争法》把它确立为基本原则，还在具体的条款中作了规定。

在市场交易活动中，诚实信用原则要求经营者应以善意、诚实的态度与他人进行交易，并恪守信用，不践踏诺言。反对任何欺诈性的交易行为，如假冒他人注册商标，擅自使用知名企业的名称、字号，秘密窃取或违反保密义务，故意泄露他人的商业秘密，以及对商品的各项要素作虚假宣传或说明等。这些行为不仅违背了诚实信用的商业道德，也违反了我国《反不正当竞争法》的规定，采取欺诈或引人误解的各种手段，不劳而获，或者不正当地谋取竞争优势。不论是哪种行为，都使公平公正的市场交易蒙上了阴影。

（5）遵守公认的商业道德。

公认的商业道德是指在长期的市场交易活动中形成的，为社会所普遍承认和遵守的商业行为准则。公平和诚实信用是市场交易最基本的道德要求，“公认的商业道德”则是以公平和诚实信用等观念为基础而发展起来的具体商业惯例。立法吸收了一些重要的商业惯例，使之成为法律规范。但是，有限的法律条文不可能涵盖商业道德的全部内容。社会生活随着时间的变迁而变化无穷，公认的商业道德也在不断被“公认”而确立。因此，确立“遵守公认的商业道德”这一原则，对于发挥市场自身的调节功能，弥补制定法的不足，具有重要意义。

10.3 与知识产权有关的不正当竞争行为

10.3.1 商品假冒行为

我国《反不正当竞争法》第五条规定，经营者不得采用下列不正当手段从事市场交易，损害竞争对手：

（1）假冒他人的注册商标；

（2）擅自使用知名商品特有的名称、包装、装潢，或者使用与知名商品近似的名称、包装、装潢，造成和他人的知名商品相混淆，使购买者误认为是该知名商品；

（3）擅自使用他人的企业名称或者姓名，引人误认为是他人的商品；

（4）在商品上伪造或者冒用认证标志、名优标志等质量标志，伪造产地，对商品质量作引人误解的虚假表示。

理论上，假冒他人商标构成不正当竞争行为的要件是：①他人特有的商标因使用而取得了市场信誉，已为一定范围内的相关公众所知悉。商标（并不一定限于注册商标）只有处于已被公众知悉的状态，才能具有竞争上的法益，才值得竞争法去保护，同时也才有实际告示他人不可假冒的警示作用。②被假冒。③造成购买者误认或混淆。

对知名商品的特有标识的保护，其保护要件有四方面的内容：①商品的知名性，即商品在相关市场具有一定区域的知名度，为相关公众所知悉。②特有的非普通的商品名称、包装、装潢。商品名称有通用名称与特有名称之分，只有后者才具有区别此商品与彼商品的作用。③被擅自使用，有两种使用形式：一是相同使用；二是近似使用。近似使用与否的认定比较复杂，若整体形象和主要部分相近，且一般购买者施以普通注意力会发生误认或混淆，即可认定为近似。④造成误认或混淆。擅自相同使用或近似使用知名商品特有的名称、包装、装潢必须造成和他人的知名商品相混淆，使购买者误认为仿冒的商品就是该知名商品。

企业名称或姓名可直接反映商品或服务的来源，它既是经营者之间不可缺少的区别标志，又体现经营者付出劳动后形成的商业信誉和商品声誉，故其不可侵犯性显而易见。《反不正当竞争法》第五条第三项的适用要件是：①行为主体为经营者。②擅自使用对象为企业名称或姓名。企业名称是指从事经营性活动的企事业单位的名称，包括法人单位的名称和非法人单位的名称；姓名是指自然人经营者的姓名，一般为个体工商户、个人合伙或私营企业的字号。未从事经营活动的自然人的姓名即便被盗用也不会导致商品或业务上的误认，因此擅自使用一般自然人的姓名不是该项所禁止的行为。③被擅自使用。即行为人擅自直接将他人的企业名称或姓名直接使用在自己的商品上，或使用在自己的商品名称或商标中。④造成购买者误认或混淆，既造成购买者对商品的混淆，又造成购买者对商品来源同一的误认。

10.3.2 虚假宣传行为

虚假宣传行为是指经营者利用广告或其他方法对商品的质量、制作成分、性能、用途、生产者、有效期限、产地等做与实际情况不符的或引人误解的虚假宣传，导致用户和消费者误认的行为。广告的经营者在明知或者应知的情况下，代理、设计、制作、发布虚假广告，监督检查部门应当责令停止违法行为，没收违法所得，并依法处以罚款。虚假表示和虚假宣传行为是目前市场上常见的一种不正当竞争行为，这种行为不但使消费者无法了解商品的真实情况，而且可能使消费者做出错误的购买决策，损害消费者的利益，同时也不正当地争取了交易机会，排挤了其他诚实经营者，破坏了公平竞争秩序。因此，《反不正当竞争法》第五条和第九条分别对这两种行为作了禁止性规定。

1. 商品的三种宣传方式

《反不正当竞争法》第五条规定："（四）在商品上伪造或者冒用认证标志、名优标志等质量标志，伪造产地，对商品质量作引人误解的虚假表示。"本项规定是禁止在商品上对商品作引人误解的虚假表示。《反不正当竞争法》第九条规定："经营者不得利用广告或者其他方法，对商品的质量、制作成分、性能、用途、生产者、有效期限、产地等作引人误解的虚假宣传。广告的经营者不得在明知或者应知的情况下，代理、设计、制作、发布虚假广告。"本条显然是禁止采取广告或其他方式对商品作引人误解的虚假宣传的。从《反不正当竞争法》第五条与第九条的逻辑关系看，该法规定了虚假宣传商品的三种方式，即《反不正当竞争法》第五条的“在商品上”与第九条的“广告”和“其他方法”。从实际情况看，“其他方法”只能是“在商品上”和“广告”以外的其他方式，也即“在商品上”和“广告”所涵盖不了的方式。换一个角度说，我国《广告法》对于广告已有明确的界定，“在商品上”与“其他方法”只能是广告以外的方式，而这些方式尚没有法律上的严格界定。

2. 广告的内涵与外延

《反不正当竞争法》第九条对于“广告”的内涵和外延并没有做出界定，但《中华人民共和国广告法》（简称《广告法》）以及《广告管理条例》《广告管理条例施行细则》等法律、行政法规和行政规章对于广告进行了具体的界定，这些法律、法规和规章中的“广告”与《反不正当竞争法》中的广告是同义的。

（1）广告的一般含义。广告有狭义与广义之分。广义的广告是指向社会公众或有关的人员发布的告示，如在国外包括政令宣告广告（宣扬政策、命令、法律等）、社会服务广告（有关文化、道德、家庭服务等的宣传）、竞选广告（宣传竞选人员及竞选情况的广告）、悬赏广告及商业广告等，其内容涉及政治、社会、商业等。狭义的广告则是指为推销商品而发布的广告。

在我国，习惯上将广告区分为政府公告、公益广告和商业广告，广义的广告包括三者，有人还将分类广告（寻人、征婚、挂失、婚庆、丧唁、招聘、求购、个人告示、权属声明等广告）纳入进去；狭义的广告仅指商业广告。

（2）广告的法律含义。2015 年施行的新《广告法》虽然没有像 1994 年的《广告法》专门对“广告”进行界定，但新《广告法》第二条规定：“在中华人民共和国境内，商品经营者或者服务提供者通过一定媒介和形式直接或者间接地介绍自己所推销的商品或者服务的商业广告活动，适用本法。”可见，广告即商业广告，是指商品经营者或者服务提供者通过一定的媒介和形式直接或者间接地介绍自己所推销的商品或者服务的信息。

3.“在商品上”的含义

《反不正当竞争法》第五条所规定的虚假表示，是一种“在商品上”所做的虚假表示。那么，应当如何理解“在商品上”的含义呢？在商品及其包装上对于商品进行表示，当然属于“在商品上”的范围，这是没有任何争议的。就是说，在商品上直接进行文字、图形标注（包括将标签直接粘贴于商品上），或者在商品的包装上用文字、图形对商品信息进行标注（包括将标签直接粘贴于商品包装上），都属于《反不正当竞争法》第五条所规定的“在商品上”。有争议的是，经营者有时未将标签粘贴于商品或其包装上，而随商品附带，或者随商品附带商品说明书等，此时是否将其认定为“在商品上”？标签是商品附带的特殊的标示，与商品本身不可分，即使未粘贴于商品或其包装之上，也应视为商品的必要组成部分，应当认定为属于“在商品上”的范围。其他随商品所附带的不属于广告的说明书等商品的介绍宣传品，并非商品的必要附带品，以归入《反不正当竞争法》第九条的“其他方法”为宜。

4. 对“其他方法”的理解

《反不正当竞争法》第九条规定的“其他方法”显然是广告以外的其他方法，而且，联系到第五条的规定，“其他方法”是“广告”“在商品上”以外的其他方法。至于“其他方法”究竟包括哪些方法，该法未作进一步的界定。针对现实生活中常见的广告以外的宣传方法，我们可以归纳为如下几种主要类型：①雇佣或者伙同他人进行销售诱导。这就是俗话中所说的“托儿”，即销售者雇佣他人，或者销售者的合伙人扮成购买者，对商品进行宣传。②在经营场所内对商品的演示、说明、解释或者其他文字标注。这种说明、解释或者文字标注是广告以外的说明、解释和标注，是宣传商品的重要形式。在标签上伪造产地就是一种以文字标注的方式进行虚假宣传的典型事例。③利用大众传播媒介作引人误解的宣传报道。利用大众传播媒介是以非商业广告的方式对商品进行宣传报道，如通过播放新闻、采访、发表文章等形式，尤其是，当前有些新闻往往如此。经营者通过支付钱物让他人对商品进行虚假宣传报道的，经营者与其买通的宣传报道人都应当承担虚假宣传的责任。利用这种宣传方式进行虚假宣传时，其欺骗性甚于广告宣传，因为这种宣传披上了客观性的没有商业气息的外衣，更易于引人误解，危害性更大。总之，“其他方法”的种类是多种多样的，上面的列举不可能穷尽所有其他方法。只要是符合“其他方法”的性质的其他方法，都可以纳入“其他方法”中来。在实践中，在商品上以及利用广告或者其他方法对商品做引人误解的虚假宣传，往往是结合在一起的，在性质上也是相同的，法律有必要对其进行统一规定。另外，还包括商品虚假标示行为，也表现为三种情形：①在商品上伪造或者冒用认证标志、名优标志等质量标志；②伪造产地，对商品原产地、商品来源或出处进行虚假表示；③对商品质量做引人误解的虚假表示。

10.3.3 侵犯商业秘密

商业秘密是指不为公众所知悉，能为权利人带来经济利益，具有实用性并经权利人采取保密措施的技术信息和经营信息。商业秘密权是权利人劳动成果的结晶，商业秘密权是权利人拥有的一种无形财产权，反不正当竞争法将侵犯商业秘密行为作为不正当竞争行为予以禁止是十分必要的。商业秘密不同于专利和注册商标，它可以为多个权利主体同时拥有和使用，只要获得及使用手段合法，如自主研究开发，或者通过反向工程破译他人商业秘密等。侵犯商业秘密行为是指以不正当手段获取、披露、使用他人商业秘密的行为。《反不正当竞争法》第十条以及国家工商行政管理局《关于禁止侵犯商业秘密行为的若干规定》（1995 年 11 月 23 日发布）指出，经营者不得采用下列手段侵犯商业秘密：①以盗窃、利诱、胁迫或者其他不正当手段获取权利人的商业秘密；②披露、使用或者允许他人使用以前项手段获取的权利人的商业秘密；③根据法律和合同，有义务保守商业秘密的人（包括与权利人有业务关系的单位、个人，在权利人单位就职的职工）披露、使用或者允许他人使用其所掌握的商业秘密。第三人明知或应知前款所列违法行为，获取、使用或者披露他人的商业秘密，视为侵犯商业秘密。在实践中，第三人的行为可能与侵权人构成共同侵权。

侵犯商业秘密的行为要点包括：①认定是否构成侵权，必须首先依法确认商业秘密确实存在。②行为主体可以是经营者，也可以是其他人。反不正当竞争法规范的各种不正当竞争行为的实施者，绝大多数要求其具有经营者的身份，而侵犯商业秘密的人则不受该限制。③客观上，行为主体实施了侵犯他人商业秘密的行为。实施的方式有盗窃、利诱、胁迫或不当披露、使用等。④以非法手段获取、披露或者使用他人商业秘密的行为已经或可能给权利人带来损害后果。

侵犯商业秘密的法律责任，即《反不正当竞争法》对侵犯商业秘密行为规定的处罚方式：一是由监督检查部门责令停止违法行为，二是可根据情节处以 1 万元以上 20 万元以下的罚款。实践中，权利人还可依照《合同法》《劳动法》的有关规定，对违反约定、侵犯商业秘密的行为要求制裁。此外，《刑法》规定了侵犯商业秘密罪。

10. 3. 4 商业诽谤行为

商业诽谤行为是指经营者采取捏造、散布虚假事实等不正当竞争手段，对竞争对手的商业信誉、商品声誉进行诋毁、贬低，以削弱其竞争实力的行为。其具体手段包括刊登对比性广告或声明性公告等，贬低竞争对手声誉；唆使或收买某些人，以客户或消费者名义进行投诉，败坏竞争对手声誉；通过商业会议或发布商业信息的方式，对竞争对手的质量进行诋毁等。

商业诋毁行为的构成要件包括：①其行为主体必须是经营者行为人具有经营者的身份，这是认定侵犯商誉权行为的重要条件之一。即只有从事商品经营或者营利性服务的法人、其他经济组织和个人所实施的损害竞争对手商誉的行为才构成该类不正当竞争行为，而非经营者实施的侮辱、诽谤、诋毁的行为则以一般侵权论。②其行为的主观方面为故意而不是过失，行为人实施商业诋毁行为，是以削弱竞争对手的市场竞争能力，并谋求自己的市场竞争优势为目的，通过捏造、散布虚假事实等不正当手段，对竞争对手的商业信誉、商品信誉进行恶意的诋毁、贬低，因此，故意行为才构成这种不正当的竞争行为。从过错心理方面来分析，行为人明知自己的行为会发生损害他人商誉的结果（认识因素），但希望或者放任这种商誉毁损的危害结果的发生（意志因素），行为人的这种主观故意性是明显而确定的。当然，经营者也可能因过失造成对竞争对手商业信誉或商品声誉的损害，并要承担相应的损害赔偿责任，但这种行为并不构成商业诋毁，这是基于不构成竞争法体系中规定的侵犯商誉权之行为的条件所决定的。③其行为的客观方面表现为捏造、散布虚伪事实或者对真实的事件采用不正当的说法，对竞争对手的商誉进行诋毁、贬低，给其造成或可能造成一定的损害后果。

商业诋毁行为的特点包括：①有着明确的意在贬低竞争对手的目的性，直接打击、削弱竞争对手与其进行竞争的能力，谋求自己的市场竞争优势。②行为本身表现为捏造、散布与真实情况不符的虚假、不实之情。这里的捏造，既可以是无中生有，也可以是对真实情况的歪曲。经营者无论是捏造还是散布虚假事实，都可以构成商业诋毁行为。③有特定的诋毁对象，即行为所诋毁的对象必须是与行为人存在竞争关系的同业经营者，也即竞争对手，而非其他经营者。所谓有特定的诋毁对象，是指有关虚假言词必须明确指向一个或几个竞争对手，或者虽无明确所指，但他人可以从中推测其指向。诋毁对象既可以是单个，也可以是多个竞争对手。④行为后果损害的是竞争对手的商业信誉或商品声誉。商业信誉包括经营者的资产情况、经营能力、信用情况等；商品声誉主要包括商品的性能、用途、质量、效果等，商品声誉最终也反映了经营者的商业信誉。

现实生活中商业诋毁行为的表现形式是形形色色、多种多样的，归纳起来，主要有以下几种：①利用散发公开信、召开新闻发布会、刊登对比性广告、声明性广告等形式，制造、散布贬损竞争对手商业信誉、商品声誉的虚假事实。②在对外经营过程中，向业务客户及消费者散布虚假事实，以贬低竞争对手的商业信誉，诋毁其商品或服务的质量声誉。③利用商品的说明书，吹嘘本产品质量上乘，贬低同业竞争对手生产销售的同类产品。④唆使他人在公众中造谣并传播、散布竞争对手所售的商品质量有问题，使公众对该商品失去信赖，以便自己的同类产品取而代之。⑤组织人员，以顾客或者消费者的名义，向有关经济监督管理部门作关于竞争对手产品质量低劣、服务质量差、侵害消费者权益等情况的虚假投诉，从而达到贬损其商业信誉的目的。

商业诋毁行为的危害。商业诋毁行为是一种损害竞争对手的合法权益的行为。它不仅给竞争对手的名誉造成损害，而且会给竞争对手带来经济上的损失。具体而言，商誉是通过经营者参与市场竞争的连续性活动而逐渐形成的，经营者大都需要经过大量而艰苦的市场研究、技术开发、广告宣传和公关活动等，去建立自己良好的商业信誉。经营者守法经营、讲究职业道德、严格履行合同、经济实力雄厚、技术水平先进等方面的商业信誉，质量精良、风格独特、热情周到、价格合理等方面的商品或服务声誉，会给他带来交易伙伴和消费者的信任和欢迎，从而带来巨大的经济利益，带来市场竞争中的优势地位，并可能成为自己进行竞争的最大资本和立足市场的最重要支柱。而对经营者商业信誉、商品声誉的任何诋毁或贬低，都可能给该经营者的正常经营活动造成消极的影响，甚至可能使其遭受严重的经济损失，如失去交易伙伴和消费者，或造成资金和原材料供应的困难或产品的滞销，损失大量的利润和市场竞争的优势地位，乃至破产或被迫转产，等等。恶意诋毁、贬低他人商誉的诽谤行为，包括损人利己、尔虞我诈，不惜以诽谤他人商誉的非法手段挤垮竞争对手而牟取暴利，不但损害了竞争对手的合法权益，而且也欺骗了其他经营者与消费者，最终必然破坏市场公平竞争的正常秩序。

11　世界贸易体制与知识产权国际保护

11.1　世界贸易体制

11.1.1　世界贸易体制概述

世界贸易体制是指各国相互处理贸易关系时必须遵守的一系列国际规则的集合，也称为世界多边贸易体系。当今，世界贸易体制是指国家或政治经济实体之间以贸易协定、协议的形式，达成共同遵守的规则，确定相互权利和义务，促进货物贸易、服务贸易和资本流动的自由化，进行公开、公平和无扭曲的竞争，带动成员方的贸易与经济发展。世界贸易体制建立于20世纪40年代，美国、英国、中国等23个缔约方经过一系列筹委会会议，于1947年10月签署《临时适用议定书》，并于1948年1月1日生效，这就是《关税与贸易总协定》（简称《关贸总协定》，GATT），又称《1947年GATT》。20世纪90年代，世界贸易体制进一步发展。1995年1月1日世界贸易组织（WTO）建立，取代1947年《关税与贸易总协定》，成为世界贸易新体制的组织基础和法律基础。

11.1.2　世界贸易组织

WTO是多边贸易体制的法律基础和组织基础。它通过规定各国政府所应承担的主要契约义务，来规范各国国内贸易立法与规章的制定与实施。同时，它还向各国提供一个场所，使它们通过集体辩论、谈判和裁决来发展贸易关系。

1. WTO管辖范围

（1）有关货物贸易的多边协议，如GATT（1994）、《农产品协议》《关于卫生和植物检疫措施的协议》《纺织品和服装协议》《贸易技术壁垒协议》《与贸易有关的投资措施协议》《反倾销协议》《海关估价协议》《装船前检验协议》《原产地规则协议》《进口许可证程序协议》《补贴与反补贴措施协议》《保障措施协议》等。

（2）《服务贸易总协定》及附件。

（3）《与贸易有关的知识产权协定》。

（4）《关于争端解决规则和程序谅解书》，即关于贸易争端解决的有关协议及程序。

（5）贸易政策审议机制，即负责审议各成员贸易政策法规是否与世界贸易组织相关协议、条款规定的权利和义务一致。

（6）诸边贸易协议，如《民用航空器贸易协议》《政府采购协议》等。

2. WTO 的主要职能

(1) 管理诸项多边协议。世界贸易组织内设有多个专门委员会，专门负责各项多边协议的推进实施。

(2) 组织多边贸易谈判。WTO 及其前身 GATT 曾组织了多轮多边谈判，使发达国家的关税下降下来。

(3) 处理贸易争端。世界贸易组织下设争端解决机构，通过专家小组磋商调解、咨询评议、裁决或仲裁，以求公正、快速地解决成员方之间的贸易争端。

(4) 监督各成员方的贸易政策。世界贸易组织设立有贸易政策审查机构，根据成员方在世界贸易总额中所占的份额，实行每 2 年、4 年、6 年或更长期限一次的审查，促进各成员方的贸易政策向多边体系靠拢。

(5) 为发展中国家提供技术援助和培训。

(6) 与其他国际组织展开合作。

3. WTO 的基本原则

(1) 以市场经济为基础，开展自由竞争的原则。此是世界贸易组织的最基本原则，是由世界贸易组织推动贸易自由化的职能所决定的。

(2) 互惠原则，或称对等原则。此使缔约双方的贸易建立在一方予以对方对等的补偿，以换取其所实施的某项优惠待遇的互惠的基础上。

(3) 非歧视原则。一缔约方在实施某种限制或禁止措施时，不得对其他缔约方实施歧视待遇，主要是通过最惠国待遇和国民待遇条款来实现。

(4) 关税减让原则。主要以互惠为基础，通过多边关税减让谈判来降低进出口关税总水平，尤其是降低阻碍商品进口的高关税，以促进国际贸易发展。

(5) 透明度原则。透明度原则要求缔约方为使各国政府和贸易商熟悉其进出口贸易规定，应迅速公布一切涉及外贸的法令、条例和行政决定，未经正式公布，不得实施，以防止缔约方间进行不公开的贸易，从而造成歧视性的存在。

(6)“国营贸易企业”原则。这一原则要求国营贸易企业在进行有关进出口的购买或销售时，应只以商业考虑作为标准，并为其他成员企业提供参与这种购买或销售的充分竞争机会。

(7) 公平贸易原则。公平贸易原则主要针对倾销和出口补贴。世界贸易组织强调，以倾销或补贴方式出口本国产品，给进口方国内工业造成实质性损害或实质性损害威胁时，该进口方可根据受损的国内工业的指控，采取反倾销和反补贴措施；但同时反对成员滥用反倾销和反补贴措施达到其贸易保护的目的。

(8) 一般禁止数量限制原则。只允许在某些例外情况下实行进出口产品数量限制，否则视为违规。

(9) 发展中国家成员优惠安排原则。

11.1.3 知识产权保护与贸易和经济的关系

知识产权保护从一开始就与国际贸易有着密切的联系。随着各国经济的不断发展，国与国之间的商品、服务交流日益频繁，使得各国对知识产权跨国保护的要求更加强烈。但由于知识产权保护受到地域的限制，因而如何加强国际协调以便在国际贸易中更有效地保护知识产权成了知识产权保护中急需解决的重要问题。知识产权保护的国际协调尽管也依赖于各国知识产权制度的制定和修改，使原来的“各行其是”发展为“求同存异”，但由于各国国情不同，不可能做到完全统一，因此知识产权的国际协调更主要的是体现在国际性的协调规范和合作机制。早在知识产权制度问世后不久，一些国家就为协调解决工业产权保护问题做出了努力，签订了《保护工业产权巴黎公约》。《保护工业产权巴黎公约》掀起知识产权国际保护的序幕。知识产权保护有利于促进国际贸易的发展，知识产权不仅渗透到货物贸易和服务贸易之中，直接影响着货物贸易和服务贸易的质量，而且，正在发展成为一种独立的贸易形式，这就是知识产权贸易。所谓知识产权贸易，狭义的理解就是指以知识产权为标的的贸易，它包括知识产权许可、知识产权转让等内容，如专利许可、商标许可、专利的转让、商标的转让、版权的许可、版权的转让、商业秘密的许可等等，这些都是知识产权贸易。广义的知识产权贸易，还应该包括知识产权产品贸易。所谓知识产权产品，就是指那些知识产权的价值占产品价值相当比例的产品，如计算器软件、集成电路、影视作品、音像制品、出版物等。在知识经济时代，版权产品的生产、销售更为活跃，形成新的经济增长点。近年来，以知识产权转让、许可为主要形式的无形商品贸易有了很大的发展。

知识产权制度作为一种产权制度对经济发展具有积极作用。技术创新是需要激励和保护的。技术创新完成后如果创新者不能从技术的利用中获得合理回报，他就会失去继续创新的动力。西方学者曾从产权角度阐述了技术创新与产权制度的关系，认为合理的产权制度是社会技术进步的关键，人们是否愿意技术创新与他们所获得的技术创新收益有密切关系，而技术创新收益的大小又取决于技术创新者与技术创新成果间的产权关系。在市场经济条件下，从事生产活动的每个人都期望在制度安排上，能够保证其所创造的价值不会被他人剥夺。对生产者（包括技术成果的生产者）来说，如果生产活动的回报能充分地自然增长，继续生产的刺激性一般来说也就不会消失。只要这一条件得到满足，生产和发明的智力成果的消耗就不会降低个人利用资源（如劳力、资本）去进行生产或发明的积极性。

一个国家的专利保护水平越高，其经济发展水平也就越高。一个国家的国内生产总值是衡量该国经济实力的重要标准，而专利授予数则反映了国家对知识产权的重视程度。一个国家的专利授予数与国内生产总值总的来说呈正比关系。国家的经济实力越强，授予专利的数量就越多。一个国家对知识产权越尊重，就越有利于这个国家的经济发展。在知识经济时代，知识产权的作用更显重要。随着科学技术的发展，技术在生产和经济发展中的贡献率不断上升，在西方发达国家已超过了60%。世界经济的竞争首先集中表现在技术和知识上的竞争。近20年来，一些经济学家在分析战后西方发达国家经济发展的原因时，都发现知识产权是经济增长的重要因素之一。美国自1992年以来连续8年的高增长、低通胀、低失业率，主要也是以信息产业为代表的知识产业推动的结果。美国1996年国内生产总值有33%来自于信息业（电信、信息、电子及媒介等）。然而在知识产业中，对知识的生产起着激励和保障作用的则是知识产权制度。随着经济发展中知识、技术要素的增长，各国政府不仅积极制定了相应的经济发展战略，如发展教育，增大对科技的投入等，而且同样也十分重视知识产权的有效保护。

11.2 知识产权国际保护的产生与发展

知识产权法律制度在各国确定，并受到法律保护。各国对知识产权所提供的保护，具有明显的地域性特征：一方面，它使获得授权的人可以在规定的时间与地域范围内排斥其他人拥有相同的竞争手段；另一方面，它又允许本国公众自由使用来自其他国家的技术手段，同时又为其他国家的国民在本国获得相应授权设置了各种条件或限制。以国家为界的知识产权保护制度的存在，使得在一国完成的技术发明无法在其他国家获得充分保护。当今世界，经济贸易自由化、一体化趋势与知识产权保护的国际化是密不可分、相辅相成的。知识产权保护的地域性特征使得知识产权只能依靠各国国内法律的保护，这与国际技术的交流与发展是不相适应的。因此，产生了知识产权保护国际化的问题。19 世纪末，《保护工业产权巴黎公约》等知识产权保护国际公约的建立，开始了知识产权保护国际化的进程。目前，知识产权国际保护已经形成了较为完整的体系。

11.2.1 知识产权国际保护制度的产生

知识产权的国际保护是指世界各国根据双边的、多边的乃至世界性的国际条约确立一些基本原则、制度和最低要求，对一国授予的知识产权在国际贸易中所给予的域外法律保护。它是国际社会经济贸易关系在特定历史条件下的必然产物和要求。在各国没有知识产权法或者只有少数国家建立知识产权法的情况下，实质上是不存在知识产权国际保护的问题。知识产权国际保护制度，从产生到发展完善，经历了漫长的历史时期，其产生的客观前提是各国知识产权法律制度的普遍建立。

19 世纪末期，世界上主要资本主义国家已建立起各自的知识产权法律，其重要标志是专利法、商标法以及版权法在各主要资本主义国家普遍确立。15 世纪的威尼斯，专利制度作为一种法律制度被首次采用。现代意义的专利法，是在 17 世纪首次出现的。1624 年，英国颁布了《垄断法令》，规定了发明专利权的主体、客体、可以取得专利的发明、取得专利的条件以及专利的有效期等问题，奠定了现代意义专利法律制度的基础，对后世各国专利法有着重大影响。因此，《垄断法令》被认为是现代意义上的专利法的鼻祖。此后，美国于 1790 年、法国于 1791 年、西班牙于 1920 年、俄国于 1870 年、德国于 1877 年、日本于 1885 年，都先后制定了各自的专利法。据统计，仅到 1873 年，就已经有 22 个国家和地区建立了专利制度。这就表明在 19 世纪末，专利法律制度已在资本主义国家普遍确立。专利法在各国确立的同时，商标法和版权法也在各主要资本主义国家确立。专利法、商标法和版权法在各国的确立，为知识产权国际保护问题的提出奠定了坚实的基础。

知识产权的特殊特征决定对知识产权的保护不能像对物权的保护那样严格。例如，一国法律可以禁止在本国范围内对受保护发明专利的非法实施，但无法禁止该专利在国外的实施。正因为知识产权的地域性特征，使知识产权依靠一国法律保护力不从心，尤其在国际间经济技术交流迅速扩大的情况下，更显得保护不力。因而，需要由国际调节机制来加以控制，方能对知识产权提供充分的保护。知识产权的地域性限制与知识产权的国际性需求之间出现了巨大的矛盾。如何实现知识产权的国际保护，如何协调各国的知识产权保护标准，都摆在了世界各国面前。在此背景下，各国进行努力协调，力求建立一套国际调节机制，将知识产权的国内保护扩大为国际保护。1873 年，奥匈帝国在首都维也纳举行国际博览会，邀请各国厂商参加。但各国厂商担心他们的产品专利在国外被仿制，因而反应冷淡。美国驻维也纳大使对奥匈帝国所提供的保护表示不满，要求奥匈帝国对参加国际博览会的产品采取特别保护措施。为此，奥匈帝国制定了法令，对参加博览会的产品给予临时保护，首开保护外国专利的先河。经历了一百多年的冲突和调整的复杂过程，以多边国际条约为核心的知识产权保护体制基本形成。这些条约主要有：《保护工业产权巴黎公约》《保护文学艺术伯尔尼公约》《世界版权公约》《保护表演者、音像制品制作者和广播组织的国际公约》《与贸易有关的知识产权协议》《世界知识产权组织版权条约》（WCT）和《世界知识产权组织表演和录音制品条约》（WPPT）等。

11.2.2 知识产权国际保护制度的建立

知识产权国际保护问题随着国际贸易的发展得到各国的重视，各国最初希望建立统一的知识产权法来避免各国国内的知识产权法的差异问题。1873 年，维也纳国际会议召开，会议上提出了制定统一的专利法典的设想，由于各国利益的冲突和立法上的差异，最终制定统一的专利法典的希望落空了，会议没有取得任何实质成果。

1873 年维也纳国际会议使各国认识到，制定统一的专利法典的努力是不现实的。自此，各国开始转向在保护知识产权方面应当采取的一些基本原则和共同规则，力求在国际范围对知识产权进行法律保护。1878 年，巴黎召开的第二次国际会议围绕各国的专利制度应遵循的基本原则和共同规则问题进行了讨论。会议决定起草一份国际公约，以协调各国在保护工业产权方面的做法，并成立了公约起草委员会，最终形成了一份保护工业产权的国际公约草案提交各国讨论。1883 年 3 月，在巴黎通过了该公约草案，这就是《保护工业产权巴黎公约》（简称《巴黎公约》）。《巴黎公约》于 1884 年正式生效，参加的国家有法国、比利时、巴西、危地马拉、意大利、荷兰、葡萄牙、西班牙、萨尔瓦多、瑞士、塞尔维亚、英国、突尼斯、厄瓜多尔等。到 1900 年，有 15 个国家参加了《巴黎公约》。《巴黎公约》的签订及生效，标志着工业产权国际保护制度开始确立。

关于版权保护方面的国际公约是在《巴黎公约》签订以后各国开始着手签订的。版权保护制度最初在 18 世纪初就已经存在，但在各国版权法仅限于保护本国作者的作品以及在本国出版的作品。各国版权法对外国人的版权保护比专利法对外国人专利权的保护规定了更为严格的限制条例。随着科学技术和文学艺术的发展，版权国际保护问题日渐引起重视。1852年，法国率先将版权保护单方面扩大到一切作品，无论作者是何国籍，以及作者国籍所属国是否给法国作者以对等保护。法国积极以双边条约的方式来寻求法国作者的版权在他国受到保护。1858年，在布鲁塞尔举行了第一次“国际作者与艺术家大会”，会上对制定版权国际保护统一法提出了设想。1878年，“国际文学艺术联合会”在巴黎成立。该联合会成立以后，积极致力于促进版权的国际保护，并起草了一份关于版权国际保护的倡议文件。该文件成为后来《伯尔尼公约》的基础。

1884—1886年，欧洲、亚洲、非洲以及美洲一些国家在瑞士首都伯尔尼举行了三次外交会议，讨论缔结一个版权保护国际公约的问题。1886年9月，参加上述会议的10个国家（英国、法国、瑞士、比利时、意大利、德国、西班牙、利比里亚、海地、突尼斯）在伯尔尼缔结了《保护文学艺术作品伯尔尼公约》（简称《伯尔尼公约》）。《伯尔尼公约》经除了利比里亚以外的上述国家批准之后，于1887年12月生效。这样，在版权法领域中也建立了国际保护体制。

至此，在知识产权的核心——工业产权和版权两大领域中，已分别产生了《巴黎公约》和《伯尔尼公约》。这两个公约为知识产权国际保护制度的进一步发展奠定了基础，并构成了现代知识产权国际保护体系的基本框架。《巴黎公约》和《伯尔尼公约》的缔结及生效，标志着知识产权国际保护制度的全面确立。

11.2.3 知识产权国际保护制度的发展变化

继《巴黎公约》与《伯尔尼公约》以后，历时百余年，知识产权国际保护方面又签订了一系列国际文件。它们是《商标国际注册马德里协定》《制裁商品来源之虚假或欺骗性标志协定》《工业品外观设计国际备案海牙协定》《世界版权公约》《商标注册用商品与服务国际分类尼斯协定》《保护产地名称及其国际注册协定》《保护表演者、录音制品制作者与广播组织罗马公约》《保护植物新品种日内瓦公约》《建立工业品外观设计国际分类洛迦诺协定》和《专利合作条约》等。至此，一个涵盖知识产权各领域的知识产权国际保护法律体系已经形成。

越来越多的国家参加知识产权国际保护的同时，更多的国际组织也参与了知识产权的国际保护。目前，参与知识产权国际保护的国际组织不再局限于世界知识产权组织。众多的国际组织，主要是联合国的专门机构也参加了这一活动，如国际劳工组织、联合国教科文组织、关税与贸易总协定，甚至联合国本身也参与了这一活动。在众多的国际组织中，除了世界知识产权组织外，最引人注目的是《关税与贸易总协定》。关税与贸易总协定的“乌拉圭回合”对知识产权问题进行了讨论，并达成了《与贸易有关的知识产权包括冒牌货贸易的协定》草案。《关税与贸易总协定》在今后知识产权国际保护中必将发挥重要的作用。

随着经济全球化和科学技术的迅猛发展，知识产权的商业重要性及其对全球经济的作用日益彰显，知识产权的保护标准也随之不断提升，知识产权的国际保护呈现出新的特点。知识产权国际保护的范围正在不断地从科学技术领域向国际贸易、投资、合作等领域拓展。这从世界贸易组织（WTO）协议中《与贸易有关的知识产权协议》的谈判、签订以及各种有关知识产权的谈判中均有充分的体现。这表明知识产权已经成为国际贸易不可分割的一部分，同时也反映了在激烈的国际竞争中，知识产权的国际保护必将在国际政治、经济、技术合作等方面起着更为重要的推动作用。知识产权保护的客体范围不断扩大，例如将版权适用于计算机程序，对商业方法软件给予专利保护，将专利保护扩大适用于一切技术领域包括生命形式、细胞链和DNA序列，对药品给予产品专利保护等；不断创设新的权利，包括网络传输权、集成电路布图设计权、植物新品种权、数据库的特别保护等，并且进一步讨论了对民间文学、传统知识、地理标志等的知识产权保护。区域性的知识产权国际保护日趋加强。随着世界区域经济一体化的加快，世界上不少地区签订了统一的知识产权国际保护的法律、条约、协定等。这反映了地区性的知识产权国际保护法律的逐步协调和统一。原有的一些保护知识产权的国际公约，正在做进一步的修改和补充，以强化知识产权的国际保护。

11.2.4 知识产权国际保护原则

以世界贸易组织的TRIPS协议为主的国际知识产权法律框架在知识产权保护上确立了下述原则，要求各个公约国必须遵守。

1. 国民待遇原则

国民待遇原则是在《保护工业产权巴黎公约》中首先提出的，在TRIPS协定中再次强调，各个知识产权国际公约和成员都必须共同遵守的基本原则。该原则是指在知识产权的保护上，成员法律必须给予其他成员的国民以本国或地区国民所享有的同样待遇。如果是非成员的国民，在符合一定条件后也可享受国民待遇。如在著作权保护方面，某公民的作品只要在某成员国首先发表，就可在该成员国享受国民待遇。

2. 最惠国待遇原则

最惠国待遇原则最早仅适用于国际有形商品贸易，后被TRIPS协定延伸到知识产权保护领域。其含义是指缔约方在知识产权保护方面给予某缔约方或非缔约方的利益、优待、特权或豁免，应立即无条件地给予其他缔约方。国民待遇原则解决的是本国人和外国人之间的平等保护问题，而最惠国待遇原则则是解决外国人彼此之间的平等保护问题，其共同点是禁止在知识产权保护方面实行歧视或差别待遇。

3. 透明度原则

透明度原则是指各成员颁布实施的知识产权保护法律、法规以及普遍适用的终审司法判决和终局行政裁决，均应以该国文字颁布或以其他方式使各成员政府及权利持有人知悉。

4. 独立保护原则

独立保护原则是指某成员国民就同一智力成果在其他缔约国（或地区）所获得的法律保护是互相独立的。知识产权在某成员国产生、被宣告无效或终止，并不必然导致该知识产权在其他成员国也产生、被宣告无效或终止。

5. 自动保护原则

自动保护原则仅适用于保护著作权的一项基本原则，其含义是作者在享有及行使该成员国国民所享有的著作权时，不需要履行任何手续，注册登记、交纳样本及作版权标记等手续均不能作为著作权产生的条件。

6. 优先权原则

优先权是保护工业产权巴黎公约授予缔约国国民最重要的权利之一，TRIPS 协定予以了肯定，解决了外国人在申请专利权、商标权方面因各种原因产生的不公平竞争问题。其含义是指，在一个缔约成员国提出发明专利、实用新型、外观设计或商标注册申请的申请人，又在规定期限内就同样的注册申请再向其他成员国提出同样内容的申请的，可以享有申请日期优先的权利。即可以把向某成员国第一次申请的日期，视为向其他成员国实际申请的日期。享有优先权的期限限制视不同的工业产权而定，发明和实用新型为向某成员第一次申请之日起 12 个月，外观设计和商标为 6 个月。

11.3 世界知识产权组织及其主要国际公约

11.3.1 世界知识产权组织

世界知识产权组织（WIPO）是一个致力于促进使用和保护人类智力作品的国际组织，是联合国组织系统中的 15 个专门机构之一。它根据 1962 年 7 月 14 日由 51 个国家签署的《建立世界知识产权组织公约》于 1970 年 4 月成立，现有 180 多个成员国，其前身是“保护工业产权巴黎联盟”和“保护文学艺术作品伯尔尼联盟”的“联合国际局”。世界知识产权组织的总部设在日内瓦，在纽约有联络处。我国于 1980 年 3 月加入该组织。在历史上，世界知识产权组织体系内签订的《保护工业产权巴黎公约》和《保护文学艺术作品伯尔尼公约》被公认为是世界上最有影响的知识产权保护公约。

在文学艺术领域中，与世界知识产权组织有关的公约还有世界知识产权组织与联合国教育科学文化组织共同发起制定的《保护录音制品制作者防止录音制品被擅自复制的公约》（简称《录音制品公约》或《日内瓦公约》）《关于播送由人造卫星传播载有节目的信号的公约》（简称《卫星公约》）以及《伯尔尼公约》成员与国际劳工组织、联合国教育科学文化组织共同发起制定的《保护表演者、录音制品制作者和广播组织的国际公约》（简称《罗马公约》）。此外，还有世界知识产权组织主持缔结的《集成电路知识产权条约》等。

11.3.2 知识产权保护标准的国际公约

1.《保护工业产权巴黎公约》

《保护工业产权巴黎公约》（下称《巴黎公约》），于 1883 年 3 月 20 日由法国、比利时等 11 个国家在巴黎签署，1884 年 7 月 7 日正式生效。该公约曾于 1900 年 12 月 4 日在布鲁塞尔、1911 年 6 月 2 日在华盛顿、1925 年 11 月 6 日在海牙、1958 年 10 月 31 日在里斯本、1967 年 7 月 14 日在斯德哥尔摩进行过修订，并于 1997 年 10 月 2 日进行过修改。我国于 1985 年 3 月 19 日正式加入，我国政府在加入书中声明：中华人民共和国不受公约第二十八条第一款的约束。《巴黎公约》的调整对象即保护范围是工业产权，包括发明专利权、实用新型、工业品外观设计、商标权、服务标记、厂商名称、产地标记或原产地名称以及制止不正当竞争等。《巴黎公约》的基本目的是保证一成员国的工业产权在所有其他成员国都得到保护。公约规定了在工业产权保护方面各缔约国必须共同遵守的原则，包括国民待遇原则、优先权原则、独立性原则。但各成员国在工业产权的具体保护上仍保留立法自由。根据《巴黎公约》的规定，为进一步加强保护工业产权的国际合作，各成员国可按其意愿另行缔结若干专门的协定或条约。这些以《巴黎公约》为基础产生的协定或条约，均受《巴黎公约》原则的约束。

2.《保护表演者、录音制品制作者和广播组织的国际公约》

该公约由世界知识产权组织与联合国教科文组织及国际劳工组织联合发起，于1961年10月26日在罗马缔结，1964年5月18日生效，简称《罗马公约》或《邻接权公约》。该公约只允许《伯尔尼公约》和《世界版权公约》的成员国参加。公约的宗旨是在不影响文学艺术作品版权的前提下，对智力作品的传播者（表演者、录音制品制作者和广播组织）的权利提供国际保护。公约共34条，主要内容包括：①表演者、录音制品制作者和广播组织有权允许或禁止他人录制、复制或传播其表演、录音制品和广播节目，并有权向作品使用者收取报酬；②保护期不得短于20年；③国民待遇原则；④对权利实行一定的限制；⑥录音制品出版时应标注标记，即P加圈的符号、首版年份和录制者、表演者的姓名。截至2016年2月，该公约有92个缔约方。

3.《保护录音制品制作者防止未经许可复制其录音制品公约》

该公约由世界知识产权组织和联合国教科文组织（UNESCO）联合发起，于1971年10月29日在日内瓦签订，1973年4月生效，简称《录音制品公约》或《唱片公约》。由于1961年签订的《保护表演者、录音制品制作者和广播组织的国际公约》（《罗马公约》）对录音制品制作者的权利规定较为简单，且允许成员国保留不执行某些条款的权利，因此一些国家认为有必要再签订一个公约，于是便产生了本公约。该公约为开放性公约，凡联合国或联合国专门机构的成员均可参加。公约除序文外，共分13条，主要内容包括：①防止未经录音制品制作者许可而复制其录音制品、进口或销售该录音制品的复制品；②录音制品的保护期不得短于20年；③录音制品上必须标注标记，即P加圈的符号和首版年份及录制者与表演者的姓名；④国民待遇原则。截至2004年1月，共有72个缔约国。中国于1992年11月7日参加。

4.《关于播送由人造卫星传播载有节目信号的公约》

该公约简称《卫星公约》或《布鲁塞尔卫星公约》，由世界知识产权组织和联合国教科文组织联合发起，于1974年5月21日在布鲁塞尔签订，1979年8月25日生效。缔结该公约的目的是防止未经广播组织许可而接收、转播广播组织播放的节目，保护节目制作者的利益。该公约是一个开放性公约，并不要求以加入《伯尔尼公约》和《世界版权公约》为参加的先决条件。公约除序文外，共分12条，主要内容包括：①在不妨碍已生效的国际公约（如《罗马公约》《国际电信公约》）的前提下，成员国应采取适当措施防止任何人或广播组织擅自转播他人通过人造卫星传播的载有节目的信号；②上述信号享有公约无限期的保护。

5.《集成电路知识产权条约》

该条约于1989年5月在华盛顿缔结，至今尚未生效。条约的宗旨是促进半导体芯片电路设计的国际保护，主要内容包括：①对芯片掩膜实行注册保护制度，但注册不要求新颖性，只需芯片掩膜所有人在产品投入商业领域后2年内提出注册申请即可；②保护期不得短于10年；③国民待遇原则。

6.《保护植物新品种日内瓦公约》

该公约于1961年缔结，同时建立了“保护植物新品种联盟”（UPOV）。1972年、1978年、1991年曾作过修订。公约规定：①国民待遇原则；②取得植物品种保护的必经程序；③优先权原则，即申请人在其成员国内首次申请后12个月内，如向其他成员国申请时可享有优先权。我国于1999年4月23日参加该公约。

7.《保护奥林匹克会徽内罗毕条约》

该条约是世界知识产权组织于1981年9月26日在内罗毕主持召开的外交大会上缔结的，于1983年生效。该条约同时涉及工业产权和版权两个领域。条约规定，成员国有义务必须拒绝批准含有奥林匹克会徽图形或相似图形的标记注册，并采取有效措施禁止任何人未经许可在商业活动中使用上述标记，但在参加本条约前已注册或在商业活动中已使用的除外。为宣传报道奥林匹克运动会与有关活动及得到奥林匹克国际委员会特别许可的使用也除外。获许可而做商业性使用者必须向奥林匹克委员会支付使用费。

11.3.3 主要专利国际条约

1.《专利合作条约》

《专利合作条约》是于1970年6月19日在华盛顿召开的一次国际外交会议上，由参加会议的35个国家签署的，同时还成立了专利合作条约联盟。条约于1978年1月24日生效，1978年6月1日起开始接受专利申请。该条约曾于1979年9月28日和1984年2月3日进行过两次修订。中国已于1994年1月1日参加。《专利合作条约》是专利领域的一项国际合作条约，主要涉及专利申请的提交、检索、审查以及其中包括的技术信息的传播的合作性和合理性的一个条约。专利合作条约不对“国际专利授权”，即授予专利的任务和责任仍然只能由寻求专利保护的各个国家的专利局或行使其职权的机构掌握（指定局）。《专利合作条约》并非与《巴黎公约》竞争，事实上是其补充，是在《巴黎公约》下只对《巴黎公约》成员国开放的一个特殊协议。

《专利合作条约》的优点：①统一专利申请，即国际专利申请可以在一个地方、采用一种语言、使用一种格式、支付一种货币的费用、提交一份申请，即可以在其成员国内或地区专利组织内取得相当于国家或地区专利申请的效力。②最快享有优先权，即提交国际申请可以就近进行，而且PCT申请可用本国文字提交，因此，申请人可在优先权期限的最后一刻提出申请，比较容易实现国际申请的提交而享有优先权。③申请人可自申请日起9个月左右或优先权日起16个月左右获得一份国际检索报告；申请人还可自申请日或优先权日起28个月内获得一份初步审查报告（如果申请人在规定的期限内提出了国际初步审查请求的话），申请人可根据上述两个报告所得到的现有技术，再决定是否进入国家阶段。专利合作条约申请可将进入国家阶段的时间推迟 8 个月或 18 个月，这对于那些尚未做好准备的申请人来说无疑是有利的。

条约的缺点：①提交国际专利申请，分为国际阶段和国家阶段，在国际阶段主要是解决国际专利申请的受理、公布、检索和初步审查的问题，而且这些检索和初步审查的效力仅是给国家阶段的审查以及申请人提供参考，不具有当然的效力。②在国家阶段主要是解决授予国家和地区专利的问题，因此，办理国际申请的手续比较复杂。又分为两个阶段收费，这对那些经济利益明确的申请人来讲也会增加经济负担，而且国际申请不能选择外观设计专利的保护形式。

2.《海牙协定》

该协定于 1925 年 11 月 6 日在海牙签订。1928 年生效，并成立了“海牙联盟”。该协定自签订后做过多次修订，有 1925 年海牙文本、1934 年伦敦文本、1960 年海牙文本、1967 年斯德哥尔摩文本（1979 年经修订补充）、1999 年日内瓦文本。1999 年《海牙协定》日内瓦文本的缔结，目的是为了使这一制度更加符合用户的需求，为那些由于其工业品外观设计制度而不能加入 1960 年海牙文本的国家加入该协定提供便利。截至 2004 年 12 月 31 日，前 4 种文本的缔约方总数为 31 个国家，日内瓦文本的缔约方总数为 16 个国家。《海牙协定》的主要内容为：具有任何一个海牙联盟成员国国籍或在该国有住所或经营场所的个人或单位都可以申请“国际保存”。申请人只要向世界知识产权组织国际局进行一次申请，就可以在要想得到保护的成员国内获得工业品设计专利保护。申请国际保存时，不需要先在一个国家的专利局得到外观设计的专利的批准，只通过一次保存，可以同时在几个国家取得保护。国际保存的期限为 5 年，期满后可以延长 5 年。

3.《国际承认用于专利程序的微生物保存布达佩斯条约》

《国际承认用于专利程序的微生物保存布达佩斯条约》（简称《布达佩斯条约》）是 1977 年 4 月 28 日在布达佩斯召开的由 31 个《巴黎公约》成员国和其他 12 个组织的代表参加的外交会议上签订的。1980 年 9 月 26 日进行过修订。截至 2004 年 12 月 31 日，《布达佩斯条约》缔约方总数为 60 个国家。1995 年 3 月 30 日，中国政府向世界知识产权组织递交加入书。1995 年 7 月 1 日，中国成为该条约的成员国。《布达佩斯条约》的主要特征是为专利程序的目的允许或要求微生物寄存的缔约国必须承认向任何“国际保存单位”提交的微生物寄存。这种承认应包括承认由该国际保存单位说明的保存事实和交存日期，以及承认作为样品提供的是所保存的微生物样品。各缔约国根据条约组成“布达佩斯联盟”。联盟的行政工作委托世界知识产权组织国际局办理。联盟的成员国必须是巴黎公约的成员国。

4.《国际专利分类斯特拉斯堡协定》

《国际专利分类斯特拉斯堡协定》（简称《斯特拉斯堡协定》）是巴黎公约成员国间缔结的有关建立专利国际分类的专门协定之一。1971 年 3 月 24 日在法国斯特拉斯堡签订。《斯特拉斯堡协定》是根据 1954 年的发明专利国际分类欧洲公约创建的发明专利国际分类法制定的。这一分类法普遍的价值不但对《保护工业产权巴黎公约》的全体缔约国重要，而且对发展中国家同样重要。该协定由世界知识产权组织管理，并向

《保护工业产权巴黎公约》的所有成员国开放。协定规定缔约国对一切专利文件都应标注适当的国际专利符号。任何国家，不论是否协定的缔约国，均可使用该分类法。国际专利分类系统每5年修订一次。只有参加《斯特拉斯堡协定》的巴黎联盟成员国才有权参与国际专利分类系统的修订工作。1996年6月17日，中国政府向世界知识产权组织递交加入书，1997年6月19日中国成为该协定成员国。

11.3.4 主要商标国际条约

1.《商标国际注册马德里协定》

《商标国际注册马德里协定》(简称《马德里协定》)，于1967年7月14日签订于斯德哥尔摩，于1989年5月25日生效。《马德里协定》内容是关于简化商标在其他国家内注册手续的国际协定。1891年4月14日在马德里签订，1892年7月生效。《马德里协定》自生效以来共修改过多次，和1989年签署的《商标国际注册马德里协定有关议定书》(简称《马德里议定书》) 称为商标国际注册马德里体系。1989年10月4日中国成为该协定成员国。《马德里协定》保护的对象是商标和服务标志，包括商标国际注册的申请、效力、续展、收费等。该协定规定：商标的国际注册程序是协定的成员国国民，或在成员国有住所或有真实、有效营业所的非成员国国民，首先在其所属国或居住或没有营业所的成员国取得商标注册，然后通过该国商标主管机构，向设在日内瓦的世界知识产权组织国际局提出商标的国际注册申请。如果申请得到核准，由国际局公布，并通知申请人要求给予保护的有关成员国。这些成员国可以在一年内声明对该项商标不予保护，但需要说明理由；申请人可以向该国主管机关或法院提出申诉。凡在一年内未向国际局提出驳回注册声明的，可以视为已同意了商标注册。经国际局注册的商标享有20年有效期，并且可以不限次数地续展。协定便利了其成员国国民在协定的其他成员国取得商标注册。如果取得了国际注册的商标在其取得国际注册之日起5年内被本国商标主管机关撤销了其本国注册或宣告本国注册无效，则该商标在协定其他成员国的商标注册也将随之被撤销。只有当取得国际商标注册届满5年之后，该商标在协定各其他成员国的注册才能独立于其本国注册。

2.《商标注册用商品及服务国际分类尼斯协定》

《商标注册用商品及服务国际分类尼斯协定》(简称《尼斯协定》) 于1957年6月15日在法国南部城市尼斯签订，1961年4月8日生效，先后于1967年7月14日在斯德哥尔摩、1977年5月13日在日内瓦作过修订。《尼斯协定》建立了为商标注册目的而使用的商品和服务国际分类，包括商品34个大类，服务11个大类，大类又分为1万多个小项。申请人所需填报的商品及服务一般说来都在其中了。不仅所有尼斯联盟成员国都使用此分类表，而且，非尼斯联盟成员国也可以使用该分类表。不同的是，尼斯联盟成员可以参与分类表的修订，而非成员国则无权参与。目前世界上已有130多个国家和地区采用此分类表。我国自1988年11月1日起采用国际分类，规范了商标主管机关的管理，密切了国际商标事务的联系。我国于1988年11月1日起开始采用商标注册用商品和服务国际分类，并于1994年加入该协定。

3.《商标图形国际分类维也纳协定》

在进行商标检索时，除检索按商品分类储存的商标档案外，往往还有必要检索按商标本身的文字、图形的类型储存商标档案，以避免相同或近似商标的申请注册。为此，一些国家认为，应建立一个统一的商标图形国际分类法。1973 年 6 月 12 日由巴西、比利时、丹麦、法国、南斯拉夫等国发起，在维也纳缔结了《商标图形国际分类协定》。协定规定只有《巴黎公约》的成员国可以参加该协定，该协定于 1985 年生效，同年修订过一次。协定的成员国都应当在正式的商标注册文件、商标公报文件上使用该国际分类。该协定将商标图形要素分为 29 个大类、144 个小类和约 1887 个类目。它要求每一缔约国的商标主管机关必须在其有关商标注册或续展的官方文件，或出版物里，指明所使用的国际分类符号，以便于商标的内部审查和外部查询。

11.3.5 主要著作权国际条约

1.《保护文学和艺术作品伯尔尼公约》

《保护文学和艺术作品伯尔尼公约》是关于著作权保护的国际条约，1886 年 9 月 9 日制定于瑞士伯尔尼。截至 2016 年 9 月 24 日，该公约缔约方总数达到 172 个国家，1992 年 10 月 15 日中国成为该公约成员国。1878 年，由雨果主持在巴黎召开了一次重要的文学大会，建立了一个国际文学艺术协会。1883 年该协会将一份经过多次讨论的国际公约草案交给瑞士政府。瑞士政府于 1886 年 9 月 9 日在伯尔尼举行的第三次大会上予以通过，定名为《保护文学和艺术作品伯尔尼公约》，简称《伯尔尼公约》。原始签字国有英国、法国、德国、意大利、瑞士、比利时、西班牙、利比里亚、海地和突尼斯 10 国，1887 年 9 月 5 日签字国互换批准书（只有利比里亚没有批准），公约 3 个月后生效（1887 年 12 月），所有参加这一公约的国家组成一个联盟，称伯尔尼联盟。现行的《伯尔尼公约》的核心是规定了每个缔约国都应自动保护在伯尔尼联盟所属的其他各国中首先出版的作品和保护其作者是上述其他各国的公民或居民的未出版的作品。公约从结构上分正文和附件两部分，从内容上分实质性条款和组织管理性条款两部分。正文共 38 条，其中前 21 条和附件为实质性条款，正文后 17 条为组织管理性条款。该公约的规定比较具体、详细，规定作品享有版权不依赖于任何手续（如注册登记、缴纳样本等），保护期也比较长。《伯尔尼公约》附件中关于发展中国家的特别条款，规定发展中国家出于教育和科学研究的需要，可以在《伯尔尼公约》规定的限制范围内，按照《伯尔尼公约》规定的程序，发放翻译或复制有版权作品的强制许可证。

2.《世界版权公约》

《世界版权公约》于 1947 年由联合国教育、科学及文化组织主持准备，1952 年在日内瓦缔结，1955 年生效。1971 年在巴黎修订过一次。中国于 1992 年 7 月 30 日递交了加入《世界版权公约》的官方文件，同年 10 月 30 日对中国生效。公约所定的保护水平，反映在它对成员国国内法的最低要求上。公约由 7 条实体条文与 14 条行政条文组成。它的实体条文不像《伯尔尼公约》规定得那么具体，而是比较笼统。但是，公约不允许参加它的国家作任何保留。该公约保护的作品版权主要包括文学、艺术和学术三个方面。并且根据修正文本第一条设立的政府间委员会，研究有关版权的国际保护与合作。它是继《伯尔尼公约》后又一个国际性的著作权公约。1952年9月缔约国在日内瓦签订，1971年7月在巴黎修订。全文共21条及两个附件。该公约的主要内容包括：①提出对文学、科学和艺术作品给予充分有效的保护，各缔约国自行决定保护范围；对作品的保护期限定为作者有生之年加死后25年或作品首次发表之后25年；要求在出版的作品上有一定版权标记。该公约由联合国教科文组织管理，成员国不必缴纳会费。但是，该公约未明示保护作者的身份权，不具有追溯力，且不允许缔约国对某些条款予以保留。②公约并不对作者的精神权利（或称"人身权"）提供一般保护，只是在其中"对发展中国家的优惠条款"内，含有禁止篡改他人作品，以及作者有权收回已进入市场的作品等相当于保护精神权利的规定。③作品保护需要有一定手续，必须注册登记并在作品的版权页上刊载版权标记。

3.《与贸易有关的知识产权协定》

1883年之前，知识产权的国际保护主要是通过双边国际条约的缔结来实现的。1883年《保护工业产权巴黎公约》问世后，《保护文学艺术作品伯尔尼公约》《商标国际注册马德里协定》等相继缔结，世界各国主要靠这些多边国际条约来协调各国之间差距很大的知识产权制度，减少国际交往中的知识产权纠纷。随着科技发展和经济的进一步全球化，各国之间知识产权保护标准的巨大差异给国际贸易的发展带来严重的不利影响。造成该问题的主要原因有：①科研与技术在工业生产中的地位日益突出。发达国家出口产品中高科技和创造性投入比重越来越大。发达国家主张将知识产权纳入到关贸总协定的谈判中，使其出口产品时，专利权受到东道国的保护，以便能补偿研究和开发费用。②发达国家通过许可或合资方式在发展中国家生产专利产品的机会增多，而这种意愿在很大程度上取决于东道国的知识产权机制。③伴随国际贸易产品的技术改进而出现的技术进步已经使得复制和仿制简单而经济。因此，在知识产权保护制度不完善的国家里，冒牌与盗版产品生产猖獗，这极大地损害了正当权利人的利益。所以，越来越多的国家认识到，加强知识产权的保护对促进经济发展意义重大，《与贸易有关的知识产权协定》就是在这一背景下产生。

《与贸易有关的知识产权协定》是1994年与世界贸易组织所有其他协议一并缔结的，它是迄今为止对各国知识产权法律和制度影响最大的国际条约，是世界贸易组织管辖的一项多边贸易协定。《与贸易有关的知识产权协定》有7个部分，共73条。其中所说的"知识产权"包括：①著作权与邻接权；②商标权；③地理标志权；④工业品外观设计权；⑤专利权；⑥集成电路布线图设计权；⑦未披露的信息专有权。《与贸易有关的知识产权协定》保护的范围包括上述7种知识产权，规定了最低保护要求，并涉及对限制竞争行为的控制问题，规定和强化了知识产权执法程序，有条件地将不同类型的成员加以区别对待。该协定宗旨是促进对知识产权在国际贸易范围内更充分、有效地保护，以使权利人能够从其创造发明中获益，受到激励，继续在创造发明方面的努力；减少知识产权保护对国际贸易的扭曲与阻碍，确保知识产权协定的实施及程序不对合法贸易构成壁垒。

与过去的知识产权国际条约相比，该协议具有三个突出特点：第一，它是第一个涵盖了绝大多数知识产权类型的多边条约，既包括实体性规定，也包括程序性规定。

这些规定构成了世界贸易组织成员必须达到的最低标准，除了在个别问题上允许最不发达国家延缓施行之外，所有成员均不得有任何保留。这样，该协议就全方位地提高了全世界知识产权保护的水准。第二，它是第一个对知识产权执法标准及执法程序作出规范的条约，对侵犯知识产权行为的民事责任、刑事责任以及保护知识产权的边境措施、临时措施等都做了明确规定。第三，它引入了世界贸易组织的争端解决机制，用于解决各成员之间产生的知识产权纠纷。过去的知识产权国际条约对参加国在立法或执法上违反条约并无相应的制裁条款，《与贸易有关的知识产权协定》则将违反协议规定直接与单边及多边经济制裁挂钩。

12 知识产权管理和运用

12.1 知识产权管理

12.1.1 知识产权管理概述

1. 知识产权管理的概念

随着经济全球化的不断加深和知识经济的日益彰显，知识产权竞争越来越激烈。知识产权管理，是随着知识经济的发展、对无形资产管理的需求等因素催生并发展出的一个新的管理理念。所谓管理，就是管理者对管理对象加以计划、组织、协调和控制，以便达到既定的组织目标的活动和过程。因此，知识产权管理就是对知识产权工作加以计划、组织、协调和控制的活动和过程①。知识产权管理贯穿了知识产权的创造、运用和保护的整个过程。从宏观管理角度来看，知识产权管理应该包括国家知识产权战略的实施及其绩效评价、知识产权法律法规和规章制度的构建、知识产权行政执法和行政许可等涉及知识产权政治、经济、法制和文化的管理活动，从微观管理角度来看，知识产权管理应该包括创新主体的知识产权的取得、运用、保护等各项活动。②

2. 知识产权管理的分类

根据不同标准，知识产权管理可以被划分为不同的种类。

（1）根据知识产权管理主体的不同，可以将知识产权管理划分为行政主管部门的知识产权管理、行业的知识产权管理、企业的知识产权管理、事业单位的知识产权管理等。

行政主管部门的知识产权管理，主要包括知识产权的授权、知识产权行政执法、纠纷的调处、市场秩序的维护等内容。中国现行的知识产权行政管理体制，主要由中央和地方两个层面组成。但在同一层面，不同类别的知识产权又归属于不同的部门管理。中央到地方各级行政管理部门呈现“多层级”的特点，不同地方层级和编制设置也不同。

在中央层面，国家知识产权局及其下设的专利局是管理专利和集成电路布图设计，以及统筹协调知识产权事宜的机构；商标和著作权的管理分属国家工商行政管理总局

① 吴汉东. 知识产权法通识教材［M］. 北京：知识产权出版社，2007：319.

② 朱雪忠. 知识产权管理［M］. 北京：高等教育出版社，2010：18.

和国家版权局负责。除此之外，其他知识产权则由相关的国家部门负责：不正当竞争行为由国家工商行政管理总局公平交易局的反不正当竞争处管理；地理标志归国家质量监督检验检疫总局和农业部管理；植物新品种权由农业部和林业局的检物新品种办公室负责；国际贸易中的知识产权由商务部负责；与科技有关的知识产权由科学技术部管理；与进出境货物有关的知识产权由国家海关总署负责；互联网域名则由工业信息化部管理。[①] 同时，地方层面也是采取分别管理的方式，将专利、商标、版权等客体归属不同的与中央管理部门对应的机构负责，涉及地方知识产权局、工商行政管理局、版权局（新闻出版局）、科技局（科技厅）、技术监督局、海关等多个部门。

纵向来看，现行知识产权行政管理体制从中央到地方分为多个管理层次。著作权由国家版权局实行垂直领导，商标由国家工商行政管理总局商标局统一注册、分级管理，形成较统一的自上而下的管理体系。

行业的知识产权管理，是指各行业协会、行业管理者或者组织根据各自的情况，依据法律规定所进行的知识产权管理。从某种意义上说，行业知识产权管理比单个企业所进行的知识产权管理具有更加重要的作用，是产业和企业后续发展的基础。根据世界贸易组织规则，政府对企业的经济活动只能起到引导的作用，而行业协会则可以充分发挥其整合力量，促进相关行业的技术创新，实现行业整体的对外抗衡能力。例如，在技术标准的制定和研发过程中，需要凝聚整个行业的力量，行业中技术标准的形成，就是行业知识产权管理的重要内容和成果。以家电行业为例，在经历了 DVD 大战之后，由多家企业共同出资，在行业协会的统一规划下通过研发确立了新的 DVD 标准。该标准确立之后，再以通过收取少量专利费的方式，使所有的企业都能够参与到新 DVD 标准的影碟机市场推广中去。

企业的知识产权管理是企业为规范企业知识产权工作，充分发挥知识产权制度在企业发展中的重要作用，运用知识产权制度的特性和功能，从法律、经济和科技的角度，对企业知识产权的开发、保护和营运而进行的有计划地组织、协调、谋划和利用的活动。企业知识产权管理是企业管理的重要组成部分。企业知识产权管理的根本目的，主要在于将企业的人力资源、技术信息、管理方式、市场分析等知识资源与企业的资源以及企业经营战略资源等予以有效整合，面向市场促进企业的知识产权创新，以此来实现企业知识产权的有效应用。

与企业不同，事业单位是指国家以社会公益为目的的，由国家机关举办或者其他组织利用国有资产举办的，从事教育、科技、文化、卫生等活动的社会服务组织。作为知识产权的拥有者和使用者，企业和事业单位的知识产权管理由于其性质不同而具有不同的特征。尤其是高等学校、科研院所，作为拥有大量知识产权的事业单位，更需要建立一整套知识产权管理体系。

（2）根据知识产权管理客体的不同，可以将知识产权管理划分为专利管理、商标管理、版权管理以及其他知识产权管理；根据知识产权管理模式的不同，可以将知识

① 丛雪莲. 中国知识产权行政管理机构之设置与职能重构［J］. 首都师范大学学报：社会科学版，2011（5）：137.

产权管理划分为集中统一管理、相对集中统一管理和分散管理等。

3. 知识产权管理的特征

知识产权管理属于管理范畴，但是与一般意义上的行政管理、企业管理等存在比较明显的区别。一般而言，知识产权管理具有以下几个特征：

（1）合法性。知识产权是权利人对其智力成果和经营标记依法享有的排他性专有权，是以法律形式赋予知识产权所有人的一种专有权，国家制定了一系列有关知识产权管理和保护的制度。其合法性具体包括两个方面：一是管理活动必须符合国家法律法规、地方法规和部门规章，特别是其中的强制性规定；二是管理活动必须符合组织内部规章制度。

（2）市场性。知识产权是市场经济的产物，是市场竞争中的重要武器，也是国家竞争力的重要体现。为了充分发挥知识产权在市场竞争中的重要作用，知识产权管理应当遵循市场经济规律，以市场为导向，以市场效益为目标。

（3）动态性。知识产权管理的动态性是指知识产权管理活动随着市场环境、知识产权法律状态、知识产权制度、组织内部环境及具体管理制度的变化而变化的性质。知识产权管理的市场性决定了知识产权管理需要根据市场环境的变动做出相应的调整，以适应这种变化。同时，由于知识产权具有时间性的特点，知识产权法律状态会随时间变化，知识产权相关人必须采取不同的策略，对知识产权实施动态管理。另外，国家知识产权制度和政策的调整，也会对知识产权管理造成影响。

（4）从属性。知识产权管理只是国家宏观管理及企业经营管理的一部分，既要与其他领域的管理结合起来，还要符合全局性管理的整体战略思路。需要注意的是，知识产权管理的从属性特征并不否定知识产权管理的专业性和特殊性。

4. 知识产权管理的意义

知识产权作为自主创新能力和水平的集中体现，是国家和企业发展和博弈的重要手段，是国家和企业提高竞争力的核心要素。提升知识产权创造、运用、保护和管理能力，是《国家知识产权战略纲要》（2008）的明确要求。具体来讲，知识产权管理的重要意义主要表现在以下几个方面：

（1）有利于促进创新。加强知识产权管理有利于提高知识产权创造的数量和质量。从政府部门层面看，大部分知识产权，例如专利权、商标权、集成电路布图设计权、植物新品种权等都需要行政机关依法授予相关的权利。政府部门知识产权管理水平，涉及知识产权审查的效率和质量等，直接影响一国知识产权创造的数量和质量。从企业层面上看，加强企业的知识产权管理，有助于企业产出更多的、价值更高的知识产权，从而提升企业竞争力，节约研发成本。强化高等院校、科研机构等事业单位的知识产权管理，有助于增强它们产出的知识产权的实用性，促进产、学、研的有机结合。

（2）有利于提高知识产权保护水平。相对而言，知识产权保护侧重于事后救济，而知识产权管理则侧重于事前预防。对于企业来说，通过知识产权管理，能够及时把握其拥有的知识产权的数量、内容、法律状态等方面的信息，建立预防机制，为知识产权保护奠定坚实的基础。从政府部门层面看，加大知识产权执法的协调管理，以及逐步完善知识产权管理部门的内部管理，可以为知识产权提供更为有效的保护。

（3）有利于运营知识产权，实现价值和效益。知识产权只有通过实际的运营和利用才能带来经济价值，才有存在的意义。从政府部门层面看，强化知识产权运用，是提高本国行政管理竞争力的主要任务之一。而企业才是知识产权运用的主体，因此应提高企业的知识产权运用能力，促使企业有效利用知识产权，实现知识产权的价值。知识产权管理水平的高低制约着知识产权运用能力的充分发挥。知识产权运营和利用的主要方式是知识产权的实施、转让和许可，这些过程均需要增强管理以更高效的方式实现经济效益。①

12.1.2 企业知识产权管理

企业是我国市场经济的主体，也是利用知识产权资源的主体。随着21世纪知识经济的来临，知识产权已经成为企业经济资源优化配置、争夺市场、谋求经济利益最大化的主要工具。对企业而言，知识产权可以说是一把双刃剑，善用则能产生巨大的效益，并能有效的抵御外界竞争；忽视或者利用不当，则有可能反使其成为竞争对手用来攻击自己、失去竞争力的武器，进而对企业的经营管理产生强大的冲击，严重者甚至造成致命的打击。中国制定了《企业知识产权管理规范》（2013），提供了基于过程方法的企业知识产权管理模型，用以指导企业策划、实施、检查、改进知识产权管理体系。

1. 企业知识产权管理的基本目标

企业的知识产权管理属于企业经营管理的一部分，其目标在于协调相关资源，实现知识产权资源的优化配置，为企业的市场竞争服务。具体来讲，企业知识产权管理的基本目标有：

（1）增强企业的知识产权意识。企业在知识产权管理的过程中，通过宣传、培训、教育等方式来增强企业管理层和员工的知识产权意识，从而为企业知识产权工作的顺利开展奠定基础。

（2）大力发展自主知识产权。企业知识产权管理的重要组成部分就是技术开发的管理、专利的申请、商标品牌的宣传和推广。通过企业的自主研发以及品牌的推广，可以促进企业自主知识产权的发展，从而增强企业的市场竞争力。

（3）加强企业知识产权保护，防止企业无形资产的流失。企业可以通过知识产权管理，建立防御机制，尽可能地避免侵权行为的发生，防止企业无形资产的流失。比如：对其创新技术及时申请专利；对其商标及时予以注册；对其商业秘密采取有效的保密制度和措施；在侵权发生以后，采取相应的措施，将侵权的损害结果降到最低；同时，专门的知识产权管理机构及人员，可以使知识产权的维持变得相对容易。

（4）加强企业的知识产权运营能力，提高企业知识产权的收益。知识产权是企业的重要无形资产，但知识产权本身只有通过实际利用才能为企业带来实际的收益。企业通过知识产权的运营，如用企业的知识产权进行融资、投资，或者许可他人使用，或者进行转让等，都可以为企业带来巨大的收益。

① 罗国轩. 知识产权管理概论［M］. 北京：知识产权出版社，2007：100-101.

2. 企业知识产权管理的手段

知识产权管理的手段主要包括：行政手段、法律手段和市场手段。

（1）知识产权管理的行政手段。知识产权管理的行政手段主要是指企业依托自身内部的知识产权管理部门制定有关人员聘用、奖励或惩罚，以及知识产权的利用、保护等方面的管理制度，构建企业的知识产权管理体系，以保证其有效运作。比如企业知识产权管理岗位及职责的分配。

（2）知识产权管理的法律手段。知识产权管理的法律手段主要是指企业运用知识产权的相关制度、政策来处理本企业的知识产权事务。

（3）知识产权管理的市场手段。知识产权管理的市场手段主要是指企业以市场为导向，以市场竞争为内容，以市场效益为目标，运用市场手段对其知识产权工作进行管理。

实际上，企业在进行知识产权管理时行政手段、法律手段和市场手段往往是相辅相成、共同作用的。

12.2 企业知识产权管理体系

12.2.1 企业知识产权管理体系概述

企业的知识产权管理是一个系统工程，其有效运转有赖于高效的知识产权管理体系。知识产权管理体系的设计包括知识产权管理目标、知识产权战略、知识产权管理体制、知识产权制度体系、知识产权的产生、保护和经营模式等。以上部分在企业知识产权管理体系中功能如下①：

知识产权管理目标：主要根据企业的发展战略及盈利模式来确定，主要解决知识产权管理的定位问题，确保企业的知识产权能成为企业经营的“引擎”。

知识产权战略：主要根据知识产权管理的目标定位，策划确定一个合适的周期内企业技术创新的策略及计划；品牌策略及计划；技术引进策略及计划；知识产权保护策略及计划；知识产权经营策略及计划；知识产权管理模式定位及机构设置、发展计划；其他支撑措施及计划等。通过制定发展战略明确企业技术创新活动的使命，整合知识产权工作资源，大幅提升知识产权在生产经营活动中的功用以及知识产权工作持续发展的政策取向等，以知识产权战略目标的实现带动企业经营目标的具体落实。

知识产权管理体制：主要根据企业的管控模式、产品特性及知识产权战略等来确定知识产权的机构设置模式及管理方式等。主要解决知识产权管理的生产关系问题。

知识产权制度体系：主要根据知识产权的目标定位及战略、管理体制等，明确知识产权管理内容、责任以及相对应的管理制度及实施流程等。主要解决知识产权管理实施的规则及原则问题。

知识产权的产生、保护和经营模式：主要根据企业的管控模式、知识产权的目标

① 马忠法，胡传实，尚静. 知识经济与企业知识产权管理［M］. 上海：上海人民出版社，2011：287.

定位及战略等明确技术创新的实施方式、知识产权保护方式及实施途径、知识产权的经营方式和实施途径等。重点解决知识产权管理的生产力机制问题。

12.2.2 企业知识产权战略

企业的知识产权战略主要是根据企业的总体发展战略及盈利模式来确定知识产权管理目标，有效运用知识产权的法律特性和功能，从技术、经济、法律的角度，对有关技术创新的知识产权获得、保护、防御、经营及相应的管理等所做的一段时间内的总体部署和安排；是企业从目标定位、内部环境、外部环境、竞争态势出发做出的包括技术创新工作在内的知识产权工作的总体部署，以及为实现知识产权管理目标而采取的相应对策。简而言之，所谓企业知识产权战略就是企业在确定的目标定位下所制定的知识产权中长期发展规划。

企业知识产权战略是企业整体经营管理战略的重要组成部分，其内容主要包括：

（1）企业知识产权定位，即根据企业的性质、技术水平、所处环境和市场竞争程度，明确知识产权对本企业发展的重要性；

（2）企业知识产权规划，即企业在知识产权方面通过何种途径发展、解决哪些问题、最终达到什么样的目标的整体规划；

（3）企业知识产权策略，即企业提高知识产权取得、保护和运用的管理能力，特别是企业通过知识产权获得市场竞争力或竞争优势的具体策略；

（4）企业知识产权模式，即企业知识产权相关事务的决策模式和经营方式，如有些企业以自主研发知识产权为主，有些企业主要是向外部寻求知识产权的使用权，如通过被许可或者受让等方式获得知识产权；

（5）企业知识产权预测，即通过对技术市场发展趋势和本企业发展前景的评估，预测企业知识产权战略的发展趋势。

从动态过程来看，企业知识产权战略管理包括战略制定、战略实施和控制、战略评估和调整等。在制定知识产权战略之前，企业应当对其经济实力、技术创新能力、经营规模与状况、资源的配置、相关的产业政策与经贸政策、市场状况、技术发展方向和市场前景等方面的情况进行调查研究和综合分析，为制定适合本企业发展的知识产权战略奠定基础。接着就进入企业知识产权战略管理的关键环节——战略实施。在知识产权战略实施过程中，企业还应当注意知识产权战略的控制。企业在知识产权战略实施以后的一段时间内，应当对该知识产权战略方案进行评估，评估的内容包括知识产权战略的实施效果，合理与否以及方案中存在的问题等等。在发现知识产权战略实施偏离企业知识产权战略目标时，应及时纠正，确保知识产权战略有效实施，还应该根据技术发展和市场环境以及企业自身实力的变化，及时调整战略内容，确保战略目标实现。

从企业知识产权战略的内容来看，它包括专利战略、商标战略、商业秘密战略、著作权战略以及知识产权人才战略和知识产权信息战略等。

12.2.3 企业知识产权管理机构及职能

知识产权管理部门是指企业中专门履行知识产权管理职能的部门。目前，几乎所有的跨国企业，例如摩托罗拉、IBM、松下、东芝等都设有专门的知识产权管理部门，海尔、华为等国内企业也建立了知识产权部。对于中小企业而言，也可以确定知识产权管理的工作人员，专门负责知识产权管理工作。

1. 企业知识产权管理部门的类型

随着知识产权管理的作用和地位日益突出，很多企业都设立了专门的知识产权管理部门。依据知识产权部门在整个企业管理事务中的地位，可以将知识产权管理部门简单地分为以下类型：

（1）直属企业总部型。这种类型的知识产权管理部门属于公司总部直接管辖，是企业中技术部门与经营部门的支撑单位，并与企业的研发部门（技术部门）、法务部门、营销部门等组建成企业高层组织管理机构。在这种模式中，知识产权管理部门是一个独立的管理部门，它与企业的技术部门和法务部门等相互发生作用。技术研发过程中，知识产权管理部门对研发人员需要进行必要的专利知识指导。

该模式的优点是：①直属于企业总部或企业总裁（总经理）领导的知识产权管理部门，可以参与企业决策；②知识产权管理部门的特殊地位，决定了其可以与公司高层就知识产权信息或事务进展及时沟通；③便于知识产权管理部门与其他部门协调和沟通，有利于企业知识产权管理工作；④有利于提高企业管理人和普通员工的知识产权意识。该模式的缺点是成本较高，对知识产权管理部门及其工作人员的要求较高。

（2）隶属于企业法务部门型。该类型将知识产权管理部门设置为法务部门下属的一个相对独立的机构，负责企业知识产权管理及其相关事务，并与公司的其他相关部门进行沟通和协调。该模式的优点是：能够充分发挥企业法律工作人员在知识产权事务中的作用，对企业知识产权的法律事务（权利状态的确认、侵权的处理等）比较方便。该模式的缺点是知识产权管理部门无法参与企业决策，影响力有限，也不利于知识产权管理部门与研发部门的沟通。

（3）隶属于企业研发部门型。该类型是将知识产权管理部门隶属于企业研发部门，以便最大限度地发挥知识产权管理在企业技术研发中的作用。同时，知识产权管理部门在必要时可与企业相关部门进行沟通，以解决企业的知识产权问题。该模式的优点是：有利于知识产权管理部门从技术研发项目的确定到技术研发的过程以及技术评估等环节对企业研发活动进行全方位的指导，充分发挥知识产权管理（特别是专利管理）在企业技术创新中的作用；同时，由于知识产权管理人员，特别是专利管理人员直接参与到企业的技术研发过程中，对企业所开发技术的特点以及其他信息都较为了解，因此，在专利申请时能更好地撰写申请文件，有利于申请取得成功。该模式的缺点是知识产权管理部门的地位较低，在知识产权事务上对企业的影响力较小，也不利于与其他部门的沟通和配合。

2. 企业知识产权管理部门的内部结构

（1）集中管理模式。全公司的知识产权管理部门按照统一的知识产权政策进行运作，最大限度地保护总公司的整体利益。这种管理体制下，知识产权的申请、实施、转让、许可、出资、质押等所有与知识产权相关的事务全部由公司知识产权管理总部统筹负责。如 IBM 公司。

（2）分散管理模式。其核心是充分授权。充分授权的含义是在知识产权本部统一管理下的充分授权。分散管理是针对各分部而言，其优点是各分部根据产品特性限制专利申请件数，决定知识产权的预算。但取得专利后，如何运用知识产权、处理纠纷、对外谈判、提出异议等业务是由知识产权本部统一管理。如东芝公司的知识产权管理就采用这一模式。

（3）行列管理模式。按照技术类别、产品类别等管理知识产权。实行按技术类别管理专利、技术秘密等，这样可以避免重复开发技术；配合各事业部的产品策略对专利、技术秘密进行管理。知识产权管理部门集中管理授权后的所有事宜，包括权利的运用、谈判、诉讼等。知识产权管理部门通过派员参加公司内各事业部组成的产品开发知识产权保护会议，或根据各项问题组成的技术业务会议，了解技术、产品的相关情况，使知识产权保护体制贯穿于产品开发至产品销售的各个阶段，利用知识产权的法规，提高解决问题的效力。如佳能公司。

3. 企业知识产权管理部门的职能

一般说来，企业知识产权管理部门具有以下职能：

（1）制定企业的知识产权战略和知识产权管理制度；

（2）协调企业内各职能部门在知识产权工作中的关系，以保证知识产权工作的顺利开展；

（3）实施企业高层对于知识产权重大问题的决定；

（4）收集、整理和分析与本企业经营相关的知识产权信息，为本企业知识产权的研发、知识产权工作的计划与调整提供参考；

（5）管理本企业的知识产权，包括知识产权的取得（如专利的申请、商标的注册等）、知识产权的维持（如专利年费的缴纳、注册商标的续展）以及知识产权的保护；

（6）参与企业的知识产权贸易，为企业的知识产权贸易提供咨询意见；

（7）处理与企业有关的知识产权纠纷；

（8）负责企业员工知识产权意识和知识的培训；

（9）就知识产权工作代表企业进行对外交流。

12.2.4 企业知识产权管理制度

企业知识产权管理制度是指企业依据相关法律法规或规则制定的，在从事知识产权事务过程中应当遵循的行为规范。其内容主要包括企业知识产权的规划、归属、创造、运营、纠纷、合同、信息等方面的管理制度，是实现企业知识产权管理的保障。

1. 知识产权规划管理制度

企业应该建立专门的知识产权规划管理制度，有针对性地规范其专利战略、商标战略、版权战略、商业秘密战略及其他知识产权战略的决策和发展规划。该制度应体现企业的组织章程、发展战略和政策纲要。

2. 知识产权归属管理制度

企业应依法制定并不断完善规范其员工在技术创新过程中完成的知识产权归属的相关制度。企业要通过签订协议、制定章程，明晰职务发明创造和非职务发明创造、职务作品和非职务作品的产权归属。对合作项目、委托项目中产生的知识产权要根据《专利法》及《专利法实施细则》等法律法规制定企业的知识产权归属制度。对国家资助科技项目完成的知识产权，应该根据《中华人民共和国科技进步法》以及科技部等部门颁布的规章制度等，制定本企业的知识产权归属制度。

3. 与知识产权有关的激励制度

企业要提高技术、产品、品牌、软件或者作品的数量和质量，并以此在市场竞争中赢得先机、获取利润，必须建立合理的激励机制，能够有效激励研发人员或创作人员有足够的动力进行创作或研究开发。因此，企业应当制定与知识产权有关的奖励制度，激励企业员工对知识产权创造的热情，提高他们知识产权的创造能力。这种激励制度合理与否，执行是否符合要求，直接影响着企业知识产权的产出效率和质量。

4. 知识产权运营管理制度

知识产权的价值只有经过有效的运营才能得到体现，知识产权运营成为商务新策略的核心部分。所以，制定并完善知识产权运营制度也是企业知识产权管理制度中不可缺少的内容。

5. 企业知识产权纠纷管理制度

企业知识产权纠纷管理一般包括两种情况：

（1）企业知识产权诉讼攻击。知识产权诉讼攻击是企业竞争策略的重要组成部分，企业可以以竞争对手侵犯了其知识产权而起诉对方，向竞争对手发起攻击，并通过这种方式将竞争对手赶出市场，或者挤压其竞争的空间，使自己在竞争中占据主动。

（2）权利被侵犯后的救济。企业在其知识产权被侵犯后，应当及时采取有力的救济措施，以维护企业的利益；在企业被指控侵犯了他人知识产权的情况下，应当采取相应的对策，通过对自身行为合法性的分析，采取诉讼策略，寻求调解或和解，并充分利用法律以外的力量和手段，包括商业手段、社会舆论、政府支持及行业调解，以求知识产权纠纷的妥善解决。

在现代经济中，知识产权纠纷是企业经常面对的问题，所以，企业制定高效的知识产权纠纷管理制度对其发展乃至生死存亡极其重要。

6. 知识产权合同管理制度

企业在知识产权创造、保护、运营中需要与其他利益主体（包括外部的业务伙伴或第三人以及企业内部的员工）发生各种合同关系。所以，企业必须制定与知识产权相关的合同管理制度，管理其知识产权合同事务。

7. 知识产权信息管理制度

知识产权制度的重要特征之一就是通过知识产权信息的公开实现社会利益与个人利益的平衡。知识产权信息成为提升企业知识产权研究开发起点的重要途径，也是企业利用知识产权制度有策略性地压制竞争对手、实现横向竞争优势的有效保障，所以建立有效的知识产权信息管理制度对企业发展非常重要。

12.3 企业知识产权运营

知识产权只有通过实际的转化和利用才能为企业带来良好的经济效益。因此知识产权的获取和保护，并不是知识产权管理的最终目的，对于国家和企业，关键在于通过知识产权的取得在市场中转化利用而形成现实的生产力。实际上，提出知识产权的运营，目的在于强调实现知识产权价值的重要性。因此，知识产权运营是知识产权获取和保护的最终目的，知识产权有效运用是创新发展的基本目标。与知识产权运营含义相近的，还有知识产权运用、知识产权利用、知识产权的转化等概念。上述概念之间不存在明显的界限。

知识产权运营的手段具有多样性。企业知识产权运营包括知识产权获得、实施、许可、转让、产业化等。在实践中实现知识产权价值的方式有很多，例如权利人行使知识产权、知识产权转让、知识产权许可使用、知识产权质押等等，以及在这些基本的知识产权运用形式的基础之上衍生出来的其他形式，例如专利布局、特许经营、风险投资、资产证券化等。

12.3.1 知识产权转让

知识产权转让，是指知识产权所有人将其拥有的知识产权转让给受让方的行为。在转让完成后，转让人对该知识产权不再享有权利，而受让人就成为该知识产权的所有人，这是知识产权的一种利用方式，通过知识产权转让，产权的所有人可以获得一定的转让费，而受让人则可以取得该知识产权。知识产权的转让有如下特点：

（1）知识产权转让的对象，一般仅限于知识产权中的财产权，著作权中的署名权、发表权、修改权等，具有人身权的性质而不能成为转让的对象。

（2）知识产权的转让既可以是对整个知识产权中全部财产权的转让，也可以是对部分财产权的转让，这要看双方在合同中达成的合意。

（3）转让知识产权需要订立书面合同，并按照相关法律法规办理手续。如转让注册商标的转让人和受让人应当签订转让协议，并共同向商标局提出申请，经商标局核准后予以公告，受让人至公告之日起享有商标专用权。

12.3.2 知识产权许可

知识产权许可是指知识产权权利人依法通过与他人签订合同的方式，允许后者依据约定条件，在约定期限和地域范围内，行使知识产权的行为。其中，所签订的合同通常被称为“许可合同”，知识产权权利人被称为“许可人”，许可合同的另一方当事人被称为“被许可人”。“知识产权许可”指知识产权的所有人或持有人，将其依法拥有的知识产权许可给被许可人，由被许可人在约定的时间和地域范围内，以约定的方式使用知识产权，而由被许可人向许可人支付一定的使用费作为回报的行为。在这个过程中，知识所有权不发生转让，其使用权进行转移，在市场中一般称为许可证贸易。

许可证贸易构成的基本要件是：①被许可方必须有权利人的许可授权；②所许可的内容必须受法律的保护和制约；③要明确被许可人的权利义务和许可人的权利保留内容；④双方按照许可协议的明确约定对知识产权进行授予或保留。

对于知识产权许可人来说，知识产权许可除了能带来一笔许可使用费之外，主要好处就是通过授权方式缩短了产品进入市场的时间，减少了市场推广的资金和人员耗费，从而达到快速占领市场、获得利润的目的。此外，它还有利于许可人知名度的提高。因为在许可的同时，有关企业或科研单位的技术、服务等信息随之传播。但是它也有不足之处，就是公司对产品生产环节的控制程度下降，如果通过颁发制造许可证，许可人放弃了对制造过程和产品质量的各个细节的控制，有时会产生技术秘密外泄等知识产权纠纷问题。如果通过颁发销售和发行许可证，许可人放弃了对广告宣传、销售渠道甚至价格政策的控制，就有可能失去与顾客的联系，产生对市场的了解度下降等问题，进而影响产品的改进和新产品的研发，并且在收益上容易对他人产生依赖，一旦市场发生波动，自己将处于比较被动的局面。

根据被许可人使用权的效力范围，使用许可合同分为以下三种类型：

（1）普通许可。即许可人允许被许可方在规定期限、地域内使用或实施被许可的作品、软件、专利技术或商标，同时，许可人保留自己在该地区使用或实施同一作品、软件、专利技术或商标的权利以及再授予第三人使用同一作品、软件、专利技术或商标的权利。

（2）排他许可。即许可人允许被许可方在规定期限、地域内使用或实施被许可的作品、软件、专利技术或商标，同时，许可人自己也可以使用该作品、软件、专利技术或商标，但不得另行许可他人使用。

（3）独占许可。即许可人允许被许可方在规定的期限、地域内独家使用或实施同一作品、软件、专利技术或商标，在该时间和地域范围内，任何其他人都不能使用或实施该作品、软件、专利技术或商标，许可人自己也不能使用或实施，也不能再许可第三人使用或实施。

一般而言，知识产权许可的双方应当签订许可合同，并履行相应的手续。许可合同是否备案，不影响该许可合同的效力，《最高人民法院关于审理商标民事纠纷案件适用法律若干问题的解释》第十九条规定："商标使用许可合同未经备案的，不影响该许可合同的效力，但当事人另有约定的除外。"许可合同没有备案的，该许可合同不得对抗善意第三人。善意第三人，是指许可合同当事人以外的、不知道许可合同真相的人。如果商标使用许可合同未在商标局备案，许可合同的被许可人不能因为与许可合同利益相冲突而对善意第三人主张权利。

12.3.3 知识产权出资

知识产权出资是指在设立企业时，知识产权的权利人以其合法拥有的知识产权缴付资本，以期获取收益的行为。知识产权出资是知识产权资本化的一种方式。比如甲、乙、丙三家公司协议合资成立一家公司，注册资本为1 000万元，甲公司出资400万元，乙公司出资400万元，丙公司则以一项折价200万元的专利技术出资。现在，知识产权出资已经成为许多企业的一种重要的知识产权运营方式。这种出资方式的好处在于：知识产权出资有利于权利人和所投资的企业。知识产权出资将知识产权的经济价值直接折算成企业资本股份，增加本企业的资本或者向其他企业投资，改善企业资本的结构，有形资本的比重下降，无形资本的比重上升，有助于企业提高资本收益率。与此同时，知识产权权利人通过企业的盈利经营，获得丰厚的经济利益。知识产权出资也有利于产业发展。由于知识产权资本加强企业盈利能力，导致社会投资方向发生重大变化，大量资本投向知识密集型产业，从而起到优化产业结构的作用。

《公司法》第二十七条规定，股东可以用货币出资，也可以用实物、知识产权、土地使用权等可以用货币估价并可以依法转让的非货币财产作价出资；但是，法律、行政法规规定不得作为出资的财产除外。

一般来说，知识产权出资应当符合以下条件：

（1）用于出资的知识产权必须是出资者事实上已经依法获得的知识产权，而且对该知识产权依法享有处分权。

（2）用于出资的知识产权必须具有可评估性，是能够通过客观评价予以确认的具体价值，即可以用货币进行具体估价。如果无法通过客观评价确认具体价值，无法用货币进行具体估价，则该知识产权不能用于出资。

（3）用于出资的知识产权必须具有可转让性，为了使公司股东能够履行出资义务，用于出资的知识产权应适合独立转让，即权利可以发生独立、完整的转移。可见用于出资的知识产权只能是其中的财产权，不能是人身权。用于出资的知识产权主要包括：可以转让的专利权、商标权、著作权、集成电路布图设计权、植物新品权、商业秘密权等。不可转让的，如地理标志权，则不能作为出资的标的。

（4）向一般法人企业出资的知识产权在出资以前不得设定质押。例如，《公司登记管理条例》第十四条规定："股东的出资方式应当符合《公司法》第二十七条的规定，但股东不得以劳务、信用、自然人姓名、商誉、特许经营权或者设定担保的财产等作价出资。"根据《中华人民共和国中外合作经营企业法实施细则》第十九条的规定，合作各方应当以其自有的财产或者财产权利作为投资或者合作条件，对该投资或者合作条件不得设置抵押权或者其他形式的担保。当然，知识产权成为企业资产后，企业有权设定质押。但是，在《中华人民共和国个人独资企业法》和《中华人民共和国合伙企业法》中并未明确出资的知识产权不得设定抵押。这主要是因为，法人企业的出资人和个人独资企业、合伙企业的投资人所承担的责任不一样，前者承担有限责任，后两者承担无限责任。并且合伙企业是一种契约式企业，是否禁止或者限制设押知识产权出资，可以由合伙人协商确定；协商不成，设押知识产权不得出资。

12.3.4 知识产权质押

1. 知识产权质押的概念

知识产权质押是指债务人或第三人将其知识产权作为债权的担保，当债务人不能履行债务时，债权人有权依法以该知识产权折价或者以拍卖、变卖的价款优先受偿的担保方式。在知识产权质押中，担保债权的知识产权称为质押标的，提供知识产权的人称为出质人，债权人称为质权人，债权人享有的担保权利称为质权。

知识产权质押的这种方式，为正在创业中的高科技企业的资金问题提供了一种解决办法，是很多发达国家利用知识产权进行融资的一种常见方式。

2. 知识产权质押的标的范围

知识产权质押的标的必须同时满足以下三个条件：

（1）标的必须为财产权利。财产权利可以实现其潜在经济利益，可以作为质押标的。由于人身权利往往与民事主体不可分离，因此，知识产权中的人身权不能出质。

（2）标的必须是可转让的权利。可以转让，才可以折价、买卖、变卖，否则设定质押毫无意义。因此，依法不得转让的财产权不能成为质押标的。

（3）标的必须是出质人依法可以处分的权利。

因此，《中华人民共和国担保法》（简称《担保法》）第七十五条规定，依法可以转让的商标专用权，专利权、著作权中的财产权可以质押；《中华人民共和国物权法》（简称《物权法》）第二百二十三条规定，可以转让的注册商标专用权、专利权、著作权等知识产权中的财产权可以质押。显然，《物权法》扩大了知识产权可以质押的范围。例如，商业秘密、植物新品种权、集成电路布图设计权等可以作为质押的对象。法律有明确规定对其转让有限制和禁止的，权利人不得超出限制范围违反禁止规定设立质押。例如，未经有关国家机关批准，专利权不能作为涉外质权标的。

3. 知识产权质押的设立

《担保法》第七十九条规定，以依法可以转让的商标专用权，专利权、著作权中的财产权出质的，出质人与质权人应当订立书面合同，并向其管理部门办理出质登记。质押合同自登记之日起生效。《物权法》第二百二十七条规定，以注册商标专用权、专利权、著作权等知识产权中的财产权出质的，当事人应当订立书面合同。质权自有关主管部门办理出质登记时设立。因此，知识产权质押的设定必须具备下列条件：

（1）出质人应当与质权人就知识产权的出质订立书面合同。

（2）知识产权质押合同应当在相应管理部门办理登记，该合同自登记之日起生效。登记是知识产权质押合同和质权生效的法定条件之一。著作权质押在国务院著作权行政主管部门登记；注册商标专用权质押在国家商标行政主管部门登记；专利权和集成电路布图设计权质押在国家专利行政主管部门（国家知识产权局）登记；植物新品种权质押在国家农业或者林业行政主管部门登记。

4. 知识产权质押的效力

知识产权质押合同生效以后，对双方当事人产生以下效力：

（1）对出质人的效力：《物权法》第二百二十七条第二款对商标权等知识产权质押情况下出质人的义务作了具体规定，即“知识产权中的财产权出质后，出质人不得转让或者许可他人使用，但经出质人与质权人协商同意的除外。出质人转让或者许可他人使用出质的知识产权中的财产权所得的价款，应当向质权人提前清偿债务或者提存”。另外，出质人还需承担维持知识产权效力的义务。

（2）对质权人的效力：①对质权人的效力，在质押关系存续期间，质权人在经过出具人同意后，可以就自己的质权再设定质押并行使转质权；②在债务清偿期届满而债务人没有清偿时，债权人可就质押的知识产权优先受偿。

《担保法》对质权的具体实现方法明确规定有三种：①与出质人协议质押知识产权折价。知识产权的折价，指质权人经与出质人协商，把知识产权中的财产权折合为价金。②依法拍卖。③依法变卖。变卖是指以公开或强制执行方式出卖给第三人，包括转让和许可使用两种情况。

12.3.5 企业对自己知识产权的直接行使

通常情况下，企业进行作品创作、技术研发、创新或者商标注册的目的大多在于为其经营管理服务，通过对其知识产权的实施或使用来增强其市场竞争力，并获取利益。因此企业对其拥有的知识产权的行使，是其经营管理中常见的一种知识产权运营方式。

除了以上知识产权运营方式外，知识产权证券化、利用知识产权吸引风险投资等知识产权运营方式已经从美国等发达国家蔓延开来，成为国际金融市场上非常热门的企业融资方式。

13 知识产权侵权行为及其法律救济

13.1 知识产权侵权行为的概念及特征

13.1.1 知识产权侵权行为的概念

知识产权的侵权行为，是指行为人违反法律规定而侵害知识产品所有人专有权利，应承担法律责任的行为。侵权行为有直接侵权与间接侵权。直接侵权主要表现为对知识产权客体的擅自使用。间接侵权并未直接涉及知识产权保护的客体，而是为该直接侵权行为提供了便利条件或者造成了直接侵权行为的扩大，如为他人侵犯商标权的活动提供仓储、运输、邮寄、隐匿等辅助条件的行为，从而对权利人的合法权益造成了侵害以及由于与直接侵权人存在特定的社会关系，依法需对侵权人的侵权行为承担一定的责任，如雇主对雇员因完成本职工作而实施的侵权行为，委托人对受托人因履行委托合同中规定的义务而实施的侵权行为等。①

13.1.2 知识产权侵权行为的特征

与侵害有形财产所有权行为相比较，侵害知识产权行为具有以下特征：

（1）侵权的行为方式具有特殊性。知识产权的侵犯主要表现为剽窃、篡改和仿制。这种侵权行为作用于作者、创造者的思想内容或思想表现形式，与知识产品的物化载体无关，与有形财产的侵权行为不同，对知识产品的侵权行为在形式上似乎并不影响作者的权利行使。例如，他人对作品的非法“占有”并不意味着权利人同时失去这种“占有”；对作品的非法使用，也不排斥权利人对自己的知识产品继续使用。这种行为之所以构成侵权，主要在于它是对知识产品所有人“专有”“专用”权利的侵犯，是对知识产权绝对性和排他性的违反。

（2）侵权行为的高科技性。随着科学技术的不断发展，侵权行为人可以借助于电脑和高新技术工具轻而易举地实施侵害，网络侵权、网络窃密、网络破坏等造成知识产权流失现象大量出现。因而，此类侵权行为大都具有较高技术手段，较之一般财产权侵害有着更大的隐蔽性和欺骗性。而在网络空间中，一切知识产品都表现为数字化的电子信号，人们感受的只是计算机终端屏幕上瞬时生灭的数据和影像，从而给侵害行为认定和受害人的举证带来更多困难。

---

① 郑成思. 版权法［M］. 北京：中国人民大学出版社，1997：212.

（3）侵害范围的广泛性。由于现代信息技术、传播技术的出现，静电复印技术和电子录制技术的推行，使得个人大规模复制文字作品、复制音乐和电视节目成为可能，客观上为侵权行为的实施提供了便利，再加之信息流跨空间、跨区域的大规模、高速度的运动，也导致跨国侵权变得较为容易，侵权人可以足不出户，即充当“网络黑客”进入他国国民的数据库，以获取所需要的经营信息和技术秘密，或是在计算机上输入、贮存、显示他人的网络作品。

13.2 知识产权侵权行为的认定

13.2.1 知识产权侵权行为的构成要素

侵权责任的认定应当根据不同性质的侵权行为的法律构成要件来确定相应的法律责任。但是，无论是对知识产权民事侵权法律责任，还是对知识产权行政侵权法律责任和知识产权刑事侵权法律责任，在侵权责任的基本构成要件方面是基本一致的，都需要具备知识产权违法行为、损害事实、因果关系和主观过错四个基本要素。

1. 知识产权的违法行为

知识产权的违法行为，主要是指行为人违反了知识产权法律规定，因过错对权利人及其社会造成了人身权利和财产权利的侵权的行为。其行为方式包括积极地作为和消极地不作为两种基本形式。

2. 知识产权的损害事实

在知识产权侵权责任体系中，不同的法律责任，其“损害事实”的内涵是不一样的，民事责任的损害事实一般是以对权利构成侵害和对利益造成损失为结果；行政责任的损害事实主要是以对公共利益构成损害为结果；而刑事责任的损害事实则是以情节严重为结果。上述规定还说明了另一个问题，“停止侵害”与“赔偿损失”是两种不同的责任形式。停止侵害并不以损失为前提，而损失赔偿则必然是以损失及其大小为法定要件。侵害是对权利的侵占加害行为，损失则是侵占加害行为的结果。但是，在知识产权领域中，侵占加害行为与侵害实际损失往往并不一定同时发生。因此，“损害事实”实际上既包括了作为客观结果的利益损失，也包括了侵害事实。与侵害事实相应的法律责任是“停止侵害”的民事责任，而与作为结果的利益损失相对应的法律责任则是“赔偿损失”的民事责任。也就是说，损害事实作为一种法律责任构成要件，并不是单指作为结果的利益损失，同时也包括对权利构成侵占但尚未导致实际损失的侵害事实。

3. 违法行为与损害事实之间的因果关系

“无论是在自然界，还是在人类社会中，处在普遍联系、相互制约中的任何一种现象的出现，都是由某种或某些现象引起的，而这种或这些现象的出现又会进一步引起另外一种或一些现象的产生。在这里，引起某一现象产生的现象叫原因，而被某些现象所引起的现象叫结果。客观现象之间的这种引起和被引起的关系，就是事物的因果关系。”① 由于知识产权侵权行为往往具有明显的行为复杂性、手段隐蔽性、结果多因性、损害多重性和行业特定性的特点，知识产权归责中所强调的原因与结果之间的因果联系具有一定的特殊性。因此，在考察行为与结果之间的因果联系时，应当在适用直接原因准则、相当因果关系准则和推定因果关系准则过程中，针对知识产权侵权行为的特点灵活地加以运用。

4. 主观上有过错

知识产权的侵权行为人的主观心态是一个十分重要的问题。在知识产权侵权活动中，大部分以盈利为目的地实施侵犯他人知识产权的行为，都是由于行为人明知或应当知道其行为将导致违反知识产权法律的后果而为的，所以在追究行为人侵权责任时，应当重点考察其主观上的过错心态，并将这一主观上的过错程度与关联程度作为追究其法律责任的一个核心考量因素。

在对侵权人的主观是否有过错的判断中，应当坚持主观判断与客观判断相结合的原则。主观判断是指“过错就是违法行为人对自己的行为及其后果所具有的主观心理状态”②，强调行为人行为时心理活动的判断，分为故意和过失两种主观过错，客观判断是指过错是“行为人未尽到一般人所能尽到的注意义务，也就违背了社会秩序要求的注意”③。因为，违法行为人主观上故意与过失的心态决定了行为人行为时的侵害动机。积极追求、消极放任、应当预见而没有预见、已经预见轻信能够避免等对结果发生的主观态度，应当作为侵权构成要件加以考量。对于知识产权领域中的侵权判断，由于其专业性与技术性特征，还应同时考虑行为人的行为是否适用于一般人所应当尽到的注意义务。

13.2.2 知识产权侵权行为的归责原则

“归责”是指行为人因其行为致他人损害的，应依何种根据使其负责。所谓归责原则，指在侵权行为人的行为致他人受损害的事实发生之后，依据何种标准使其承担责任的基本规则。由于我国目前法律对此并未作明确规定，学界也没有统一的认识，关于知识产权的归责原则问题，无论是学术界还是司法界都一直存在着较大争议。人们普遍主张采取主则与辅则相结合的二元归责原则，即采纳在适用过错归责原则为主要原则的基础之上补充适用其他辅助归责原则的做法。其辅助归责原则主要包括两种有代表性的观点：一是以过错责任原则为主则，以无过错责任原则为辅则的原则；二是以过错责任原则为主则，以过错推定责任原则为辅则的原则。本书认同第二种归责原则，即在一般情况下适用过错归责原则，而在特殊情况下适用过错推定归责原则。因为知识产权的侵权行为人的主观心态是一个十分重要的问题，在知识产权侵权活动中，大部分以盈利为目的地实施侵犯他人知识产权的行为，都是由于行为人明知或应当知

① 杨立新. 侵权责任法［M］. 北京：法律出版社，2010：76.
② 杨立新. 侵权责任法［M］. 北京：法律出版社，2010：85.
③ 杨立新. 侵权责任法［M］. 北京：法律出版社，2010：85.

道其行为将导致违反知识产权法律的后果而为的，所以在追究行为人侵权责任时，应当重点考察其主观上的过错心态，并将这一主观上的过错程度与关联程度作为追究其法律责任的一个核心考量因素。但是在一些特殊情况下，由于知识产权权利人针对侵权行为举证十分困难，如果仍然遵循“谁主张谁举证”的原则，将严重不利于对知识产权权利人的保护，因此，在某些特殊的侵权行为发生时，将实行举证责任倒置的方式即由被告履行自己无过错的举证义务。如果被告不能通过举证有效证明自己没有过错，法官则可以推定被告有过错，从而要求被告承担侵权责任。

这种二元规则体系的具体适用模式是：法律授予作为原告的权利人一种选择权，假定权利人是自己利益的最佳判断者，他有权选择自己举证，以便有力地、有针对性地向侵权人追偿损失，在这种情况下，即使用过错责任原则。同时权利人也可以放弃这种举证的权利，法院责令侵权人举证，不能或者举证证明不成立的，则推定侵权人有过错，在这种情况下适用过错推定原则。

13.3 知识产权侵权行为的救济

“没有救济的权利不是权利”。知识产权是一种法定权利，是法律主体依照法律规定对一切人类智力创造的成果所享有的权利。任何法定权利受到侵害，都应对其进行救济，该权利的存在才具有法律上的意义。《布莱克法律词典》对救济的解释是：救济是用以实现权利或防止、纠正及补偿权利之侵害的方法。救济不仅包括对已经发生的侵权行为的救济，也包括对即将要发生的侵权的救济。

对于侵犯知识产权行为，其权利人可采取民事司法救济、行政救济、刑事司法救济的救济方式。

13.3.1 民事司法救济

知识产权的民事司法救济主要包括提起诉讼和申请临时措施两种方式，临时措施又包括诉前临时措施和诉中临时措施两种。

目前，我国法院受理的知识产权民事案件的范围十分广泛，覆盖了《与贸易有关的知识产权协议》规定的知识产权的所有领域，包括专利（发明、实用新型、外观设计）和植物新品种、商标、著作权和邻接权，以及计算机软件、集成电路布图设计、商业秘密、地理标识等，也包含与知识产权相关领域的许多新类型案件，如计算机网络著作权、计算机网络域名、实用艺术作品、民间文学艺术、原产地名称、商标与企业名称的冲突以及确认不侵权诉讼等纠纷，还包括传统的调整知识产权横向流转关系的技术合同诉讼和对知识产权提供附加或兜底保护的不正当竞争诉讼等。

1. 知识产权民事诉讼

解决知识产权纠纷的方式，包括和解、调解、仲裁、诉讼等，诉讼是最主要的方式之一。知识产权民事诉讼是通过产权人或争议人向人民法院提出确认或保护知识产权的诉讼请求，由人民法院对涉及知识产权争议的案件进行审理并做出裁判，从而维护自己的合法权利。知识产权诉讼与其他类型的诉讼一样，也要涉及向哪个法院起诉应诉，谁有资格起诉应诉，诉讼过程中可以采取哪些措施等重要问题，但由于知识产权案件本身所具有的特殊性，知识产权诉讼在相关方面的规定也与普通诉讼有着很多不同之处。

民事案件的诉讼管辖是指各级人民法院和同级人民法院之间在受理第一审案件时的分工和权限。民事案件的诉讼管辖分为级别管辖和地域管辖。

（1）级别管辖。级别管辖从纵向划分上、下级人民法院之间受理第一审民事案件的权限和分工，解决某一民事案件应由哪一级人民法院管辖的问题。

绝大多数专利纠纷案件，在司法实践中都由中级人民法院一审管辖。2015 年 1 月 30 日颁布的《最高人民法院关于适用〈中华人民共和国民事诉讼法〉的解释》规定，专利纠纷案件由知识产权法院、最高人民法院确定的中级人民法院和基层人民法院管辖。

根据 2014 年 5 月 1 日开始施行的《最高人民法院关于商标法修改决定施行后商标案件管辖和法律适用问题的解释》的规定，第一审商标民事案件，由中级以上人民法院及最高人民法院指定的基层人民法院管辖。涉及对驰名商标保护的民事、行政案件，由省、自治区人民政府所在地市、计划单列市、直辖市辖区中级人民法院及最高人民法院指定的其他中级人民法院管辖。

根据《最高人民法院关于审理著作权民事纠纷案件适用法律若干问题的解释》的规定，著作权民事纠纷案件由中级人民法院管辖，各高级人民法院根据本辖区的实际情况，可以确定若干基层人民法院，管辖第一审著作权民事纠纷案件。

根据《最高人民法院关于审理植物新品种纠纷案件若干问题的解释》的规定，植物新品种民事纠纷案件由各省、自治区、直辖市人民政府所在地和最高人民法院指定的中级人民法院第一审。

根据《最高人民法院关于开展涉及集成电路布图设计案件审判工作的通知》规定，集成电路布图设计民事纠纷案件由各省、自治区、直辖市人民政府所在地，经济特区所在地和大连、青岛、温州、福山、烟台市的中级人民法院作为第一审人民法院审理。

但需要注意的是，2014 年年底，北京、上海、广州设立了知识产权法院，对辖区内部分专业性较强的知识产权民事案件进行专门管辖，因此在知识产权法院辖区内，应按照《最高人民法院关于北京、上海、广州知识产权法院案件管辖的规定》和《最高人民法院关于知识产权法院案件管辖等有关问题的通知》的规定来确定诉讼管辖，不再依据以上最高人民法院司法解释中的一般性规定。

（2）地域管辖。地域管辖从横向划分同级人民法院之间受理第一审民事案件的权限和分工，解决某一民事案件应由哪一个人民法院管辖的问题。

①知识产权诉讼的一般地域管辖。如果没有有关知识产权诉讼管辖的特别规定，知识产权诉讼适用民事诉讼法原告就被告的原则。

②知识产权合同诉讼的地域管辖。知识产权合同诉讼的管辖是一种特殊的地域管辖。知识产权诉讼所涉及的合同纠纷有知识产权转让合同纠纷、知识产权许可使用合同纠纷、技术开发合同纠纷、技术咨询合同纠纷、技术服务合同纠纷等等。根据我国

《民事诉讼法》的规定，因合同纠纷提起的诉讼，由被告住所地或者合同履行地人民法院管辖。当事人订立合同时，应当明确合同的履行地。如果双方当事人按照合同约定的履行地实际履行了合同，就应当按照双方约定的合同履行地确定管辖法院，如果合同没有实际履行，当事人双方住所地又都不在合同约定的履行地，则应当由被告住所地人民法院管辖。

③知识产权侵权诉讼的地域管辖。根据我国《民事诉讼法》的规定，侵权行为提起的诉讼由侵权行为地或者被告住所地人民法院管辖。

根据最高人民法院做出的有关司法解释，因侵犯注册商标专用权行为提起的民事诉讼，由侵权行为的实施地、侵权商品的储藏地或者查封扣押地、被告住所地法院管辖。因侵犯著作权行为提起的民事诉讼，由侵权行为的实施地、侵权复制品储藏地或者查封扣押地、被告住所地人民法院管辖。因侵犯专利权提起的诉讼，由侵权行为地或者被告住所地人民法院管辖。侵犯专利权案件的侵权行为地包括：被诉侵犯发明、实用新型专利权的产品的制造、使用、许诺销售、销售、进口等行为的实施地；专利方法使用行为的实施地，依照该专利方法直接获得的产品的使用、许诺销售、销售、进口等行为的实施地；外观设计专利产品的制造、许诺销售、销售、进口等行为的实施地；假冒他人专利的行为实施地以及上述侵权行为的侵权结果发生地。侵犯植物新品种权的民事案件，侵权行为地是未经品种权所有人许可，以商业目的生产、销售该授权植物新品种的繁殖材料的所在地，或者将该授权品种的繁殖材料重复使用于生产另一品种的繁殖材料的所在地。侵害信息网络传播权民事纠纷案件由侵权行为地或者被告住所地人民法院管辖，其侵权行为地包括实施被诉侵权行为的网络服务器、计算机终端等设备所在地，侵权行为地和被告住所地均难以确定或者在境外的，原告发现侵权内容的计算机终端等设备所在地可以视为侵权行为地。

对涉及不同侵权行为实施地的多个被告提起的共同诉讼，原告可以选择其中一个被告的侵权行为实施地法院管辖。

（3）知识产权法院专门管辖。根据党的十八届三中全会关于“探索建立知识产权法院”的要求和全国人民代表大会常务委员会《关于在北京、上海、广州设立知识产权法院的决定》，2014 年年底，北京、广州、上海知识产权法院相继成立。最高人民法院于 2014 年 10 月 31 日和 12 月 24 日先后发布了《最高人民法院关于北京、上海、广州知识产权法院案件管辖的规定》和《最高人民法院关于知识产权法院案件管辖等有关问题的通知》。根据以上规定，知识产权法院一审案件管辖以技术类案件和特定类型民事案件为主要对象，包括有关专利、植物新品种、集成电路布图设计、技术秘密、计算机软件等专业技术性较强的第一审知识产权民事和行政案件，以及依法应由中级人民法院一审管辖的特殊类型民事案件，例如涉及驰名商标认定的民事案件和垄断民事纠纷案件。由于知识产权法院一审仅管辖前述技术类案件和特殊类型民事案件，因此在知识产权法院辖区内，著作权案件、一般商标案件、不正当竞争案件等均由基层人民法院管辖，不再受诉讼标的额限制。这是我国知识产权案件领域乃至整个民事案件领域首次完全以案件类型确定级别管辖，是对原有以诉讼标的额确定级别管辖标准的重大突破。知识产权法院管辖的第一审技术类案件，既包括民事案件，又包括行政案件，既包括知识产权授权确权类行政案件，又包括涉及知识产权的行政处罚、行政强制措施等引发的普通行政案件。

2. 诉前临时措施

诉前临时措施只是为了保护知识产权人及其相关利害关系人利益而提供的临时性救济措施，并非一般民事责任的承担。作为知识产权的有效保护手段，《与贸易有关的知识产权协议》规定的临时措施早已受到各国的关注。各国为了保障知识产权人及相关当事人的权益，都力图从立法上建立一套更有效、更稳定的诉前临时措施体系。

我国《著作权法》《商标法》《专利法》均规定，权利人或者利害关系人有证据证明他人正在实施或者即将实施侵犯其权利的行为，如不及时制止将会使其合法权益受到难以弥补的损害的，可以在起诉前向人民法院申请采取责令停止有关行为和财产保全的措施。我国保护知识产权的临时措施包括诉前责令停止侵权、诉前财产保全和诉前证据保全。

（1）诉前责令停止侵权。诉前责令停止侵权也称“诉前禁令”，是及时制止知识产权侵权、维护知识产权权利形态的重要救济措施。当知识产权受到侵害时，知识产权人可以请求法院责令侵权人停止侵害。诉前责令停止侵权是保护知识产权立竿见影的措施，其实质是排除对权利人行使专有权之任何妨碍。

最高人民法院先后颁布了《关于对诉前停止侵犯专利权行为适用法律问题的若干规定》《关于诉前停止侵犯注册商标专用权行为和保全证据适用法律问题的解释》以及《关于审理著作权民事纠纷案件适用法律若干问题的解释》三大司法解释，确立了该制度的具体操作标准和规范。

依照法律规定，请求法院责令停止侵权需要符合相应的条件：

①权利人或利害关系人的申请。诉前责令停止侵权是法院依申请做出的强制性措施，知识产权的私权性质决定了该权利的行使与处分，应尊重权利人自己的意愿，民事司法救济的性质就是不告不理，无申请即无此强制措施。另外，申请人仅限于一定条件下的权利人自己或利害关系人，视其与被控侵权利益是否存在法律上的利害关系确定。并且，知识产权权利人向法院提出诉前禁令的申请，应当提交书面申请。

②有证据证明他人正在实施侵害行为，或者有证据证明他人即将实施侵害行为。请求法院责令停止侵害不以行为人的过错为条件，但对于行为的侵权性应当提供证据证明。

③提交证据和担保。申请人提出诉前禁令申请时，必须提交相应的证据。一是证明申请人资格的证据，如专利证书、商标注册证、转让合同、许可合同转让或者许可合同的登记或备案材料等；二是证明被申请人正在实施或者即将实施侵权知识产权行为的证据，包括被控侵权商品等。同时，申请人还应当提供相应的保证、抵押等合法担保。

（2）诉前财产保全。知识产权人有证据证明他人正在实施或即将实施侵犯其权利的行为，而且不加以及时制止将会使其合法权益受到难以弥补的损害的，可以在起诉之前向人民法院提出申请，采取财产保全的措施。《民事诉讼法》规定，人民法院采取财产保全措施，可以责令申请人提供担保；申请人不提供担保的，驳回申请。

（3）诉前证据保全。为了制止侵权行为，在证据可能灭失或者以后难以取得的情况下，知识产权权利人或者利害关系人可以在起诉前向人民法院申请保全证据。为制止侵权行为，在证据可能灭失或者以后难以取得的情况下，知识产权人或利害关系人可以在起诉前向人民法院申请保全证据。《著作权法》《专利法》和《商标法》对证据保全做出了明确规定。《民事诉讼法》也规定，在证据可能灭失或者以后难以取得的情况下，诉讼参加人可以向人民法院申请保全证据，人民法院也可以主动采取保全措施。

3. 诉中临时措施

诉中临时措施，是指权利人在法院已经受理其起诉后，正式判决做出前，因情形紧迫而依法律的规定，请求法院所给予的临时性救济措施。包括诉中责令停止侵权（诉中禁令）、诉中财产保全和证据保全。诉中临时措施适用条件与诉前临时措施基本一致。

4. 民事责任

侵权的民事责任，是指民事主体因实施侵权行为而应承担的民事法律后果。《民法通则》第一百一十八条规定，公民、法人的著作权（版权）、专利权、商标专用权、发现权、发明权和其他科技成果受到剽窃、篡改、假冒等侵害的，有权要求停止侵害，消除影响，赔偿损失。《著作权法》《计算机保护条例》也有一些相关规定。综合以上规定，我国侵犯知识产权主要的民事法律责任是停止侵害、消除影响、赔偿损失。

13.3.2 行政救济

与世界上多数国家不同，我国知识产权执法体系实行一套独特的“双轨保护”机制，当知识产权受到侵害时，权利人不仅可以通过人民法院获得司法救济，还可以向行政管理机构寻求救济。由于知识产权同时具有明显的公共利益内容，大多数知识产权侵权行为不仅损害了权利人的利益，而且给国家和社会公众利益造成侵害，因此行政机关有必要对其给予行政保护。行政救济指知识产权行政管理机关依照行政法赋予的权力和遵循法定行政程序，运用行政职权进行行政调解、行政裁决、行政复议、行政仲裁、行政处罚、行政强制等多种手段维护知识产权法律秩序，查处侵权案件，保障权利人的合法利益和良好的社会经济环境。在保护知识产权权利人方面，行政保护的显著优势在于执法时程序相对简便快捷，能加快案件的处理，有效降低权利人的维权成本，及时对侵权人进行罚款、没收或销毁侵权产品等处置，恢复权利人的权利，这种高效的保护方式对于节约司法资源，威慑侵权行为，促进知识产权技术的实施，推动科学技术向现实生产力转化有着显著意义。

1. 行政强制

行政强制，指国家行政机关或者法律授权的组织，为了预防或者制止正在发生或可能发生的违法行为、危险状态及不利后果，或者为了保全证据、确保案件查处工作的顺利进行而对相对人的人身自由、财产或者有关行为予以强行限制的一种具体行政行为。知识产权侵权行政责任上的强制主要有责令停止侵权行为，查封、扣押或扣留侵权物品等形式。

2. 行政处罚

行政处罚，指行政主体为了维护公共利益和社会秩序，保护公民、法人或其他组织的合法权益，对违反行政管理秩序的行政相对人依法所给予的法律制裁。根据我国知识产权法律的相关规定，对于知识产权侵权的处罚主要有没收违法所得、没收、销毁侵权商品和侵权工具、罚款等。

13.3.3 刑事司法救济

刑事司法救济主要是指对严重侵犯他人知识产权，情节严重，依照刑法构成犯罪的行为处以刑罚处罚。知识产权是私权，在绝大多数情况下各国均以民事法律加以救济，但在特殊情况下，当侵犯知识产权的行为的严重程度已经达到违反了社会公众利益，危及刑法所保护的社会关系，就需要刑法介入加以救济。我国通过刑事司法途径所制裁的侵犯知识产权的犯罪主要规定在我国《刑法》分则第三章第七节“侵犯知识产权罪”中。从罪名来看，我国《刑法》所保护的权利涵盖了商标权、专利权、著作权和商业秘密等知识产权，而且规定单位可以成为该犯罪主体。而在司法实践中，对于侵犯知识产权犯罪还能根据《刑法》中“其他破坏社会主义市场经济秩序罪”的其他规定加以处罚。根据我国《刑法》规定，侵犯知识产权的刑事责任，主要有管制、拘役、有期徒刑和罚金这四种处罚形式。此外，2004 年、2007 年，最高人民法院与最高人民检察院联合先后制定发布了《关于办理侵犯知识产权刑事案件具体应用法律若干问题的解释》《关于办理侵犯知识产权刑事案件具体应用法律若干问题的解释（二）》，该解释明显降低了侵犯著作权罪的数量标准，统一了侵犯著作权犯罪的罪名适用，进一步规范了缓刑适用，明确了单位犯罪与个人犯罪的定罪量刑标准。对于制裁侵犯知识产权的犯罪和保障权利人的刑事自诉权起着重要作用。2011 年，最高人民法院、最高人民检察院、公安部又顺应侵犯知识产权犯罪日益呈现出新的变化和特点，结合侦查、起诉、审判实践需要，联合发布了《关于办理侵犯知识产权刑事案件适用法律若干问题的意见》，进一步明确了关于侵犯知识产权犯罪案件的管辖、关于办理侵犯知识产权刑事案件中行政执法部门收集、调取证据的效力、关于侵犯知识产权犯罪自诉案件的证据收集等众多问题，完善了知识产权刑事司法保护规范体系。

参考文献

[1] 姜一春，等. 知识产权法学 [M]. 北京：科学出版社，2008.

[2] 吴汉东. 知识产权法学 [M]. 5 版. 北京：北京大学出版社，2011.

[3] 王莲峰. 商标法学 [M]. 2 版. 北京：北京大学出版社，2014.

[4] 曲三强. 知识产权法概论 [M]. 2 版. 北京：北京大学出版社，2014.

[5] 来小鹏. 知识产权法学 [M]. 3 版. 北京：中国政法大学出版社，2015.

[6] 覃有土. 商法学 [M]. 北京：高等教育出版社，2004.

[7] 来小鹏. 知识产权法学理论与实务研究 [M]. 北京：中国政法大学出版社，2012.

[8] 吴汉东. 知识产权法通识教材 [M]. 北京：知识产权出版社，2007：319.

[9] 朱雪忠. 知识产权管理 [M]. 北京：高等教育出版社，2010.

[10] 丛雪莲. 中国知识产权行政管理机构之设置与职能重构 [J]. 首都师范大学学报：社会科学版，2011 (5)：137.

[11] 罗国轩. 知识产权管理概论 [M]. 北京：知识产权出版社，2007.

[12] 马忠法，胡传实，尚静. 知识经济与企业知识产权管理 [M]. 上海：上海人民出版社，2011.

[13] 郑成思. 版权法 [M]. 北京：中国人民大学出版社，1997.

[14] 杨立新. 侵权责任法 [M]. 北京：法律出版社，2010.